本书由浙江省新型重点专业智库“浙江财经大学中国政府监管与公共政策研究院”资助

我国经济安全风险动态测度及监管对策研究

——基于国别风险冲击视角

A Study on Dynamic Measurement of Economic Security Risk of China and Regulatory Measures Based on the country risk impact perspective

张安军 著

中国财经出版传媒集团
中国财政经济出版社

图书在版编目（CIP）数据

我国经济安全风险动态测度及监管对策研究 ：基于国别风险冲击视角 / 张安军著. --北京 ：中国财政经济出版社，2023.5

ISBN 978-7-5223-1958-2

Ⅰ.①我… Ⅱ.①张… Ⅲ.①中国经济－经济安全－安全管理－研究 Ⅳ.①F125.7

中国国家版本馆 CIP 数据核字（2023）第 029075 号

责任编辑：马　真　　　　责任校对：胡永立

封面设计：智点创意　　　　责任印制：党　辉

我国经济安全风险动态测度及监管对策研究

——基于国别风险冲击视角

WOGUO JINGJI ANQUAN FENGXIAN DONGTAI CEDU JI JIANGUAN DUICE YANJIU

JIYU GUOBIE FENGXIAN CHONGJI SHIJIAO

中国财政经济出版社 出版

URL：http：//www.cfeph.cn

E-mail：cfeph@cfeph.cn

社址：北京市海淀区阜成路甲 28 号　邮政编码：100142

营销中心电话：010-88191522

天猫网店：中国财政经济出版社旗舰店

网址：https：//zgczjjcbs.tmall.com

北京财经印刷厂印刷　各地新华书店经销

成品尺寸：185mm×260mm　16 开　16.25 印张　288 000 字

2023 年 5 月第 1 版　2023 年 5 月北京第 1 次印刷

定价：72.00 元

ISBN 978-7-5223-1958-2

（图书出现印装问题，本社负责调换，电话：010-88190548）

本社质量投诉电话：010-88190744

打击盗版举报热线：010-88191661　QQ：2242791300

前 言

我国作为世界 GDP 排名第二的大国开放经济体，与多数国家经贸往来密切并在一些重点领域对少数国家（地区）依赖严重。统计数据显示，2020 年我国对外贸易总额为4.65 万亿美元，仅次于美国，是在全球新冠疫情大流行下唯一保持正增长的大国经济体。其中，2020 年我国出口总额为 2.59 万亿美元并高居世界第一；进口总额为 2.06 万亿美元，位居全球第二；对外直接投资流量 1537.1 亿美元，位居全球第一。在出口贸易中，美国、欧盟、东盟、中国香港、日本与韩国前六大国家（地区）占中国内地全部出口总额的67.6%；在进口贸易中，东盟、欧盟、中国台湾、日本、韩国与美国前六大国家（地区）占中国内地全部进口总额的60.5%；在对外直接投资中，中国香港、开曼群岛、英属维尔京群岛、美国、新加坡、荷兰前六大国家（地区）占中国内地全部对外投资流量的75.2%。我国对部分国家存在出口市场依赖和投资集中过高等问题；同时近些年我国在石油、天然气、有色矿产资源、高新技术产品等对少数国家（地区）进口依赖严重和进口集中度过高，并在一定程度上威胁到我国国别经济安全。

以美国为例，中美作为世界排名前二的大国经济体且经济总量明显领先于其他国家，两国之间经贸往来数额巨大，经济联系密切且相互之间依赖严重，我国经济发展长期以来对美国市场消费需求、外商直接投资和高新技术产品等存在严重依赖。与此同时，美国对我国巨大的市场消费需求以及稀土等战略性资源存在依赖，中美之间的竞争与合作影响到世界经贸往来乃至全球经济格局走势。自 2018 年美国单方面挑起中美贸易摩擦并进行一轮又一轮极限施压以来，美国对我国发起了从贸易关税、科技封锁、能源控制、地缘政治威胁等全方位的风险挑战，美国对我国的经济安全乃至国家安全风险威胁引起了国际社会的高度关注。

2021 年 11 月 18 日，中共中央政治局召开并审议了《国家安全战略（2021—2025 年）》，指出“新形势下维护国家安全，必须牢固树立总体国家安全观，加快构建新安全格局；必须坚持把政治安全放在首要位置，统筹做好政治安全、经济安全、社会安全、科技安全、新型领域安全等重点领域、重点地区、重点方向国家安全工作”。其中，政治安全作为国家的根本核心利益不能动摇，经济安全被中央放在非常重要突出的位置。2022 年 10 月 16 日习近平总书记所作的党的二十大报告浓墨重彩鲜明指出：

"国家安全是民族复兴的根基，社会稳定是国家强盛的前提。必须坚定不移贯彻总体国家安全观，把维护国家安全贯穿党和国家工作各方面全过程，确保国家安全与稳定。""以政治安全为根本，以经济安全为基础，以军事科技文化社会安全为保障"，并强调要健全国家安全体系，包括完善国家经济安全的战略体系、政策体系和风险监测预警体系等。当前国际政治经济格局加速演变，单边主义、霸权主义、贸易保护主义等不断抬头，我国经济与社会发展面临的国际形势与风险挑战愈加复杂严峻，站在第二个百年奋斗目标新征程中，我国经济安全面临的内涵与形式比以往任何时期都更加丰富，如何维护提升中国经济安全及总体国家安全比任何时期都显得更加重要。我国作为发展中的负责任大国，既与世界各国一道通过经贸投资等领域合作，共同维护国际政治经济秩序与地区和平稳定，又与主要国家在传统战略资源、半导体芯片产业、航空航天业、新能源技术等高科技领域展开激烈竞争。而我国作为世界上最大发展中国家，与欧美等主要国家在制度、国情、经济发展阶段、历史文化背景以及安全战略目标等均存在不同。因此，立足于我国实施积极主动对外开放战略的时代背景，并基于国别风险冲击视角下研究国际市场上主要国家（地区）对我国经济安全的风险影响程度及具体风险影响成因，采取有针对性监管防范对策，在当前及今后复杂严峻的国际形势背景下具有非常重要的理论价值与现实战略意义。

本书立足我国经济深入扩大对外开放的时代背景，基于经济安全条件与经济安全能力双逻辑维度构架，从六大经济安全风险领域重点选取了44项风险指标构建了我国经济安全风险测度指标体系和国别经济安全风险测度评估模型，并对2010—2020年国际市场上主要国家（地区）对我国经济安全风险影响程度及具体风险影响成因进行了一次全面动态定量测度比较分析，研究结果发现：

（1）从经济安全风险总体影响程度，2010—2020年，美国、日本、俄罗斯、印度与欧盟对我国经济安全风险总体影响主要处于低度不安全状态；巴西对我国的风险总体影响在2010—2017年处于低度不安全，2018—2020年则下降为中度不安全状态；东盟对我国的风险总体影响主要处于中度不安全状态，而且在2018—2020年呈不断下降态势。

（2）从经济安全条件维度，2010—2020年，美国、欧盟对我国经济安全条件的影响主要处于低度不安全状态，日本对我国经济安全条件的影响处于从中度不安全到低度不安全状态，巴西对我国经济安全条件的影响处于从低度不安全到中度不安全状态，俄罗斯、印度与东盟对我国经济安全条件的影响则主要处于中度不安全状态；其中印度、巴西与东盟对我国对外贸易领域安全风险影响严重，美国、日本、俄罗斯、印度、欧盟与东盟对我国实体产业领域安全风险影响较严重，俄罗斯、巴西与东盟对我国战略资源领域安全风险影响严重是造成相应国别经济安全条件得分下降的重要原因。

（3）从经济安全能力维度，2010—2020 年，我国经济安全能力主要处于低度不安全状态并呈缓慢上升态势，其中，失业率相对严重、国债债务率过高、工业企业研发费用支出占比过低、近六年公共财政赤字率严重、城乡收入差距与城镇贫富差距相对较大，以及城镇房价收入比过高并均处于重度不安全到危机状态是造成我国经济安全能力得分下降的重要原因。针对国际市场主要国家（地区）对我国经济安全风险总体影响程度及分领域主要风险影响成因，本书就如何提升我国国别经济安全程度提出了针对性的监管对策建议。

本书的主要学术价值体现在：（1）基于经济安全条件与经济安全能力双逻辑维度框架，从对外贸易、实体产业、战略资源、财政金融、宏观经济运行、经济的社会风险六大经济安全风险领域重点选取了 44 项风险度量指标全面深入构建了我国经济安全风险测度指标体系，该指标体系涵盖了我国经济系统面临的外源性主要领域风险冲击威胁影响，以及内源性主要领域风险影响，有助于全面客观地对我国总体经济安全风险程度进行定量监测评估分析；（2）首次构建了他国对我国经济安全风险影响程度的动态测度评估模型，该模型有助于弥补以往相关评估模型难以直接测度评估他国对我国经济系统造成风险冲击威胁之下我国国别经济安全程度具体如何，以及各分领域的实际安全程度具体如何，同时也难以根据一国经济发展阶段及国际影响力大小进行与时俱进地动态参数调整的问题；（3）立足国际大视角，基于改革开放以来我国取得的最新经济社会领域成就及面临的主要经济社会问题，对我国经济安全的主要特征进行了一次定性与定量相结合的全面深入对比分析；（4）基于 2010—2020 年的统计观测数据对国际市场上主要国家（地区）对我国经济安全的风险影响程度进行了一次全面动态测度评估分析，丰富了相关研究文献，为如何提升我国国别与总体经济安全程度提供了经验证据支持，同时立足我国实际国情尝试提出了针对性的监管防范对策。

本书立足我国实行积极主动开放战略的时代背景，聚焦我国经济领域面临的重要现实风险问题，既有客观观察数据与现实事例，又有模型推演和数据论证，兼具深度分析与合理预测，融实证性、前瞻性和学术性于一体，力争学术创新、资政育人与服务社会。然而，由于笔者能力有限，肯定有不足之处，恳请各位专家学者不吝批评指正，以使相关问题研究质量得到不断提升。

目 录

第1章 对外经济开放与中国经济安全

1.1 扩大对外经济开放对中国经济安全带来的机遇与挑战

有对外开放就有比较，有开放就有交流互补，有比较有交流当然就给我国经济发展带来压力、动力和推力。20世纪70年代末，我国实施了改革开放的重大决策，并进行了大刀阔斧的对外改革开放，逐渐摆脱封闭状态，过渡至开放局面。改革40多年间，自1982年到2021年，我国进出口总额年均增长13.81%，成为我国GDP增长的重要三驾马车之一，部分年份占我国GDP增长的贡献率高达80%以上，2020年贡献率仍高达25.3%；1983—2021年我国实际利用外资金额从9.16亿美元上升到1735亿美元，翻了近190倍。我国对外合同利用外资项目数量从1983年的638个上升到2021年的47643个，翻了近75倍。2020年以来受全球新冠疫情的影响，部分对外经济指标有所下降，但对外进口总额、贸易顺差以及实际利用外商投资等重要经济数据仍然保持逆势上涨的态势。

2020年受新冠疫情全球大流行影响，世界主要国家经济体的重要经济指标均出现了明显的下滑和衰退，但2020年我国GDP增长率、进出口总额增长率和实际利用外资增长率分别比2019年逆势上升了2.2%、1.7%和20.17%，同时当年我国利用外商直接投资项目数量相比2019年逆势上涨了23.5%，体现了我国经济增长的韧性、对外经济联系的深度与增长潜力。

对外开放对我国国家经济安全具有双刃性。一方面，对外开放促进我国经济社会全面发展，强化了应对外部冲击的能力，为我国在开放经济条件下增强经济安全之能力提供了外部机遇。改革开放40余年来，我国成功抓住全球化、一体化浪潮的有利时机，顺应全球经济结构调整的步伐，有效整合全球资源，充分利用外部市场，积极参与国际分工。外向型经济不仅带来我国40余年的高速经济增长，还促进了国内改革，激发了我国经济发展的活力。开放的经济必然带来开放的政治和文化，超越国界的广泛政治沟通和文化交流渐使我国融入世界发展大潮，中国的国际形象和地位随之提升。经济、政治和文化的全面发展使得我国面对外部冲击的能力逐渐增强。另一方面，我国承受的外部冲击之主导形态从军事冲击转化为经济冲击；伴随开放程度的逐步扩大，受外部经济冲击的频度会越来越高，为开放条件下我国经济的发展带来威胁和挑战。美俄军事装备竞赛和武装直接对峙的冷战时代已经渐行渐远，取而代之的是中东、俄乌等地区冲突频发，但军事威胁在近几十年来已经不是国际社会相互竞争的主流，在经济全球化、一体化进程日益加快的今天，国家安全体系中，经济安全的地位已经显著上升。美国、欧盟和日本等发达国家和地区更多利用关税壁垒、限制出口、反倾销等经济武器增强本国经济安全、威胁他国经济安全乃至他国安全；其冲击领域遍及产业、能源、贸易、金融、粮食和社会等方面。此外，开放程度越大，暴露于外部的弱点或弊端可能越多，这招致了更加强劲的外部冲击（顾海兵和张安军等，2010）。

综而观之，在封闭状态尤其冷战条件下，国家安全主要或首先表现为政治安全，经济安全内嵌于政治安全；反之，对开放国家和社会而言，国家安全更多表现为经济安全。经济安全由间接变为直接，由无形变为有形，由后台变为前台，由旁枝变为主干。

1.2 开放条件下中国经济系统应对内外风险威胁的优势与劣势

封闭经济系统下并非绝对安全，开放经济条件下亦并非不安全，这既取决于外部风险冲击威胁程度之大小，更取决于自身应对内外风险冲击威胁之能力。缘于封闭经济状态下，本国经济系统与外界几乎没有经济交往，包括实体贸易及投资往来，以及经济与金融信息的交流等，此时外部风险冲击威胁非常小，国家经济安全问题处于隐性潜在安全状态。当经济处于开放条件下，货物贸易与资本投资的往来，以及经济与金融信息的直接交流等，此时经济系统直接面对外部风险冲击威胁，国家经济安全问题由隐性变成显性、由潜在变成现实状态。然而隐性潜在安全并非一定好于现实显性安全状态，这犹如人的身体健康程度，处于温室保护下的健康程度并非一定优于室外开放状态下的健康程度，缘于免疫抵抗力故。

自从1978年实施改革开放以来，我国经济由小到大、由弱到强、由引进来到走出去、由被动适应学习到主动积极创新，尤其是经历了1998年亚洲金融危机的冲击、2008年国际金融危机的冲击，以及自2018年美国单边发起中美贸易摩擦以来，我国经济系统面临了各种国内外风险冲击考验，我国应对国内外各种风险冲击威胁之能力也得到了显著提升，同时也暴露出我国经济系统中存在的一些劣势挑战。优势方面主要包括：

第一，我国政府对市场经济的主动较强干预，包括资本项目管制、汇率实施有管理的浮动，以及货币政策自主独立，从而有力地应对了几次国际金融危机对中国外汇市场和资本市场较大的冲击威胁，维护了中国外汇市场和资本市场，以及国内外投资者信心的稳定。如2022年面对美国因国内高通胀而实施的一轮又一轮加息政策，包括人民币在内的世界主要货币对美元面临持续贬值的压力，世界财富不断因美元升值而缩水，人民币对美元汇率由2022年初的6.38持续贬值到7.11，在此情境下国家外汇管理局与中国人民银行积极发声释放经济利好信号，打压企业炒汇以及金融机构违规操作等以应对人民币贬值压力，9月29日人民币汇率一日暴涨1000点。

第二，我国实行以公有制为主体的基本经济制度，国有企业在关系到国家经济命脉的重点领域处于垄断竞争地位，有力维护了国家经济绝对与相对安全状态。当前我国在煤炭、石油、电力、钢铁、化工、电信、银行、交通运输、航空航天、尖端技术以及重点高校教育等领域，龙头国有企业基本上处于国家直接或间接控股，同时国有企业高管实行行政任命制以及官员考核制，从而保证了政府机关对国有企业主要高管及经营业务较高的管控能力。如以我国煤炭行业的龙头企业中国神华能源股份有限公司为例，截至2022年6月30日，中国神华股份的大股东国家能源投资集团有限责任公司占公司总股份的69.52%，国家能源投资集团则是中央直管的国有重要骨干企业，而中国神华集团作为直接和间接由中央直管的国有绝对控股企业，为副部级编制，集团董事长与总经理均为中共党员与副部级行政领导，由上级管理部门任命，并在行政组织系统和党委系统接受上级任命与监督检查，与其他国有企业管理模式类似。同时由于国有企业与政府部门的政治关联属性，在贷款融资、政府补助以及政策扶持等方面具有其他民营企业难以比拟的优势，从而使得国有企业在国内所属行业多具有市场垄断优势地位，且近些年不断积极走出国门参与国际竞争，有力提升了国有企业在国际市场的相对安全程度。

第三，我国幅员辽阔，人口众多，地区之间发展很不平衡，使得我国经济在战略资源供给保障能力、国内巨大市场消费能力以及经济发展的韧性回旋能力方面较强，有力减轻了对国外的依赖。我国煤炭资源相对丰富，水力资源丰富且水力发电潜力巨大，同时我国风力资源与光伏发电等发展空间巨大，我国稀土以及锡、钛、钨等许多矿产资源储量位居世界前列。我国人口规模长期位居全球第一（2022 年 7 月印度人口跃居世界第一），中产阶级人口数量超过 1 亿并位居世界首位，有力带动了中国与世界的市场消费需求。但是我国地区之间与城乡之间发展很不平衡，地区之间呈现东、中、西的梯度发展格局，从而使得我国国内市场能够容纳不同经营层次、不同技术先进程度、不同产品质量需求的企业同时存在，在公司治理与产品消费上能同时容纳不同层次的消费需求，有利于我国产业转移和产品销售转移，在发挥国际市场消费优势的同时也能较好地发挥国内消费循环的优势。

第四，我国政府领导人倡导和平发展道路和永不称霸的承诺，使得我国能找到相对信任的国际朋友，并努力冲破欧美国家对我国经济的制裁和技术封锁。自改革开放以来，以邓小平为核心的中央领导集体，对外奉行不选边站队、和平发展永不称霸的承诺，从而使得我国的经济崛起和以美国为首的西方霸权主义的崛起有着鲜明的对比，中国秉持互利互惠合作共赢的理念，在自身发展的同时亦帮助了他国的发展，从而在我国改革开放的过程中，国际贸易伙伴越来越多，截至 2022 年 9 月底已经发展到了 120 多个国家，预计到 2023 年将增加到 150 个国家。面对美国对我国实施关税限制、技术封锁以及经济脱钩等行为，我国积极通过进口贸易多元化、产业跨国转移等解决外部各种风险冲击挑战，并有效降低了国际市场对我国经济安全的风险影响程度。

然而，在改革开放 40 多年中，我国经济系统在应对历次主要风险冲击威胁过程中，也呈现出了一些劣势问题。第一，我国政府对市场经济的干预与管制能力较强，从而削弱了国有经济与民营经济的活力与创造力，一些核心技术受制于人。第二，我国在许多战略资源上比较匮乏，对国外少数国家进口依赖严重。第三，我国资本市场基础设施建设不完善，投机炒作盛行，难以吸引到国际长期资金以助力国内企业发展与走向国际化。第四，我国城乡与区域之间发展差距较大，一些阻碍产品市场和要素市场产权自由流动的体制性机制性顽疾仍然未有效破除。第五，我国在教育、医疗、就业、养老保险等方面存在诸多问题，使得年轻群体面临较大的生活压力，经济的社会风险增大。

1.3 中国经济安全的内涵及相关概念辨析

1.3.1 国家经济安全的内涵

国外对于经济安全问题的研究经历了一个从认识到逐渐成熟的过程。国家经济安全的概念最早是在第一、第二次世界大战之间，由美国人提出的关于建立一个能够提高战后和平概率的国际性经济系统。美国前国务卿赫尔曾经认为，世界大战之所以爆发，根本原因是经济歧视与贸易冲突，外部性就成为其重要的内涵之一。亚当斯（1936）曾在《国家经济安全》一书中以宏观分析为主，分析了关系国家经济安全的政治条件、经济条件等，其中产业政策被单独拿出来分析，也侧面说明了经济安全与产业安全密不可分。

20 世纪 70 年代两次石油危机的爆发使国际社会意识到如果没有稳定的经济环境和经济政策作为基础，真正的安全是无法实现和得到保证的。这种假设在 80 年代和 90 年代的金融危机中成为事实，之后对于安全的理解更加宽泛。20 世纪 90 年代初冷战结束后，各国政府都意识到在保证国防安全的同时，经济安全成为新的关注点，国际竞争正向经济、科技等领域转移。美国著名国际关系学者罗伯特·吉尔平（1981）认为，国家经济安全就是一国经济竞争力及其带来的相应的国际政治地位和能力。英国学者巴瑞·布赞（1991）认为国家安全除了军事方面，还包括了经济、社会、环境等方面的安全，此外，经济安全的对象十分丰富。也有一些经济安全的定义将其描述成一个“包含公平、安全、有活力、有利于创新、有利于国内外投资以及实现稳定经济增长的商业环境，并且是所有政府努力实现的一个目标”。梅德韦杰夫（1998）则是在国家安全的框架下将经济安全等同于没有经济危机。近些年来西方国家在国家安全战略层面上的研究有了新的突破。俄罗斯学者 B. K. 先恰戈夫（2003）认为经济安全的本质是经济和政权机构的一种状态，在这种状态下，国家利益的捍卫、政策的社会目标、足够的国防潜力，甚至在内外过程发展不利的条件下都能得到保障。

2001 年“安然”丑闻事件爆发之后，为了防止这类事件的再次发生，欧洲和美国都颁布了新的审计法案，其中也涉及控制外国直接投资的数量、抵御潜在风险的内容。美国政府特别成立了美国与中国经济与安全评估委员会，并从 2002 年起每年向美国国会提交题为“美中经济关系对国家安全的影响”的年度报告。

然而，国外的相关研究并没有把经济安全问题作为一个独立的研究对象并对其含义进行深入阐述，而是将其纳入国家安全领域之中。例如，2008 年美国审计署（GAO）向国会提交的关于外资审查机制的报告，在谈到中国、加拿大、日本等国的国家安全审查标准时使用了“经济安全”，并作为国家安全的一部分。还有部分研究将经济安全视为公民个人或某一经济行为的安全，如 Wadhwani（2006）研究了如何管理储蓄银行进而实现保障工薪阶层财富安全的目标，经济安全在这里等同于个人财富安全。主权国际安全研究所（Institute for Sovereign International Security，ISIS）（2018）将经济安全定义为投资领域中的反欺诈、规避交易风险与地缘政治风险。

国内学者对经济安全内涵特征等问题进行系统性研究始于1998年东南亚金融危机之后，其中对于经济安全内涵的界定主要集中在状态说与能力说两类。

第一类学者主要侧重于经济安全的状态说，包括以下主要观点：

吕有志（1997）和王恒进等（2000）认为经济安全是指国民经济的发展和国家经济实力处于不受根本威胁的状态。何文龙（1998）认为经济安全可以从微观和宏观两种角度来理解。微观经济安全分为经营者权益安全、消费者权益安全和劳动者权益安全；宏观经济安全即国民经济整体安全，它包含了微观经济安全。国民经济整体安全包含积极和消极两方面。在积极意义上，表现为保障国民经济稳定、健康、可持续发展的协调状态；在消极意义上，表现为经济系统中不协调因素与力量，控制经济风险和社会风险，防止经济疲软、过热和动荡以及通货膨胀、经济危机等消极经济状态。郑汉通（1998）认为经济安全就是国民经济利益的合理获得和扩展得到有效保持，国民经济可持续发展的基础和环境不受破坏和威胁的一种状态。江勇和章奇等（1999）认为经济安全是在经济全球化的条件下，一国保持经济系统运行与发展不受外来势力根本威胁的状态。张幼文（1999）认为国家经济安全指的是一个国家经济整体处于不受各种因素，尤其是外来因素，或即便受到冲击也能保持经济利益不受重大损害的状态；维护这种状态的能力以及这种状态和能力所获取的政治、军事安全。并且将经济安全分三个层次加以理解：第一，国家经济安全首先是国家经济体系本身的安全和维护这种安全的能力，这是经济安全的核心层次；第二，是经济因素对军事政治安全的影响，主要是经济能力对国家权力和军事力量的支撑；第三，是经济全球化带来的经济安全问题，主要是非军事政治因素的威胁。丁志刚（2001）认为，就其本质内涵而言，经济安全是指一个国家在经济发展过程中能够有效消除和化解潜在风险，抗拒外来冲击，以确保国民经济持续、快速、健康发展，确保国家经济主权不受分割的一种经济状态。尹正萍（2002）认为国家经济安全是指主权国家的经济发展和经济利益不受外部和内部的威胁而保持稳定、均衡和持续发展的一种经济状态。它具体表现为国家经济主权独立，国家支柱产业的国际竞争力不断增强，经济发展所依赖的市场和资源供给得到有效保障，经济发展的进程能够经受国内外经济动荡的冲击。王瑛（2004）认为国家经济安全是指一个国家的经济在受到某些来自国内、国外的干扰甚至打击时，具有足够的抵抗和抵御能力，国民经济的各个部门也能够保持良好的发展态势，经济总体上处于不受威胁的状态。聂富强（2005）认为国家经济安全指的是一个国家经济整体处于不受重大损害的状态、维护这种状态的能力，以及这种状态和能力所获取的政治、军事和文化安全。它既是一种目标，又是一种手段，作为国家安全的重要部分，它是国家安全目标体系的有机组成部分，是值得国家维护的一种重要利益。陈叔红（2005）认为国家经济安全是主权国家经济的经济发展和经济利益不受内部和外部因素破坏与威胁的一种状态。曹荣湘（2006）认为国家经济安全是指经济全球化时代一国保持其经济存在和发展所需要的有效供给、经济体系独立稳定运行、整体经济福利不受恶意侵害和不可抗力损害的状态。叶卫平（2010）认为国家经济安全是指一个国家经济战略利益的无风险或低风险的状态，表现为基本经济制度和经济主权没有受到严重损害，使得经济危机的风险因素处于可以控制的状态。

第二类对国家经济安全内涵的界定主要侧重于能力说，包括以下主要观点：

赵英和胥和平等（1994）认为从现实生活总结，国家经济安全面临的威胁主要来自两个方面：其一，一个国家的经济是否具有足够的国际竞争力，能否在世界舞台上立足；其二，一个国家经济面临的各类重大外部威胁（政治、军事、自然灾害等方面）侵袭的能力，一个国家得以存在并发展的国内、国际环境。陈必达和许月梅（1996）认为国家经济安全是指一个国家的经济生存和发展面临的国内国际环境和参加国际竞争的能力及其带来的相应的国际政治地位和能力。雷家骕（1997）认为国家经济安全是指一国经济整体上的安全性，即不致因为某些经济问题的演化而使国家损失过多的利益，或使本国经济受到来自国内外过大的打击。对我国来说，主要指经济发展的基础稳固，能够抵御大的天灾人祸对经济的打击；中央政府在体制转轨中能够有效地调控经济生活，经济体系能够健康地运行；能够利用后发优势形成分工并保持一定的国际竞争力，不会受到发达国家的控制；在培育新的经济秩序过程中能够抵御和防范大的非正常的人为干扰。文军（1999）认为从狭义上看，国家经济安全是指对国家经济、国计民生和整体经济利益有重大影响，而又受到不安全因素严重威胁的部分；从广义上理解，国家经济安全就是国家经济的整体发展不受威胁，并把国家经济安全看作为保障国家经济发展战略诸要素的安全，一个国家的发展所面临的国内国际环境、参加国际经济竞争的能力及其带来的相应的政治地位和能力。其目的就是要在参与国际竞争和经济合作中不断增强国家经济实力、维护国家利益和争取优势地位，特别是维护本国市场和开拓国际市场。徐会琦（2000）认为国家经济安全是国家保卫其经济利益不受外部威胁的能力。一国发展国家经济的主要目的，是为了不断增强自己的经济实力并保持在一个相对领先的地位，从而提高其在经济全球化中的生存技能，同时以经济实力为手段获取政治、军事的安全。王恕立和赵富强（2001）认为国家经济安全是指国家是否具备抗衡跨国公司垄断国内市场、损害本国权益和抗御跨国公司转移外部风险的能力。周肇光（2005）认为开放国家经济安全是指一国在开放经济条件下，经济向全球化、国际化发展进程中，综合本国经济因素抵御国内外风险的能力。

还有一些学者结合了状态说与能力说，并给出自己独到的见解。如王逸舟（1998）认为经济安全应当是在一个变化、开放、进步的过程，而不是封闭状态下的自我保护，对于一个国家来说，它意味着使本国经济在开放的过程中具备更好的免疫力，更灵活的反应能力，能够有效应对诸如金融投机、贸易摩擦、投资者撤出、跨国公司入侵等全球化时代的新问题。黄俊军（2000）认为经济安全有广义和狭义之分，从最狭义来说，国家经济安全是指开放条件下一国如何防止金融乃至整个经济受到来自外部的冲击所引发的剧烈动荡和国民财富重大利益损失的防范，是一国维护本国经济免受各种非军事、政治因素损害的战略部署。马蔚云（2012）认为，国家经济安全是指在经济全球化时代一国保持本国经济系统运行与发展，维护国家经济主权，抗击各种威胁的状态和能力。雷家骕等（2022）再次总结了国内外国家经济安全内涵的相关学说，并认为国家经济安全是指在经济全球化背景下，一国最为根本和重要的经济利益处于不受伤害的状态和能力，特别是在国际上具有理想的国际竞争力，即“状态论+能力论+对外竞争力”。

从以上国内学者对于国家经济安全内涵的理解，可以得出能力说侧重于动态评价，状态说侧重于静态评价（叶卫平，2010）。动态评价是从时间变化的角度，它不仅着眼于昨天、今天，而且着眼于明天；不仅评价过去与现在的能力，还可以评价未来的潜力。但能力说与状态说也是相对的，从动态上来看，连续的状态表现为一种能力，从静态上来看，能力则表现为一种状态，能力只是实现国家经济安全的手段而非国家经济安全本身，因为有无实现国家经济安全的能力或能力的大小，还要通过国家经济的状态来检验，具有强大的能力只是实现与保障国家经济安全的必要条件而非充分条件。

目前国内对于经济安全内涵的认识还存在较大的分歧。国家经济安全既有共同性，也具有严格国别性，即不同国家经济安全具有不同内涵和特征。一般来说，发达国家与发展中国家对经济安全的理解存在质的差异，这由其在世界经济体系中的地位决定。发达国家经济安全属“进攻型”，如美国经济安全观立足于自由市场基础上谋求经济霸权；发展中国家经济安全则多属“防守型”，如印度经济安全观是谋求经济独立和发展。即使发展中国家间，因其政治体制、经济社会及文化传统等多方面差异，其国家经济安全亦有不同特征。作为在世界经济中迅速崛起、影响力与日俱增的中国，伴随着对外开放程度的日益提高而面临日趋复杂的开放环境，我国经济安全有着自身的内涵与基本特征。

我国经济安全内涵可建立在“双向分析（国内与国际）、多维思考”的原则之上，坚持“外部着眼，内部着手”，从可能的直接和间接外部冲击出发分析一国经济内部问题，并将两者有机结合。决不可将我国经济安全内涵泛化、同化、固化、虚化、窄化等，须注重科学性和实用性（顾海兵和王鑫琦，2011）①。考虑到我国所处时代背景及国家经济安全的一般要求，本书将我国经济安全内涵界定为：在经济全球化开放环境下，通过加强自身机制体系建设，使我国经济具备抵御外部各种直接或间接的风险冲击威胁的能力，以使我国经济体系在面临外部风险冲击威胁时能够保持国家经济主权独立，根本经济利益不受或免受侵犯威胁，经济体系能够继续平稳发展的一种态势。

注意，以上内涵界定强调五点：第一，经济安全问题主要是由于经济对外开放所受到的外源冲击威胁造成的，即外来力量的干预影响才造成经济安全问题；第二，经济主权独立包括独立的经济金融政策制定权、经济金融活动独立的管辖权、在国外各种重要经济金融组织活动中平等参与国际事务活动、独立发表言论及缔结各种经济金融关系的自主权、重要战略资源独立的控制权等；第三，国家经济安全关注的是国家根本经济利益问题，要与一般的经济风险等区分开来，以避免将经济安全泛化，只有一种或多种经济风险的发生及其蔓延深化可能导致国家某种或多种根本经济利益受到现实或潜在威胁时，才是国家经济安全重点关注的风险问题；第四，以上界定强调国家经济安全是"状态+能力"，即时表现为一种状态，过程则表现为一种维持状态的能力；第五，国家经济安全的外在表现是经济体系能够平稳健康向前发展，我国是欠发达的发展中大国，存在许多经济与社会矛盾问题，当前的主要矛盾是人民日益增长的美好生活需要和不平衡不充分的发展之间的矛盾，我国目前的许多经济社会问题都要依靠发展来解决，经济不发展或不当发展都会引起诸多经济社会风险问题，并会严重削弱我国防范内外经济风险的能力。

因此，关注重点即为直接和间接外部冲击通过怎样的内部传导机制一步步威胁国家经济安全，并最终影响经济正常运行。这里的间接外部冲击是指内部问题引发外部冲击。我们需要着眼于"过程的经济安全"，即国家经济安全问题发生需要一定内部传导机制作用才能真正威胁国家经济命脉。这一传导机制包括我国政治经济制度缺陷、经济各部门相互作用机制、国际经济组织规则对中国的不利影响等。解决经济安全问题首先是锁住这些传导机制，其次是预防、阻止、减缓外在冲击发生。研究传导机制就是要在国际上经济的控制与反控制、影响与反影响的激烈竞争中获取优势。

1.3.2 经济安全与经济风险、经济危机、经济稳定之间的关系

经济风险是经济发展过程中面临的不确定性，这种不确定主要是由于经济社会活

---

① 顾海兵，王鑫琦. 国家经济安全研究的五大误区 [N]. 光明日报（理论版），2011-12-09（11）.

动中存在的固有不确定性所带来的，具有一定的客观性。经济安全的对立面是经济不安全，表现为经济发展过程中面临的各种风险，但是这种风险是可承受的风险，处在国民经济发展过程中的承受能力范围之内，维护经济安全的过程通常是识别经济风险，分析经济风险的来源和产生的原因，并通过各种手段化解或消除明显的或潜在的风险。可通过经济安全反映国民经济风险状态，亦可以通过风险程度的大小来反映国民经济的安全程度。

经济危机是经济风险发展到一种极端状态，在短时期内集中全面爆发的一种状态，表现为大量企业破产倒闭，大量工人失业，通货膨胀居高不下，各种经济政策失效，社会秩序处于一片混乱状态。经济危机产生的原因可能是资本主义制度固有的缺陷所引发的周期性危机爆发，也可能是经济运行中某方面或环节出现风险问题并累积到一定程度所致，还可能是由于其他如国际市场冲击，政权更替、军事战争、突发重大公共安全事件等外在因素。

经济稳定是国民经济能够平稳运行发展的态势，不发生大的经济波动，不仅包括国民经济处于安全状态，还包括各种经济活动都能够继续向前发展的态势。经济安全与经济稳定是局部与整体的关系，影响经济稳定的因素众多，可以是经济因素，也可以是政治、军事或社会因素，既可以是国内因素，也可以是国外因素，而经济安全则更侧重于国外因素。

经济安全本质上是一种核心利益风险合理可控的态势，不仅包括经济主权的独立可控，而且包括经济风险在较合理的控制范围之内。经济安全问题是在我国改革开放后面临各种外源性风险冲击而产生的，在对外封闭的经济环境下一国经济安全主要表现为一种被动的潜在的安全状态。经济安全范围内的风险逐步变大，但仍在国民经济可承受的范围之内，仍表现为经济不安全中面临的经济风险，而当经济风险累积到一种程度并在短期内集中破坏性爆发时则表现为经济危机。而经济安全范围内的风险随着经济体系持续向前发展，表现为人口持续增长、制度体制创新与技术不断进步时，则表现为经济稳定态势。当然，经济安全是一种动态发展的安全，风险的合理可控范围标准随着一国经济发展阶段不同而不同。

1.4 中国经济安全的主要特征

我国改革开放40多年来，国家经济总量和各种工业实务量指标均取得了长足的发展进步，如 GDP 从 1978 年的 3678.8 亿元上升到 2020 年的 101.6 万亿元，增长了 276 倍，并于 2010 年一举超过日本，2020 年中国 GDP 总量占美国 GDP 总量的 74%。工业增加值从 1978 年的 1621.4 亿元上升到 2020 年的 31.3 万亿元，增长了 193 倍，占全球比重的 30%，为美国的 1.62 倍并连续 11 年保持全球第一。钢铁产量从 1978 年的 3178 万吨上升到 2020 年的近 9 亿吨，增长了 28.3 倍。随着我国社会主义市场经济发展过程中对外商直接投资的大量引进，以及对国外人才、技术与企业管理经验的不断引进吸收，我国与世界主要国家的联系紧密度和对外依存度也在不断上升，我国在扩大对外经济开放发展自身的过程中，也对国家经济安全形成了一定的外部风险威胁挑战。如 1978 年中国对外贸易依存度为 9.74%，1990 年上升到 29.78%，2000 年上升到 39.58%，而 2010 年上升到了 50% 以上。同时中国出口与进口贸易过程中对海外部分国家或地区集中度风险也在不断上升。

自从 2002 年我国加入 WTO 积极融入国际市场以来，我国积极开放国门并通过“引进来”和“走出去”相结合促进了我国经济总量的高速增长与综合国力的不断提升，于是在国际媒体上出现了各种“大国崛起论”“中国威胁论”等论断。尤其是 2016 年美国特朗普总统上台以后，对国际媒体鼓吹“中国大国威胁论”，并运用国家力量对我国出口贸易与高新技术企业进行各种极限施压和打击封锁，使得我国经济在开放过程中面临来自世界霸权主义前所未有的风险冲击与挑战。因此要对我国经济安全程度进行全面深入的分析，首先要了解我国“大国经济”的总体基本特征，这是把握好我国经济安全形势的基本前提，本书将我国经济安全的主要特征总结如下：

1.4.1 我国是大国经济体，经济体量大决定了国家总体抵御经济风险能力韧性强

（1）我国经济总量大，多项重要经济指标与实物指标均位居世界前列

首先，我国经济总量大体现在能够支撑我国巨大经济体量的相对静态指标上，包括国土面积、人口规模以及丰富的工业资源条件等方面均位居世界前列。

从国土面积分析，中国国土面积 960 万平均公里，位居世界第三位，仅次于俄罗斯（1707 万平方公里）与加拿大（997 万平方公里）。中国疆域面积辽阔，平原陆地广阔，江河湖泊众多，东西南方地质气候条件差别大，多种可再生资源与矿产资源含量丰富，为大国工业经济的发展提供了良好活动场所。

从人口规模分析，截至 2021 年 10 月，中国人口总规模达到 14.1178 亿人，多年来一直位居世界第一位，位于中国之后的为印度（13.54 亿人）和美国（3.27 亿人），

中国近40年来的人口规模优势为我国工业经济的发展提供了丰富的劳动力与智力资源。

从工业资源条件分析，中国地质条件多样，矿产资源储量丰富，其中矿产171种，已探明储量的有157种，其中钨、锑、稀土、钼、钒和钛等的探明储量居世界首位。煤、铁、铅锌、铜、银、汞、锡、镍、磷灰石、石棉等的储量均居世界前列。截至2020年底，中国全口径发电总装机容量约22亿千瓦，其中可再生资源发电装机容量9.35亿千瓦，占中国全部电力装机容量的42.5%，占全球可再生能源累计装机容量约1/3，风电、光伏新增装机占全球50%以上。当前我国政府提出“碳达峰”“碳中和”远景目标，我国可再生能源将进入大规模、高比例、市场化发展阶段，将进一步引领国内能源生产与消费朝着绿色低碳环保的方向大幅迈进。

其次，我国经济体量大直接体现在重要经济规模总量指标上，包括国内生产总值、工业增加值、对外贸易总额、吸引外商直接投资总量、外汇储备量等均位居世界首位。

从国家GDP总量水平分析，根据《2020年国民经济与社会发展统计公报》，截至2020年底中国GDP总量为101.5986万亿元，约合14.72万亿美元，约占美国当年GDP总量的74.7%，位居世界第二位，要明显高于排名世界第三的日本（2020年为5.13万亿美元）与排名世界第四的德国（2020年为3.78万亿美元）。如果按照购买平价核算，2020年底中国GDP为24.81万亿美元，美国为19.85万亿美元，中国于2017年已经超过了美国，位居世界首位。表1－1显示了按汇率计算的2019—2020年世界GDP排名前12位的国家。

表1－1　2019—2020年世界GDP排名前12位的国家　单位：万亿美元

国家	美国	中国	日本	德国	英国	印度	法国	意大利	加拿大	韩国	俄罗斯	巴西
2020年	20.94	14.72	5.02	3.81	2.71	2.62	2.60	1.89	1.64	11.63	1.48	1.44
2019年	21.43	14.28	5.06	3.86	2.83	2.87	2.72	2.00	1.74	1.65	1.69	1.88

数据来源：《中国统计年鉴2021》。

从工业增加值分析，截至2020年底中国工业增加值为5.57万亿美元，排名全世界第一位，要明显高于美国（2.8万亿美元）、德国（1万亿美元）等传统工业强国，比第二名至第六名之和还要多。2010年中国制造业增加值首次超过了美国，并连续多年一直保持全球第一，奠定了中国作为全球制造业中心的地位，当前中国工业规模更是比美国、德国、英国、法国、意大利等传统发达强国的总和还要多，中国强大的工业基础和全产业链工业布局为中国由传统工业大国向全球新兴工业强国迈进奠定了坚实基础。表1－2显示了2019—2020年世界工业增加值排名前10位的国家。

表 1-2　　2019—2020 年世界工业增加值排名前 10 位的国家　　单位：万亿美元

国家	中国	美国	德国	印度	韩国	英国	俄罗斯	法国	意大利	印度尼西亚
2020 年	5.57	2.80	1.00	0.61	0.53	0.46	0.44	0.42	0.41	0.40
2019 年	5.51	3.89	1.03	0.69	0.54	0.50	0.54	0.47	0.43	0.44

数据来源：世界银行网站数据。

从对外贸易总量分析，2020 年中国对外进出口总额为 4.6469 万亿美元，占全球进出口贸易总额的 13.1%，位居全球首位。第二名为美国（3.8391 万亿美元，占全球的 10.8%），第三名为德国（2.5508 万亿美元，占全球的 7.1%）。中国早在 2013 年就已经跃居全球综合贸易第一大国，目前中国已经是全球第一大出口国与第二大进口国，近些年来中国对外出口贸易与进口贸易的持续高速增长，为全球贸易的发展做出了重要贡献。表 1-3 显示了 2020 年世界对外进出口总额排名前 11 位的国家。

表 1-3　　2020 年世界对外进出口总额排名前 11 位的国家　　单位：亿美元

国家	中国	美国	德国	日本	荷兰	法国	英国	韩国	意大利	墨西哥	加拿大
出口	25911	14316	13800	6414	6745	4883	4033	5125	4961	4177	3907
进口	20558	24075	11708	6345	5967	5824	6347	4676	4229	3932	4137
总额	46469	38391	25508	12759	12712	10707	10380	9801	9190	8109	8044

数据来源：《中国统计年鉴 2021》。

从外商直接投资流入总量分析，2019 年中国吸引外商直接投资净流入为 1872 亿美元，位居全球第二位，相对排名全球第一的美国（3516 亿美元）相差明显。然而 2020 年初全球新冠疫情的暴发给中美两国经济带来了转折性变化。由于中国对突如其来的疫情防控得力并及时进行复工复产，使得中国是 2020 年全球所有国家中唯一实现正增长的国家，并吸引着全球投资者的目光。2020 年中国已超越美国成国全球最大的外商直接投资流入国，2020 年流入中国的外商直接投资达到 1630 亿美元，同比增长了 4%；而排名第二的美国全年外商直接投资流入总量为 1340 亿美元，同比下降了 49%。2020 年是中美经济发生强烈对比的一年，在利用外资上，中国全年引进外资规模创下历史新高，同时引入资金主要流向了服务业与高新技术产业，引资结构得到进一步优化，同时对华投资的国家与地区继续保持相对稳定，而中国东部地区占全年引资总量的 88.4%，是外资的主要流入区域。表 1-4 显示了 2019 年世界外商直接投资净流入总额排名前 10 位的国家（地区）。

表 1－4　2019 年世界外商直接投资净流入总额排名前 10 位的国家（地区）　单位：亿美元

国家（地区）	美国	中国	新加坡	匈牙利	巴西	德国	中国香港	英属维尔金群岛	法国	印度
总额	3516	1872	1204	922	692	676	583	580	510	506

数据来源：世界银行网站。

从外汇储备总量分析，中国外汇储备总量为 3.162 万亿美元，位居全球第一，这一数字是排名第二的日本（1.25 万亿美元）的 2.5 倍，显示了中国在对外出口与进口贸易，对外投资、对外偿国际债务以及抵御国际金融风险冲击等方面强大的综合国力水平。其中同样为金砖五国的印度、巴西与俄罗斯的外汇储备都要远落后于中国的外汇储备水平。表 1－5 显示了 2020 年第二季度世界外汇储备总额排名前 10 位的国家（地区）。

表 1－5　2020 年第二季度世界外汇储备总额排名前 10 位的国家（地区）　单位：亿美元

国家（地区）	中国	日本	瑞士	沙特	中国香港	印度	韩国	巴西	俄罗斯	新加坡
总量	31620	12500	7857	4866	4375	3972	3853	3583	3565	2798

数据来源：国家外汇管理局网站。

最后，我国经济体量大还直接体现在衡量国家工业经济实力的实物总量指标上，包括钢铁生产与消费量、石油进口与消费量、发电量、高速公路与高铁通车里程数、汽车生产与消费量、粮食生产总量、专利申请量等方面。

从钢铁生产量分析，2020 年中国粗钢产量 10.648 亿吨，占全球粗钢总产量的 56.7%，远高于排名第二的印度（占比 5.34%）与第三的日本（占比 4.43%），而世界排名第二到第十的国家钢铁生产总量占全世界的比重（28%）也仅为中国的一半，钢铁作为工业的基础原材料中国超大规模的钢铁产量展现出了中国经济快速复苏过程中对钢铁产量强劲需求。实际上中国自从 1996 年钢铁产量就已经跃升至世界第一位，1996 年中国钢铁产量超过 1 亿吨，并顺利超过美国、俄罗斯、日本等西方强国跃居世界首位。近 20 多年来中国钢铁企业无论是生产产量规模还钢铁生产技术工艺水平都已经取得了长足的进步，为中国工业经济实现工业生产大国向工业制造强国迈进，也为全球经济的持续发展做出了巨大的贡献。表 1－6 显示了 2020 年世界粗钢总产量排名前 10 位的国家。

表 1－6　2020 年世界粗钢总产量排名前 10 位的国家

国家	产量（百万吨）	同比增长（%）	占全球总量比重（%）
中国	1064.8	7	56.70

续表

国家	产量（百万吨）	同比增长（%）	占全球总量比重（%）
印度	100.3	-10	5.34
日本	83.2	-16.20	4.43
美国	72.7	-17.20	3.87
俄罗斯	71.6	-0.10	3.81
韩国	67.1	-6	3.57
土耳其	35.8	6.20	1.91
德国	35.7	6.20	1.90
巴西	31	-4.90	1.65
伊朗	29	13.30	1.54

数据来源：世界钢铁协会数据。

从发电量数据分析，根据《世界能源统计年鉴2021》数据显示，2020年全球发电总量为26.82万亿千瓦时，同比下降0.9%，跌幅超过了2008—2009年全球金融危机时期。其中，2020年中国的发电量约为7.779万亿千瓦时，同比增长3.4%，约占全球发电总量的29%，继续位居全球首位。美国排名第二，2020年发电量约为4.28万亿千瓦时，同比下降3.1%，约占全球发电总量的16%。印度排名第三，2020年发电量约为1.561万亿千瓦时，同比下降2.9%，约占全球发电总量的5.8%。接下来分别为：加拿大（占全球发电总量的2.4%）、巴西（占全球发电总量的2.31%）、韩国（占全球发电总量的2.14%）、德国（占全球发电总量的2.13%）和法国（占全球发电总量的1.96%）。中国的发电总量约为美国的2倍，并且远远领先于其他国家。中国作为传统工业大国和世界制造业的中心，工业规模早已超过美国、日本、英国、德国、法国等制造强国，巨大的工业生产总量与全面的工业布局之下对发电量的需求巨大，同时促使中国发电企业快速崛起并将多余的电力出口到其他国家。

从高速公路与高铁里程数分析，2020年中国高速公路通车里程数为15万公里，排名第二位的美国为8.8万公里，约为中国总里程数的58.6%，排名第三的俄罗斯与第四的加拿大与中国均有明显的差距。从高铁通车里程数看，2020年中国高铁通车里程数约为35000公里，而排名第二至第十的国家加起来也仅为13908公里，不到中国总里程数的一半（约占40%）。高速公路是一国出行最重要的交通方式，发达的高速公路网络有利于人员与货物高效快捷地运输，有利于缩短城市与城市之间的距离，有利于国内物流业的发展并满足工业生产与人们生活中网上购物的快捷需求，是一个国家工业制造能力与现代化服务水平的象征，而中国高速公路通车里程数雄居全球第一，充分体现了中国作为全球综合工业制造业大国的实力。而中国的高铁通车里程数雄居全球第一，极大地满足了人们工作与旅游等出行需求，加快了城市与城市之间的人员与信息的沟通与联系，也充分体现了中国由传统工业大国向现代化工业强国迈进的工业科技实力水平。表1－7显示了2020年世界高速公路与高铁通车里程数排名前10位的国家。

表1－7　2020年世界高速公路与高铁通车里程数排名前10位的国家　单位：公里

国家排名	高速公路通车里程数	国家排名	高铁通车里程数
中国	150000	中国	35000
美国	88000	日本	3041
俄罗斯	30000	西班牙	2859
加拿大	17000	法国	2734
西班牙	15152	德国	1571
德国	12800	意大利	921
法国	11100	韩国	893
日本	7803	美国	735
意大利	6700	土耳其	704
墨西哥	6279	沙特阿拉伯	450

数据来源：Wind数据库整理。

从汽车生产与消费量分析，2020年中国汽车生产量为2522.52万辆，位居全球第一并遥遥领先于其他国家，占全球汽车生产量的比重约为32.5%；排名第二的美国仅为882.24万辆，占全球的比重约为11.37%，仅为中国汽车生产总量的1/3。日本排名第三位，并占到全球汽车生产总量的10.39%。2020年中国汽车消费量为2531.11万辆，占到全球汽车总消费量的32.46%，而美国当年汽车消费量为1445.86万辆，占到全球的18.54%，与中国汽车消费量的差距明显。排名第三至第十的国家汽车消费量的总和（约为2046.6万辆，占到全球的26.24%）也要低于中国一国的消费量。在2020年全球疫情肆虐，各国市场生产与消费低迷的情况下，中国汽车消费市场仍然非常亮眼，一方面体现了中国的抗疫取得非常大的成功，能够在短时间内控制住疫情并及时复工复产，为全年经济保持正增长打下了坚实基础；另一方面也展示了中国雄厚的汽车工业生产能力与国内巨大的汽车消费市场需求。表1－8显示了2020年世界汽车生产量与消费量排名前10位的国家。

表1-8　　2020年世界汽车生产量与消费量排名前10位的国家

国家排名	汽车生产量（万辆）	占全球汽车生产总量比重（%）	国家排名	汽车消费量（万辆）	占全球汽车生产总量比重（%）
中国	2522.52	32.50	中国	2531.11	32.46
美国	882.24	11.37	美国	1445.86	18.54
日本	806.76	10.39	日本	459.86	5.90
德国	374.25	4.82	德国	326.82	4.19
韩国	350.68	4.52	印度	293.87	3.77
印度	339.44	4.37	法国	210.01	2.69
墨西哥	317.66	4.09	巴西	205.84	2.64
西班牙	226.82	2.92	英国	196.48	2.52
巴西	201.41	2.59	韩国	190.60	2.44
俄罗斯	143.53	1.85	俄罗斯	163.12	2.09

数据来源：国际汽车制造商协会（OICA）、中商产业研究院整理。

从粮食生产量分析，粮食作为一种关乎人们温饱健康的战略资源，越来越受到世界各国的重视并关系到国家经济社会安全。2020年中国粮食产量为6.57亿吨，排名全球第一位，其中作为三大主粮的玉米总产量为2.15亿吨，位居世界第二；稻谷总产量为2.08亿吨，位居世界第一；小麦总产量为1.3亿吨，位居世界第一。一直以来中国是世界上重要的粮食生产与消费大国，由于中国幅员辽阔，人口众多，中国粮食产量虽然高但人均粮食拥有量却相对低下。美国粮食产量为5.98亿吨，排名世界第二；印度为3.62亿吨，排名世界第三；巴西为2.21亿吨，排名世界第四；印尼为1.15亿吨，排名世界第五。

（2）国家区域经济城市群经济体量大与集聚辐射能力强

中国经济改革开放的40多年中，逐渐形成了以一个或多个核心城市为节点的城市群整体崛起的区域经济发展现象，其中在中国众多城市群中，尤其以长三角城市群、珠三角城市群和环渤海城市群整体经济发展水平最高，城市之间经济联系最紧密，对周边乃至全国经济发展的辐射带动能力最高。2020年长三角GDP总量为24.47万亿元，占全国GDP的比重为24.1%；珠三角GDP总量为8.95万亿元，占全国GDP的比重为8.8%；京津冀GDP总量为8.64万亿元，占全国GDP的比重为8.5%；三大城市群GDP总量占全国GDP的比重为41.4%。其中，2000—2020年的近20多年内，三大城市群GDP占全国的比重相对比较稳定，总体处于40%以上水平，最高年份即2005年占全国GDP的比重为46%，三大城市群位于我国东部沿海地区经济最活跃的中心地带，包含了中国发展水平最强的城市即北京、上海、广州、深圳，以及大部分经济强市，三大城市群汇聚了中国大部分最优秀的高校资源和人力资源，是外商投资的重点地区和科技人才的汇聚高地，对本地区与周边地区，乃至全国经济的发展具有辐射带动作用。以人均 GDP 为例，2020 年全国人均 GDP 为 72447 元，三大城市群人均 GDP 明显高于全国平均水平，其中珠三角人均 GDP 约为全国人均 GDP 的两倍，三大城市群无论是经济总量还是人均水平都明显高于国内其他地区。表 1－9 显示了 2010—2020 年中国三大城市群 GDP 指标数据对比。

表 1－9　2010—2020 年中国三大城市群 GDP 指标数据对比

年份	长三角 GDP（万亿元）	珠三角 GDP（万亿元）	京津冀 GDP（万亿元）	长三角人均 GDP（万元）	珠三角人均 GDP（万元）	京津冀人均 GDP（万元）	长三角 GDP 占全国比重（%）	珠三角 GDP 占全国比重（%）	京津冀 GDP 占全国比重（%）	三大城市群 GDP 占全国比重（%）
2000	2.24	0.85	0.99	1.13	2.04	1.10	22.30	8.40	9.90	40.70
2001	2.49	0.96	1.11	1.25	2.22	1.23	22.40	8.70	10.10	41.20
2002	2.79	1.10	1.25	1.40	2.51	1.36	22.90	9.10	10.30	42.30
2003	3.28	1.30	1.45	1.62	2.94	1.57	23.90	9.50	10.60	43.90
2004	3.97	1.56	1.76	1.95	3.48	1.89	24.50	9.60	10.90	45.10
2005	4.69	1.84	2.09	2.31	4.07	2.21	25.00	9.80	11.20	46.00
2006	5.45	2.19	2.40	2.67	4.71	2.52	24.80	10.00	11.00	45.80
2007	6.51	2.60	2.87	3.15	5.37	2.96	24.10	9.60	10.60	44.30
2008	7.60	3.02	3.38	3.65	6.00	3.43	23.80	9.50	10.60	43.90
2009	8.33	3.25	3.69	3.89	6.19	3.68	23.90	9.30	10.60	43.80
2010	9.95	3.80	4.37	4.61	6.93	4.18	24.10	9.20	10.60	44.00
2011	11.70	4.39	5.21	5.40	7.79	4.91	24.00	9.00	10.70	43.60
2012	12.74	4.79	5.73	5.85	8.46	5.32	23.70	8.90	10.60	43.20
2013	14.00	5.35	6.22	6.40	9.38	5.69	23.60	9.00	10.50	43.10
2014	15.12	5.78	6.65	6.88	10.08	6.02	23.50	9.00	10.30	42.80
2015	16.18	6.25	6.94	7.33	10.75	6.22	23.50	9.10	10.10	42.60
2016	17.69	6.82	7.56	7.97	11.49	6.75	23.70	9.10	10.10	43.00
2017	19.53	7.50	8.06	8.74	12.33	7.16	23.50	9.00	9.70	42.20
2018	21.15	8.04	8.51	9.38	12.92	7.55	23.00	8.80	9.30	41.00
2019	23.73	8.69	8.46	10.45	13.63	7.48	24.00	8.80	8.60	41.40
2020	24.47	8.95	8.64	10.40	14.85	7.83	24.10	8.80	8.50	41.40

数据来源：Wind 数据库整理汇总。

（3）省域经济体量大，许多省份已经达到“富可敌国”的程度

从各省市 GDP 总量水平分析，我国许多经济体量大的省及直辖市，GDP 总量已经

超越了许多国家，其中不乏很多大型国家和发达国家。根据国家统计年鉴和世界银行提供的国家 GDP 数据来看，广东、江苏、山东、浙江、河南等省经济总量“富可敌国”。截至 2020 年底我国有 14 个省及直辖市 GDP 排名进入全球前 40，广东省、江苏省 GDP 总量突破万亿美元，分别位居世界第 11、第 12 位，超过了俄罗斯、巴西、西班牙、澳大利亚等老牌发达国家或大型国家。第一经济大省广东距离第 10 位韩国差距很小，在 250 亿美元内，2021 年有望实现历史性突破，进入全球前 10 位。上海、北京仅以直辖市的 GDP 体量，就超越了瑞典、比利时等西欧发达国家以及人口将近 7000 万的泰国。表 1－10 显示了 2020 年中国部分经济强省（市）在全球主要国家 GDP 排名。

表 1－10　　2020 年中国部分经济强省（市）在全球主要国家 GDP 排名　　单位：亿美元

名次	国家和中国省市	GDP	名次	国家和中国省市	GDP
1	美国	209327.50	21	荷兰	9095.03
2	中国	147228.37	22	河南	7973.59
3	日本	50486.88	23	瑞士	7474.27
4	德国	38030.14	24	土耳其	7195.37
5	英国	27109.70	25	四川	7045.95
6	印度	27087.70	26	沙特阿拉伯	7014.67
7	法国	25989.07	27	台湾	6685.1
8	意大利	18849.35	28	福建	6365.28
9	加拿大	16434.08	29	伊朗	6357.24
10	韩国	16308.71	30	湖北	6298.53
11	广东	16058.36	31	湖南	6057.57
12	江苏	14889.67	32	波兰	5941.80
13	俄罗斯	14735.83	33	上海	5610.89
14	巴西	14340.84	34	安徽	5608.00
15	澳大利亚	13593.26	35	瑞典	5376.10
16	西班牙	12782.08	36	河北	5249.35
17	墨西哥	10761.63	37	北京	5234.23
18	山东	10602.40	38	比利时	5130.87
19	印度尼西亚	10596.38	39	泰国	5018.88
20	浙江	9367.73	40	尼日利亚	4294.23

数据来源：IMF、世界银行。

（4）国内市场需求空间大，要素和商品在各区域之间自由流动

在总体人数以及人数占比上，2020 年中国人口总数 140211.2 万，占世界人口总数的 18.09%，除了印度以 138000.4 万的人口总数、17.8% 的人口占比紧随中国之后

位列全球第二外，其他国家的人口总数与中国都有着断层差距：世界人口排名第三的美国仅有32948万人，占比4.25%；排名第四到第十的所有国家相加，人口总数只有135048.1万人，占比17.42%，低于中国一国的人口数。庞大的人口规模为中国庞大的消费市场打下坚实基础。表1-11显示了2020年各国人口总数占比及增长率。

表1-11　　2020年各国人口总数占比及增长率

国家	人数（万人）	人口占比（%）
中国	140211.2	18.09
印度	138000.4	17.80
美国	32948.0	4.25
印度尼西亚	27352.4	3.53
巴基斯坦	22089.2	2.85
巴西	21255.9	2.74
尼日利亚	20614.0	2.66
孟加拉国	16468.9	2.12
俄罗斯	14410.4	1.86
墨西哥	12893.3	1.66

数据来源：世界银行。

从年青劳动人口占比和收入水平分析，较高的劳动人口占比则为消费市场增添了巨大潜力。近五年来，中国年青劳动人口占比十分可观：2016—2019年，年青劳动人口占比为72.5%—70.6%，七成人口都具备相对独立的消费能力。2020年，由于疫情等因素影响，年青劳动人口占比有相对明显的下降，但仍然占有63.4%的比重，处在较高水平。人均消费支出和人均可支配收入中位数逐年增加，2020年分别达到21210元和27540元。城乡贫富差距缩小，脱贫攻坚目标任务逐步推进，人民的消费水平和潜在消费能力不断提升，国内需求市场广阔。表1-12显示了2016—2020年中国年青劳动人口占比和收入水平。

表1-12　　2016—2020年中国年青劳动人口占比和收入水平

年份	15—64岁（万人）	年青劳动人口占比（%）	人均消费支出（元）	人均可支配收入中位数（元）
2016	100260	72.5	17111	20883
2017	99829	71.8	18322	22408
2018	99357	71.2	19853	24336
2019	98910	70.6	21559	26523
2020	89437	63.4	21210	27540

数据来源：《中国统计年鉴》。

从区域间差异流动分析，我国区域经济发展分化态势明显。各省市在资源禀赋、人才规模、商业基础和产业结构等诸多方面的条件都各不相同，有利于发挥各地区比较优势，促进省域间要素资源的合理流动及高效聚集。例如，东部沿海地带经济发达，高科技产业欣欣向荣，但自然资源稀缺；西北地带传统工业发达，自然资源丰富但经济活力不足，从国家层面就有“西煤东运”“西气东输”“东北大振兴”等战略工程的开展，市场的要素流动更是频繁。多年以来政府牵头，不断努力消除歧视性、隐蔽性的区域市场壁垒，促进形成全国统一开放、竞争有序的商品和要素市场，更有利于区域之间的经济往来。

（5）高学历和科技创新人才规模大，国家总体创新发展能力强

从高学历人才规模和 PCT 专利申请量分析，2020 年中国排名世界前 500 的大学数量达到 42 所，世界范围内仅次于美国的 92 所和英国的 50 所。2020 年中国博士毕业人数达到 62578 人，已经十分接近美国的 73923 人，更是远超日本、德国、英国等国。可以说，中国研发人员的基础人数已经不逊色于世界上的大部分发达国家。随着创新型国家战略的深入实施，在科技研发投入不断增加的情况下，中国的创新能力得以显著提高。2020 年中国 PCT 专利申请量达到 68764 件，已经超过了美国的 58727 件，位居全球第一。其中在高校方面，加利福尼亚大学以 470 件国际专利申请蝉联第一，清华大学（265 件）位列第二，之后是深圳大学（247 件）、麻省理工学院（230 件）和华南理工大学（164 件）。排名前 10 位的高校中，4 所来自中国，体现了中国高校在创新方面取得的巨大进步。表 1－13 显示了 2020 年主要国家高校和专利数量。

表 1－13　　2020 年主要国家高校和专利数量

国家	QS 前 500 大学数（所）	博士毕业人数（人）	PCT 专利申请量（件）
美国	92	73923	58727
中国	42	62578	68764
日本	17	15599	50558
德国	30	28690	18538
英国	50	29340	5900

数据来源：IFI、世界知识产权组织、Wind 数据库、QS 世界大学排名。

从发明专利在国内国际的数量分析，2020 年专利授权总数达到 363.9 万件，其中境内 350.4 万件，境外 13.5 万件。有效专利总数达到 1219.3 万件，其中境内 1111.5 万件，境外 107.8 万件。虽然目前中国在国内外专利的申请和持有数量上与发达国家存在较大差距，但都已经达到了较高水准。表 1－14 显示了 2020 年中国专利授权和有效专利情况。

表 1-14　　2020 年中国专利授权和有效专利情况

指标	专利数（万件）	比上年增长（%）
专利授权数	363.90	40.40
其中：境内专利授权	350.40	42.60
其中：发明专利授权	53.00	17.10
其中：境内发明专利	43.40	22.50
年末有效专利数	1219.30	25.40
其中：境内有效专利	1111.50	27.90
其中：有效发明专利	305.80	14.50
其中：境内有效发明专利	221.30	18.80

数据来源：《中国统计年鉴》。

从高新企业数量及研发投入金额分析，中国高新技术企业数量不断增长，近年来增速均维持在25%以上，2020 年中国高新企业数量达到 27.5 万家。高新企业是一个国家体现总体创新创造能力的主要载体，也是推动国家产业转型、科技进步的基本主体。我国庞大的高新企业数量和非常可观的增速，深刻体现了我国创新能力的飞速提升。2020 年，中国研发投入金额已经达到 24426 亿元，位居全球第二位。年增速均维持在 2% 以上。投入强度稳步提升，在受疫情影响的 2020 年达到 2.4%，比之上年依旧有所增长。稳定持续地扩大投入，也反映了我国在创新能力建设方面不断进步的决心以及取得的显著成效。如今，我国高科技领域的成就已经处在世界前列，我国已经成为影响力重大的科技大国，正在逐渐摆脱创新追赶者的身份，以超越者，乃至领跑者的身份，寻求科创领域的跨越发展。表 1-15 显示了 2016—2020 年中国高新企业数量及全国研发投入情况。

表 1-15　　2016—2020 年中国高新企业数量及全国研发投入

年份	2016	2017	2018	2019	2020
高新企业数量（万家）	10	13.06	17.23	21.85	27.50
增速（%）	31.4	30.6	31.9	26.9	25.8
研发投入金额（亿元）	15676.80	17606.10	19677.93	22144	24426
投入强度（与 GDP 之比）（%）	2.11	2.13	2.19	2.23	2.4

资料来源：科技部火炬中心、国家税务总局、国家统计局、前瞻产业研究院。

1.4.2 我国是发展中国家、欠发达转型经济体，部分地区或经济发展部分环节可能面临风险冲击考验

（1）我国目前仍是发展中国家、欠发达经济，多项重要人均指标均处于世界中下游水平

从经济指标分析，中国人均 GDP 达到 10484 美元，仅仅位列全球第 63 位，GDP 总量和中国一起位列前三的美国、日本两国，人均 GDP 则达到 63416 美元及 40146 美元，分别位列全球第 5 和第 23 位。显然，在人均 GDP 这一衡量人民生活水平的重要指标上，中国和同为经济大国的其他老牌发达国家相比，还存在很大差距。同样的，在收入方面，中国的调整国民净人均收入只有 8393 美元，在世界前五大经济体中，美国 55419 美元，日本 32481 美元，德国和英国分别为 39093 美元、35835 美元，几乎是中国的 4—6 倍。表 1 – 16 显示了 2020 年世界主要经济体部分人均经济指标排名。

表 1 – 16　　2020 年世界主要经济体部分人均经济指标排名　　单位：美元

国家	人均 GDP	国家排名	调整国民净人均收入	人均外汇储备
美国	63416	5	55419	136.38
中国	10484	63	8393	2294.22
日本	40146	23	32481	10413.97
德国	45733	16	39093	443.44
英国	40406	22	35835	2383.81
印度	1965	148	1822	392.87
法国	39907	24	33724	818.46
意大利	31288	28	27895	781.74
加拿大	43278	20	37829	2021.58
韩国	31497	27	25780	8291.35
俄罗斯	10037	65	8940	3042.24

数据来源：IMF、联合国开发计划署、世界银行、Wind 数据库。

从实物指标分析，世界部分大国中，中国人均耕地面积 0.09 公顷，仅优于日本的 0.03 公顷，俄罗斯和美国人均耕地面积则达到了 0.84 公顷和 0.48 公顷。可再生水资源方面，中国人均 2029 立方米，仅高于德国的 1294.5 立方米和印度的 1080.1 立方米，俄罗斯和巴西人均可再生水资源都达到 2 万立方米以上，美国人均可再生水资源则是 8667.5 立方米。中国人均粮食产量只有 433.8 千克每公顷，人均粮食产量排名前

两位的印度和俄罗斯达到了3247.9和2612.2千克每公顷，是中国的6—8倍，俄罗斯由于气候环境等因素，粮食产量向来不丰，印度作为仅次于中国的人口大国，人均粮食产量也处于较低水平，中国与这两个国家都存在很大差距，充分说明了中国在粮食产量上相当落后的情况。而主要的工业消费品，如汽车，中国的人均汽车消费量也是仅高于印度（21.2）、巴西（96.8）、俄罗斯（113.2），只有180万辆每亿人，与几个传统发达国家都存在不小差距，美国的人均汽车消费量几乎是中国的2.5倍。各项主要实物指标上，中国都相对落后。表1－17显示了近年世界部分大国部分人均资源指标。

表1－17　　　　近年世界部分大国部分人均资源指标

国家	耕地（公顷/人）	可再生水资源（立方米/人）	粮食产量（千克/人·公顷）	汽车消费量（万辆/亿人）
美国	0.48	8667.50	2641.70	439.50
中国	0.09	2029	433.80	180.50
日本	0.03	3391.60	4697.50	365.00
德国	0.14	1294.50	7475.80	392.80
英国	0.09	2195	10102.20	292.40
印度	0.12	1080.10	3247.90	21.20
俄罗斯	0.84	29841.50	2612.20	113.20
巴西	0.27	27238.10	4805.50	96.80

数据来源：世界银行、Wind数据库。

从民生指标分析，同样对比世界前五大经济体，中国教育支出占GDP总支出比重为3.54%，仅高于日本的3.24%，支出占比最高的英国，已经达到5.24%的水准。中国医疗卫生支出占比仅5.35%，前一位英国的占比都达到10%，几乎两倍于中国，美国医疗卫生支出占比16.89%，是中国的3倍有余。具体到人均医疗卫生支出上，中国只有501美元，除中国外五大经济体中最少的是日本，也高达4266.6美元，接近中国人均的9倍。教育和医疗卫生是民生至关重要的两大方面，中国与其他主要经济体之间都存在很大差距。表1－18显示了近年世界前五大经济体部分民生支出指标。

表1－18　　　　近年世界前五大经济体部分民生支出指标

国家	教育占比（%）	医疗卫生占比（%）	人均医疗卫生支出（美元）
美国	4.06	16.89	10623.85
中国	3.54	5.35	501.06
日本	3.24	10.95	4266.60
德国	5	11.43	5472.20
英国	5.24	10	4315.43

数据来源：Wind数据库、世界银行、联合国开发计划署。

（2）国内各省域之间经济总量、产业结构、对外开放程度等仍存在较大差距

从各省GDP总量和产业结构分析，中国各省GDP总量存在很大差距，2020年GDP总量排名前三位的广东（11.08万亿元）、江苏（10.27万亿元）、山东（7.31万亿元）和排名后三位的西藏（0.19万亿元）、青海（0.30万亿元）、宁夏（0.39万亿元）差距有几十倍之巨，东部地区快速发展，大城市迅速膨胀，而东北老工业基地地位衰落，中西部地区仍较为落后。产业结构上，第一产业占比：黑龙江（25.1%）、上海（0.3%）；第二产业占比：福建（46.3%）、北京（15.8%）；第三产业占比：北京（83.9%）、福建（47.5%），各省份之间三次产业分布也有很大不同，部分省份已逐步实现产业结构优化，达到或接近发达国家水平，仍有部分省份处于传统“二三一”甚至“一二三”的产业结构水平。

从各省外商直接投资和外资金融机构数量分析，各省经济开放程度层次分明。2020年中国各省外商直接投资位列前三位的是江苏（283.8亿美元）、广东（229.1亿美元）、湖南（210亿美元），后三位的是青海（0.3亿美元）、西藏（0.6亿美元）、甘肃（0.9亿美元），存在极其巨大的差距。外资金融机构数量，上海已经突破了200大关，总数达到209家，广东、北京分别以189家、117家分列二、三位，而包括西藏、甘肃、新疆在内的五个省份尚未有外资金融机构入驻，数量挂零。此外，还有6个省份也仅开设了1—2家外资金融机构。总体来看，沿海南方地区的对外开放程度和市场化程度相对较高，也是经济发展排名靠前的地区。而内陆地区，对于外资的利用处在相对弱势地位，经济开放程度不高。表1－19显示了2020年中国地区GDP及产业结构指标。

表1－19　　2020年中国地区GDP及产业结构指标

地区	GDP（万亿元）	第一产业占比（%）	第二产业占比（%）	第三产业占比（%）	外商直接投资（亿美元）	外资金融机构数量（家）
北京	3.61	0.30	15.80	83.90	141.00	117
天津	1.41	1.50	34.10	64.40	47.40	19
河北	3.62	10.70	37.60	51.70	108.50	2
山西	1.77	5.40	43.50	51.20	16.90	2
内蒙古	1.74	11.70	39.60	48.80	18.20	1
辽宁	2.51	9.10	37.40	53.50	25.20	40
吉林	1.23	12.60	35.10	52.20	22.70	2
黑龙江	1.37	25.10	25.40	49.50	5.40	7
上海	3.87	0.30	26.60	73.10	202.33	209
江苏	10.27	4.40	43.10	52.50	283.80	35

续表

地区	GDP（万亿元）	第一产业占比（%）	第二产业占比（%）	第三产业占比（%）	外商直接投资（亿美元）	外资金融机构数量（家）
浙江	6.46	3.40	40.90	55.80	157.80	29
安徽	3.87	8.20	40.50	51.30	183.10	4
福建	4.39	6.20	46.30	47.50	50.20	34
江西	2.57	8.70	43.10	48.10	146.00	5
山东	7.31	7.30	39.10	53.50	176.50	39
河南	5.50	9.70	41.60	48.70	200.70	4
湖北	4.34	9.50	39.20	51.30	103.50	14
湖南	4.18	10.10	38.10	51.70	210.00	6
广东	11.08	4.30	39.20	56.50	229.10	189
广西	2.22	16.00	32.10	51.90	11.10	4
海南	0.55	20.50	19.10	60.40	30.30	1
重庆	2.50	7.20	40.00	52.80	21.00	23
四川	4.86	11.40	36.20	52.40	100.60	23
贵州	1.78	14.20	34.80	50.90	4.40	1
云南	2.45	14.70	33.80	51.50	7.60	7
西藏	0.19	7.90	42.00	50.10	0.60	0
陕西	2.62	8.70	43.40	47.90	84.40	5
甘肃	0.90	13.30	31.60	55.10	0.90	0
青海	0.30	11.10	38.00	50.80	0.30	0
宁夏	0.39	8.60	41.00	50.30	2.70	0
新疆	1.38	14.40	34.40	51.30	2.20	0

数据来源：《2020 中国统计年鉴》、Wind 数据库。

（3）我国企业总体经济效益较低，在国际上具有较大品牌影响力的企业数量较少

从工业企业利润率、总资产回报率等效益指标分析，所谓“无工业，不强国”，工业企业的经济效益对于衡量一个国家的企业效益和收益水平至关重要。2020 年，中国国有及规模以上非国有企业平均销售利润率达到 6.08%，而国资委一般以 17.4% 作为工业企业优秀利润率的标准，良好标准也达到 11%；总资产报酬率 5.09%，低于良好标准 5.5%；净资产回报率 5.5%，低于良好标准 8%。显然，在销售利润率、总资产报酬率和净资产回报率这三个衡量企业经济效益的主要指标上，中国工业企业均处于良好标准以下，工业作为国家经济的基础和命脉，也在很大程度上映现了中国企业“大而不强”，经济效益较低的问题依旧存在，亟待解决。表 1－20 显示了 2020 年中国国有及规模以上非国有工业企业部分效益指标。

表 1-20　　2020 年中国国有及规模以上非国有工业企业部分效益指标　　单位:%

指标	销售利润率	总资产报酬率	净资产回报率
中国	6.08	5.09	5.50
评价标准值	17.4（优秀）/11（良好）	7.8（优秀）/5.5（良好）	11.4（优秀）/8（良好）

数据来源：国家税务总局、中国统计公报、Wind 数据库、国务院国资委考核分配局。

从世界企业排行及利润情况分析，中国企业在世界 500 强企业中占 124 家，已经超过美国的 121 家，位居 500 强中数量第一的宝座，排名第三的是占据 53 个席位的日本，数量上已经和中国有较大的差距，但是从利润情况来看，中国的 124 家企业，2020 年仅实现了 4417.38 亿美元的利润，而美国 121 家企业就创造了 8447.71 亿美元的利润，占所有 500 强企业总利润的 40.98%，接近中国的两倍。和其他国家相比，中国在利润方面的优势也远不及数量上的优势。而重点对比中美两国高利润率的企业，中国世界 500 强中利润率前 10 的企业，金融行业占了 8 家，全部是国有银行及保险业，剩下只有腾讯和阿里两家 ICT 企业，相对来看，美国则有 6 家 ICT 企业进入前 10。中国很多利润率较高的企业都依托了特殊的行业背景及国资支持，一般企业的利润率水平仍有很大进步空间。表 1-21 显示了 2020 年世界 500 强企业各国数量及利润。表 1-22 显示了 2020 年中美世界 500 强企业前 10 高利润率行业分布。

表 1-21　　2020 年世界 500 强企业各国数量及利润

国家	数量（家）	利润（亿美元）	利润占比（%）
美国	121	8447.71	40.98
中国	124	4417.38	21.43
日本	53	883.54	4.29
德国	27	728.88	3.54
法国	31	791.18	3.84
英国	21.5	652.20	3.16

数据来源：《财富》、Wind 数据库。

表 1-22　　2020 年中美世界 500 强企业前 10 高利润率行业分布

国家	金融企业（家）	ICT 企业（家）
中国	8	2
美国	4	6

数据来源：《财富》、Wind 数据库。

（4）资本市场体制机制仍不健全，公开透明可信的公司财务信息披露机制仍不完善。

与发达资本主义国家相比，我国资本市场尚处在一个较不完善的阶段。银行类金融机构资产占金融市场总资产比重很高，证券基金与保险业市场规模体量占比依旧较小。监管力度缺乏，相关的法律法规制度尚不完善，很容易使我国公司尤其是上市公司投机取巧。近年来我国经济增长速度放缓，颇具经济下行压力，转型升级压力大，也使得财务造假不仅屡禁不止，而且呈愈演愈烈的趋势，既有制度安排不合理的成分，也有会计审计不完善的诱因。而财务造假又会进一步增加资本市场尤其证券市场的风险不确定性，不利于调整资本市场结构。根据证监会披露，2016—2019 年，被出具非标准审计意见的审计报告的上市公司数量逐年增多，上市公司信息披露问题需要重视。此外，以价值投资的名义对股票进行的投机炒作也越来越多，出现越来越多的所谓“明星股”，如股价一度暴涨的贵州茅台，乃至味精当家的海天味业，都经历了巨大的股价起伏，究其原因主要是市场的疯狂投机炒作以及我国上市公司经营与产品质量双标等问题，这不利于引导市场树立正确的价值投资理念，健全资本市场机制。

1.4.3 社会主义市场经济体制优势，决定了我国经济应对内外风险挑战能力强

（1）大国中央政府强有力的集中统一指挥，可在短时期内调度全国各种经济资源加以援助

相比欧美国家的多党轮流执政的政治体制，我国实施中国共产党一党执政，中国共产党是中国革命与社会各项事业的领导核心。从中央到地方形成了自上而下的金字塔型领导体制。当前中国共产党组织已经深入到村镇基层，无论是在思想上还是在行动上要求同党中央保持高度一致，这有利于党中央调动全国各族人民和各种社会资源来集中力量干大事，有利于短时间内提升办事效率，从而有效避免了西方各党派之间相互竞争排挤和各种指责谩骂等时间精力与金钱成本内耗。以 2019 年底暴发的新冠疫情为例，面对突如其来的重大疫情，党中央国务院在对疫情研判基础上第一时间做出了武汉封城的决定，并在人员大幅度流动的春节期间组织全国各地的党员干部进行了全国范围内的道路封锁与疫情排查，并在武汉疫情极其严重的情况下在短时间内搭建了“雷神山”和“火神山”医院，组建了大大小小的方舱医院以收治病人，同时全国各地的医护人员纷纷飞往武汉进行人员与物资支援，在两个月内将全国范围内的重大疫情控制在可控范围之内。这不仅体现了中央政府强有力的思想与行动统一指挥调度能力，也体现了大国强大的物资供给保障能力，向世人充分展示了中国政治体制下集

中力量干大事的体制优越性。

（2）以公有制为主体，国有控股企业在关系国家经济安全的重要领域处于控制地位

我国实施以公有制为主体，多种所有制经济共同发展的社会主义基本经济制度，其中毫不动摇巩固和发展公有制经济，发挥国有经济主导作用，不断增强国有经济活力、控制力和影响力主要体现在关系到国民经济命脉的重要行业，包括涉及国家经济安全的行业、支柱产业和高新技术产业中的重要骨干企业、提供重要公共产品的行业、重大基础设施和重要矿产资源行业等。如国防工业、航空航天业、机械制造工业、电子工业、汽车工业、金融业、石油化工、建筑业，交通运输业，以及天燃气、电力、电信、石油、煤炭等。这些行业的重点龙头企业基本上都是国有直接或间接控股，并由财政部、国务院国资委、各地方政府国资委或政府名义下的各类投资开发公司等控股，这有利于我国政府保持对关系到国民经济命脉行业领域的绝对和相对控制力，从而有效维护了国家经济安全。习近平总书记到国资委调研时强调，要做大做强做优国有企业，中央政治局也专门召开了全国国有企业会议并强调国有企业六大力量只能增强不能削弱①，这是由我国社会主义市场经济体制的性质，以及国内外许多国家盲目过度开放和陷入“中等收入陷阱”的历史经验教训总结得出的。

（3）坚持对外改革开放，有效发挥政府适度干预与市场资源有效配置的合力作用

纵观改革开放40多年所取得的巨大经济成就，得出坚持改革开放是决定当代中国命运的关键一招。改革开放前30年，通过大量引进消化吸收外商直接投资、国外先进的生产制造技术与管理经验，我国利用发展中国家的后发优势和国际贸易的相对优势，出口大量初级及轻工业制品销往全球各地，帮助中国企业与区域经济快速成长起来，不仅培育了一大批国内国际知名的国有企业与民营企业，学习到了国外各个领域先进的制造工艺，带动了全国农村剩余劳动力的就业，增加了中央与地方两级政府的财政收入，积累了巨额的外汇储备，还不断提升了老百姓的收入与生活水平。

改革开放后30年，我们仍然要坚定不移地推进改革开放。第一，中国已成为世界第二大经济体并成为世界制造业中心，目前中国已经与近150个国家进行国际贸易往来，在大部分工业领域都已经深入融入国际产业链分工与合作当中，中国企业的发展离不开世界的支持，世界企业的发展也离不开中国制造。第二，中国目前虽然是工业大国，但还不是工业强国，与欧美发达国家的先进企业相比的国际竞争力还比较弱，

① 国有企业六大力量，即国家利益的守护者、社会主义的实践者、民族精神的传承者、社会责任的肩负者、经济调控的执行者、干净财富的创造者。

长期以来给世人中国工业“大而不强”的印象，但目前我国有一大批工业龙头企业已经掌握了国际制造的先进技术工艺，部分工业产品制造水平已经处于国际领先，但面临国内市场需求增长缓慢甚至饱和的情形，需要通过国际市场来进一步打开销路进一步成长并做大做强。第三，经过近30年的资本积累，包括外汇积累等，中国目前已经有一定资本实力走出国门，进行跨国投资并购活动，包括实施“走出去”战略和“一带一路”建设等，来帮助本土企业尽快成长为具有国际竞争力的企业。第四，中国经历30多年粗放式经济增长方式，目前面临的资源约束、环境污染、生态破坏等问题日益严重，包括中国在许多战略性资源上对外依存度依然非常高，在转变经济发展方式并促进产业结构转型升级同时，需要通过国际市场进口中国所急需的战略性资源，包括石油、天然气、多种有色矿产资源等来满足国内市场需求，并需要进一步学习国际先进技术工艺与管理方法等来解决工业污染与生态破坏等问题。第五，美国的经济强大不仅在于美国拥有一大批掌握世界先进技术的高科技企业，而且美国拥有发达开放的国际金融市场，发达的资本市场有利于吸收全世界投资者的资金来帮助本土企业快速成长，而目前我国的资本市场还是以国内投资者为主，本土大量企业经营业绩不稳定，国际市场竞争力较弱和国内资本市场开放程度较低等，导致我国上市公司难以融通到大量国际投资资金来帮助自身发展，更难以吸引到国际优秀企业来中国资本市场上市，因此中国资本市场还需要进一步完善基础设施并逐步加大对外开放力度，帮助上海等快速成长为区域乃至全球性金融中心。

我国实行社会主义市场经济体制，而市场经济的本质是产权明晰与自由交换，中国特色社会主义市场经济相比欧美国家的自由市场经济，在维护国家经济安全方面有利于同时发挥有形的手和无形的手的双重调节作用，“让市场在资源配置中起决定性作用和更好发挥政府的作用”，包括近些年来通过产业政策引导等支持和帮助企业朝着政府所希望的方向发展成长，如新能源汽车行业，近几年我国各地政府通过产业政策规划引导和新能源汽车购买补贴等政策措施，促进和带动了以比亚迪为代表的新能源汽车整车制造企业、产业链中游的动力电池企业、电池正负极材料提供商以及上游的磷矿、锂矿、钴、镍等矿产资源提供商企业，在国内形成了产业集群发展的良好局面，其中部分企业在国内竞争中快速成长起来并在国际市场中占据了领先地位，有利于增强我国企业国际竞争力和提升经济安全能力。在面临外部重大经济与金融风险冲击特殊时期，我国政府通过外汇市场干预和资本项目管制等，以及通过国家金融稳定基金运作等，能够在一定程度上较好的维护外汇市场和资本市场稳定。

（4）兼顾效率与公平，保障民生稳定，避免出现贫富两极分化的经济社会风险

西方资本主义国家倡导自由市场经济，政府充当守夜人的角色，将市场机制的话

语权充分让给市场，让市场主体充分自由竞争，虽然有利于减少政府对市场经济活动的不当干预，让无形之手充分起到调节作用，然而市场有失灵的地方，而资本的本质属性是逐利的、自私贪婪的，甚至是剥削压榨的，市场主体在经过充分竞争之后，会出现收购兼并等高潮而形成垄断竞争，甚至出现绝对垄断赢者通吃局面，导致垄断龙头企业能赚取暴利，而其他中小企业却面临经营困难甚至竞争失败破产倒闭的风险，社会财富集中到少数企业和少数资本家手中，并出现了普遍的贫富分化现象。而我国社会主义的本质是“解放生产力、发展生产力、消灭剥削、消除两极分化，最终实现共同富裕”，改革开放前 30 年，让一部分人和一部分地区先富起来，导致目前社会贫富差距过大。目前党中央国务院已经充分认识到此问题的严重性，提出了当前社会的主要矛盾是“人民日益增长的美好生活需要和不平衡不充分的发展之间的矛盾”，当前我国政府工作的重点方向之一，就是要降低地区发展差异过大、城乡发展差异过大、贫富收入差距过大等问题。通过近些年中央和地方政府在财政支出领域对社会保障与就业支出绝对额，以及社会保障与就业支出占我国财政支出总的比重方面，都处于不断上升的态势，有力保障了社会基本民生稳定。党的十八大召开后不久，党中央承诺“决不能落下一个贫困地区、一个贫困群众”，并拉开了新时期脱贫攻坚的序幕，经过近 8 年的努力，通过产业扶贫、就业扶贫、生态扶贫、教育扶贫、健康扶贫、交通扶贫、水利扶贫、电力扶贫等一系列扶贫举措，我国的贫困与民生问题得到了很大的改善，在全国脱贫攻坚总结表彰大会上习近平总书记庄严宣告：“经过全党全国各族人民共同努力，在迎来中国共产党成立一百周年的重要时刻，我国脱贫攻坚战取得了全面胜利，现行标准下 9899 万农村贫困人口全部脱贫，832 个贫困县全部摘帽，12.8 万个贫困村全部出列，区域性整体贫困得到解决，完成了消除绝对贫困的艰巨任务，创造了又一个彪炳史册的人间奇迹!”充分体现了在我国社会主义市场经济体制治理模式下，既能够发挥市场主体的活力从而激发效率热情，也能够通过财政转移支付和政府直接帮扶等保障基本民生问题，避免出现如西方一些国家的社会贫富差距过大所导致的经济社会风险。

第2章 基于国别视角的中国经济安全风险动态测度模型

2.1 国内外关于经济安全风险测度评估相关研究

2.1.1 国外关于经济安全风险测度评估相关研究

国家经济安全问题在各国经济发展过程中早已存在，其早期的思想可追溯到15—17世纪的英国重商主义流派，该流派理论认为进口外国产品将会挤占本国民族工业的生存空间，影响本国新兴产业成长和人民的就业。汉密尔顿在向国会提交的《关于制造的报告》中指出，如果美国实行自由贸易，将会沦为当时欧洲发达国家的原料产地和工业产品市场。李斯特在《政治经济学的国民体系》中对经济保护思想进行了系统阐述，并基于当时欧洲国家与英国工商业水平存在差距的现实，认为如果进行自由贸易将会使欧洲大陆国家转变为英国经济的附庸，并且经济差距会越来越大，最终将导致人民生活难以为继。

在20世纪上半叶人类经历了第一次与第二次世界大战，以及世界各地不断爆发的大小战争，使得各国人民深刻认识到一国保持独立和平的重要性，学者们关注的主流问题集中在如何保持国家领土完整和主权独立的政治安全与军事安全领域。到20世纪60年代，就有学者呼吁关注非军事安全因素。20世纪70年代两次中东石油危机也使国际社会开始意识到经济安全对国家安全的重要性。1980年《布伦特报告》首次提出非传统安全方法，并呼吁各国使用非传统安全方法看待安全问题。但从20世纪40年代美苏两个超级军事大国冷战对峙开始到20世纪90年代初苏联解体冷战结束，世界范围内各国学者和实务界关注的主流安全问题仍主要集中在国家安全层面，其重点仍然是传统政治安全与军事安全领域。

随着冷战结束，世界政治格局从两极化向多极化发展，世界各国面临的外部军事威胁程度大大降低，同时随着经济全球化浪潮加快推进，国际学者对国家安全的关注逐渐由传统的政治安全与军事安全，转向经济安全、社会安全、环境安全等非传统安全领域。其中，国外学者关于主权国家经济安全风险监测评估的相关研究主要有：

20 世纪 60 年代末，美国商业环境风险情报研究所（Business Environment Risk Intelligence）的汉厄教授（ F·T·Haner）设计了第一个反映政治经济环境风险的评价指数——国家风险预测指数，亦称富兰德指数（Forlend Index）。该指数是由定量评级体系（侧重评估一国的外债偿还能力）、定性评级体系（主要考察一国的经济管理能力、外债结构、外汇管制状况、政府贪污渎职程度以及政府应付外债困难的措施等五个方面）和环境评级体系（包括政府风险指数、商业环境指数及社会政治环境指数）构成，并以 0—100 分表示，指数越高则表示该国风险越低，信誉地位则越巩固。

由美国纽约国际报告集团编制的《国家风险国际指南综合指数》（CPFER）将国家风险分为政治风险、金融风险与经济风险三大类，其中政治风险因素占 50%，即 100 分，金融风险与经济风险因素各占 25%，各为 50 分。然后分别进行风险评估，在此基础上设计了综合风险等级，计算了综合风险指数。

国际金融界权威刊物《欧洲货币》（Euromoney）于每年 9 月或 10 月定期公布当年欧洲货币国家风险等级表。该表侧重反映一国在国际金融市场上的形象与地位，从进入国际金融市场的能力（权重 20%）、进行贸易融资的能力（权重 10%）、偿付债券和贷款本息的记录（权重 15%）、债务重新安排的顺利程度（权重 5%）、政治风险状态（权重 20%）、二级市场上交易能力及转让条件（权重 30%）等方面对国家风险进行考察。

日本公司债务研究所对国家风险进行了研究并提出"国家风险等级表"，国家风险评价内容包括：内乱、暴动及革命的危险性、政权的稳定性、政策的连续性、产业结构的成熟性、经济活动的干扰、财政政策的有效性、金融政策的有效性、经济发展的潜力、战争的危险性、国际信誉地位、国际收支结构、对外支付能力、对外资的政策、汇率政策等。

Dun 和 Bradstreet（1999）设计了一个评估国家风险的全球模型（该模型的基础是一个国家风险指数），包括政治风险（如政府当局的稳定性）、宏观经济风险（包括实际 GDP 的增长和持续性）、外在风险（包括经常项目和外债规模等指标）、商务风险（包括出口契约的支付条件和体制腐败程度等），通过给各参数打分并加权，即可得到国家风险指数等级。

美国摩根保证信托公司发布的《国别评估报告》，是根据投资者对特定国家的政治、经济、社会状况进行综合性评估的文件，该报告主要用于大型海外建设项目的投资或贷款前的风险评估，该评估报告侧重于从政治、经济、对外金融和政局稳定性四个方面展开。

美国联邦机构监管委员会协商建立的“骆驼评价体系”（CAMELS）来对金融机构的经营状况进行现场评级。CAMELS 系统由美国联邦金融机构监管委员会（FFIEC）于 1979 年建立，并于 1997 年修改后成为美国主要监管机构统一使用的监测制度，其内容包括六个方面：资本充足率、资产质量、管理水平、盈利状况、流动性和市场风险敏感性。所有银行评估和监管工作基本都围绕这六个方面的指标展开。评估方式分为 A、B、C、D、E 五个等级，警示范围是被评为 D、E 两级或本期评估结果较前期低两级的机构。美国监管当局通常每年对每家金融机构仅现场检查一次。CAMELS 系统被认为是效果最显著、最可信赖的评估工具，近几年这种方法已经由现场引入到非现场的实践当中。

国际货币基金组织（IMF）有关部门于 2001 年 6 月提出了金融稳健性指标（Financial Soundness Indicators，FSI），以希望通过规范统一的报告、披露与评价标准，来监督金融机构和市场是否安全稳健运行。FSI 评价体系是用于评估金融部门及经济部门金融风险的多项统计指标集合，不仅可用于从微观上实现对商业银行风险的监测预警，而且可从宏观上监测总体经济的金融风险，包括核心指标集（Core Sets）与鼓励指标集（Encouraged Sets），其中，核心指标集的统计内容和中项指标是 FSI 的重点部分，用于监测银行体系的风险，包括银行资本充足性（调整的资本对风险加权资产的比率、调整的 I 级资本对风险加权资产的比率）、资产质量（呆账占全部贷款的比率、呆账占全部资本的比率、贷款在各经济部门的分布比率）、盈利能力（资产利润率、资本利润率、利息收入占比、非利息收入占比）、流动性（流动资产占总资产比率、流动资产对短期负债的比率）、市场风险的敏感度（资产平均期限、外汇净头寸对资本的比率）。鼓励指标集主要是考虑各国的金融体系和经济体制存在的较大差异，为了弥补核心指标集的不足，以便对银行和非银行金融机构以及相关经济部门进行全面的考察，以进一步衡量金融体系潜在风险而设计的。

与此同时，世界主要国家也制定了适用于本国经济安全的相关评价指标体系。1996 年 12 月 27 日，由俄罗斯联邦经济部、国家统计委员会、财政部及联邦会议共同制定并经切尔梅尔金总理批准的《俄罗斯经济安全指标清单》，共包括 22 项临界值安全指标。2000 年 2 月，俄罗斯联邦安全会议学术委员会制定的《俄罗斯联邦经济安全指标清单》将原来的 22 项临界值指标调整为 19 项，分别如下：GDP 占西方七国集团平均值的 75%；人均 GDP 占西方七国集团平均值的 50% 或与世界人均水平相等；粮食收获量为 7000 万吨；固定资产投资总额占 GDP 的 25%；国防支出占 GDP 的 3%；民用工业支出占 GDP 的 2%；创新产品占工业总产值的比重为 15%；机器制造与金属加工业占工业生产的比重为 25%；货币收入低于最低生活保障标准的居民占总人口的比重为 7%；10% 最富有居民与 10% 最贫困居民人均收入之比为 8 倍；居民人均货币收入与最低生活保障标准之比为 3.5 倍；按国际劳工组织方法统计的失业率为 5%；年底货币化指数（M2）占 GDP 的 50%；国家内外债占 GDP 的 60%；偿还国家债务的支出占联邦预算支出总额的比重为 20%；联邦预算赤字占 GDP 的 3%；通货膨胀率为 25%；年底黄金外汇储备为 400 亿美元；进口食品占食品消费总量的比重为 25%；矿产储量与消耗量之比为 125%。俄罗斯于 2009 年 5 月 12 日出台的《2020 年前俄罗斯联邦国家安全战略》进一步将安全指标缩减为 7 项：失业率；十分法系数（即 10% 最富有人口与 10% 最贫困人口收入之比）；消费价格增长率；国家内外债占 GDP 的百分比；医疗卫生、文化、教育和科学资金保障程度（占 GDP 的比重）；每年对武器、军事和专门技术的更新程度；军事和工程技术干部保障程度。

2.1.2 国内关于经济安全风险测度评估相关研究

我国经济安全问题古已有之，但在漫长的封建社会，由于山川海洋阻隔，外部势力难以入侵中土（历史上曾发生过明朝时日本倭寇入侵中国东部沿海，康熙年间沙俄入侵我国东北边境等，但都没有对国家总体形成较大威胁），我国主要处于一种封闭的潜在相对安全状态。自 1840 年鸦片战争爆发之后，中国的大门被以英国为首的西方列强强行打开，领土被瓜割，资源被掠夺，主权丧失，中国的经济安全乃至国家安全问题变得非常突出。从 1840 年到 1949 年，我国一直处于半殖民地半封建社会，国家经济主权依然受制于西方列强。1949 年新中国成立之后废除了一切不平等条约，全面实行土地改革，我国走上了独立自主、自力更生的发展道路。但由于受到以美国为主导的西方国家在经济与技术方面的国际封锁和军事打压，我国经济安全主要表现为封闭状态下的被动安全状态。自 1978 年实行改革开放之后，随着我国与美国等西方主要国家政治关系缓和，中法、中美等外交恢复和经贸相互往来，我国积极走出国门引进外资、技术、人才和先进管理经验等以弥补国内不足，于是大量的外商直接投资、外国产品和技术被大量引进到中国沿海地区集聚，跨国公司也逐渐进入我国从事生产经营，我国经济安全问题也逐渐显现出来。1998 年东南亚金融危机的爆发，包括中国香港、中国台湾在内的东南亚新兴经济体受到国际金融市场的严重冲击，经济发展出现了严重衰退现象，引起了国内外学者对国家经济与金融安全问题的关注重视，并对我国经济安全的内涵和影响因素、如何衡量我国经济安全程度，以及他国对我国经济安全的影响程度等相关问题进行了思考探讨。

个别学者从国别角度对美国等主要国家对我国经济安全的影响进行监测评估分析。如顾海兵和张安军等（2012）从国家产业安全、资源安全与对外贸易安全三个主要领域选取了八个重点指标，并通过指标依国别分解法对2006—2010年美国对我国经济安全的影响程度进行了一次动态监测分析，然而该研究仅关注到外源性风险对我国外部经济安全的影响而忽略了我国自身内源性经济安全的防范能力，以及同样忽略了一些其他重要领域面临的外源性经济风险。其后，顾海兵和段琪斐（2015）又从财政金融、实体经济和战略资源三个领域选取了八个度量指标并构建了中国国家经济安全评价指标体系，同时通过指标依国别分解法，对美国、日本、俄罗斯、印度四国对中国经济不安全的程度进行了度量评估分析（顾海兵和段琪斐，2016）①，然而，该研究仅关注国别对中国外源性风险冲击威胁程度，而忽略了我国自身内源性安全防范能力的作用程度，同时亦忽略了外资银行的进入冲击威胁、我国对外国高新技术依赖，以及粮食资源安全等重要领域的度量评估。

更多学者则从国家整体经济安全视角来探讨国家经济安全的风险影响因素，或通过选取相应的风险表征指标来对我国总体经济安全程度进行定量分析，相关研究主要分为以下三类：

首先，多数学者从我国财政金融风险、产业风险、资源风险、经济的社会安全等视角选取相应的风险指标对国家经济安全程度进行了度量评估。1998年10月，由国家经贸委经济信息中心和国家统计局科研所联合主办的“建立我国经济安全监测、预警系统”研讨会在北京举行，与会专家就建立经济安全监测、预警系统的现实意义、建立经济安全监测预警指标体系和监测预警系统的原则和框架等问题进行了广泛深入的讨论。随后，赵瑛（1999）首次构建了我国经济安全监测预警指标体系和国家经济安全计量模型。李金华（2001）从财政金融风险、产业风险、收入分配风险、市场风险、投资风险和域外风险六个主要风险领域选取了41项风险指标构建了我国经济安全监测预警指标系统。年志远和李丹（2008）从财金安全、社会安全、外经安全、资源安全和产业安全五个领域分别选取了20项指标构建了国家经济安全预警指标体系。顾海兵和张安军（2012）从产业安全、能源安全、贸易安全、经济增长能力和社会保障能力五个领域共选取了10项重要指标构建了我国国家与区域经济安全监测评估体系，

---

① 顾海兵，段琪斐．中国经济安全冲击的国别来源研究［J］．经济学动态，2016（2）．

并对2005—2009年我国前七大省域经济风险影响程度进行了动态监测评估分析。顾海兵和孙挺（2012）从财政金融、实体产业、战略资源三个领域分别选取了八项风险指标构建了我国对外经济安全条件监测指标体系，同时对“十二五”时期我国对外经济安全程度进行了预测分析。顾海兵和孙挺（2012）从财政金融、实体产业、战略资源、宏观稳定四个领域分别选取了十项指标构建了我国内部经济安全能力监测评估指标体系，同时对“十二五”时期中国内部经济安全程度进行了预测。赵连章和钟宁（2014）从经济增长、就业、物价、社会保障基金投入、收入分配、国际收支平稳六个方面分别选取了19个风险指标构建了我国社会稳定评估指标体系，并进一步分析了收入分配领域对国民经济运行的重要影响。沈铭辉（2015）从国家能源安全风险、宏观经济增长风险、长期与短期外汇风险、金融市场风险、财政风险和流动性风险六个主要方面分别选取了六项指标构建了新兴经济体经济风险衡量指标体系，并对23个新兴市场国家经济风险进行了评估分析。广东省经济安全研究院（2016）认为国家经济安全主要包括资源安全（石油、粮食、电能、矿产资源、水资源、环境安全）、产业安全、金融安全（核心）、经济信息安全（保障）、财政安全，需要从这五个主要安全领域来对国家经济安全程度进行评价。顾海兵和张敏等（2016）基于经济安全条件与经济安全能力的逻辑框架，分别从财政金融、实体产业、战略资源三个领域选取了18项风险指标，并对2016—2017年国家经济安全程度进行了定量评估分析。高志刚（2016）从总体经济安全、产业安全、金融安全、社会安全四个主要方面分别选取了28项指标构建了我国与西北周边国家经济安全评价指标体系，并对2014—2016年中国与俄罗斯、哈萨克斯坦、吉尔吉斯斯坦、巴基斯坦的经济安全程度进行了评估分析。

其次，部分学者不仅关注经济领域风险，还将非经济领域风险纳入经济安全的评价范围内。如江勇等（1999）认为经济安全主要体现在一国对关键资源的支配和控制力，并从生存层次、要素层次、技术层次、产业层次和制度层次五个维度构建了国家经济安全监测评估框架。徐婷等（2000）提出了国家经济安全ECR系统构成，即从国内综合经济系统（Economic）、安全控制力子系统（Control）、关键资源要素子系统（Resource）三大方面14个子方面构建了国家经济安全评估系统，其中涉及科学技术、人力资本、国防军事力量，以及社会生态系统因素（但该系统内在逻辑不明显，涉及子系统过多而容易出现经济安全问题泛化现象）。顾海兵和刘玮等（2007）从经济空间安全、地理空间、问题与主题、外生角度、人们对经济发展的预期、对经济安全的抽样调查、居民对经济安全的承受能力、国际及国内机构对国家经济安全的判断、体制、秩序、应急机制健全、安全能力指标等九个大类的子系统选取了34个定量指标和五个定性指标构建了中国经济安全状况监测评估系统。然而该系统存在选取逻辑维度不明确、选取指标重复等问题。叶卫平（2010）从国家基本经济制度安全、经济主权安全和国家经济危机风险状况三大方面分别选取了23项评价指标构建了我国经济安全评价指标体系。张汉林和魏磊（2011）从粮食安全、就业安全、金融安全、市场安全、能源资源与环境安全、文化安全、信息安全、人力资本和技术安全八个方面选取了135个风险指标构建了全球化背景下我国经济安全度量指标体系（但是该指标体系经济逻辑维度层次不分明，指标选取过多）。蔡宏波（2022）基于我国经济面临内、外部风险来源，从资源安全、金融安全、产业安全、信息安全、生态安全五个方面构建了开放经济安全的指标评价体系，并从审计手段、制度手段与法律手段方面提出了维持国家经济安全的政策建议。

最后，少部分学者试图通过选择单一指标并通过经济数学模型来评估国家经济风险程度大小。如张金水等（2005）认为度量一国经济风险的关键变量是该国债务重新安排的概率，因此，从实际GDP增长率、公债占GDP的比率、债务还本额占外债的比率、汇率波动四个指标来构建二元非线性逻辑概率模型，并以1980—2001年马来西亚、印度尼西亚、韩国、菲律宾和泰国五个亚洲国家实际数据进行了实证分析。王军红（2018）以国内生产总值（GDP）作为衡量俄罗斯经济安全的主要指标，并认为影响俄罗斯经济安全的短期问题是金融安全，中期问题是产业安全（包括外资风险和外贸风险），而长期问题则是一国的制度因素，分别选取了六项风险表征指标并借助灰色关联度模型对各风险影响因素与俄罗斯国家经济安全的灰色关联影响程度进行了测算分析。然而经济风险并不等同于经济安全，经济安全则主要强调国家核心经济利益所面临的潜在或现实的损害风险，同时国家经济安全涉及许多重要领域，仅以单一指标来衡量难免存在局限性。

2018年1月以来，美国对中国发起了多轮贸易战，对华出口美国商品加征关税并不断进行极限施压①，受此冲击影响，中国对外经济贸易面临的不确定性风险明显上升，国内部分经济领域风险亦出现上升的态势。刘伟和苏剑（2019）基于中美贸易战的国际背景对中国宏观经济的主要风险点进行了分析，并认为当前中国宏观经济主要面临汇率及货币危机风险、房地产危机风险、地方政府债务风险、失业率大幅度上升的风险、企业债务风险以及互联网金融风险。

2.1.3 研究述评

综上研究发现：

① 经历中美多轮贸易磋商谈判，2020年1月15日中美主要领导人代表终于签署了第一阶段经贸协议，中美贸易摩擦稍有缓和，并给中国、美国和世界传达了一定的积极信号，给世界经济发展注入了一定的信心。

（1）国外学者或机构对国家经济安全的监测评估研究较早，但由于各国国情、经济发展阶段、文化意识形态、安全战略目标等不同，目前还没有一套成熟、公认的监测评估指标体系或模型方法能准确评估一国经济安全风险程度大小。同时，国外关于国别经济安全风险的研究多散见于国家安全报告或部门经济报告表述及措施中，且多以定性评估为主，而专门深入的定量测度评估研究却严重不足。

（2）自20世纪90年代以来国内学者对我国经济安全进行定量监测评估的相关研究文献已比较丰富，但对于我国经济安全所面临的国别风险冲击威胁影响进行专门深入的研究却相对不足且发展缓慢，这与当前我国经济发展国际影响力、对外贸易的广度与深度、“一带一路”国家开放战略，以及美国等主要国家对我国进行全方位打压限制等严峻外部形势不相符。

（3）虽然少数学者对我国国别经济安全风险程度进行过定量测度评估分析，然而该研究主要集中于外源性冲击威胁风险，而忽略我国自身通过机制体系建设以抵御外部风险冲击威胁之能力。而且该研究存在选取度量指标较少，难以全面客观反映他国对我国经济安全所造成的内外源风险冲击威胁影响及背后成因。

（4）以往关于国别风险监测评估模型虽能较好地评估他国对我国经济安全的风险影响程度所占比重大小，却难以直接测度评估他国（如美国）对我国经济系统造成风险冲击威胁之下我国国别经济安全程度具体如何？以及各分领域的实际安全程度具体如何？同时也难以根据一国经济发展阶段及国际影响力大小进行动态参数调整。为了更加动态客观地评价他国对我国经济安全的综合风险影响程度，有必要对现有的国别评价模型进行改进，以更加客观全面地度量我国国别经济安全综合程度及具体风险影响因素。

2.2 基于国别视角的中国经济安全风险测度指标体系构建

2.2.1 经济安全风险测度指标体系构建原则

（1）科学系统性

科学系统性要求所选取的指标应该能涵盖当前及未来一段时期影响我国内外经济风险的主要方面，包括我国经济系统面临的外源性风险影响因素与内源性风险影响因素。指标之间逻辑划分应层次分明，包括一级指标与二级、三级指标之间关系分明。同时由于不同指标的敏感性不同，有些指标相对惰性，有些指标相对活跃，指标体系也应注意到它们之间的互补平衡关系。

（2）典型代表性

典型代表性要求所选取的评估指标应该具有少而精的特点，包括在同一风险影响因素上应选取最能代表衡量我国经济风险的监测评估指标；同时各子系统之间、指标之间都应量保持相对独立性，避免反映同一经济领域风险状况的指标设置重复过多，造成事实上的对该经济领域赋予的权重过高。

（3）动态开放性

随着我国经济与金融市场对外开放程度的不断提高和我国在国际经济体系中地位的不断提升，以及我国对内进行市场化经济体制改革的不断深入，所选择的经济风险监测评估指标既要较好地反映我国经济系统当前所面临的风险状况，也要能预见到未来一段时期我国经济系统风险的发展变化趋势，以动态发展的眼光来衡量我国经济系统内外风险运行变化情况。

（4）数据可行性

数据可行性要求所选取的风险评估指标要有权威可靠的数据来源，以能客观地对我国经济安全状况进行及时定量监测。该原则对于本书也是约束性非常大的一条原则，由于一些重要的国家经济风险评估指标只有总量数据，没有分国家的统计数据，而且通过其他方法也难以进行科学估算，从而导致只能放弃该指标而选择其他备选指标。同时，随着我国经济的不断发展，一些新的风险领域的出现也需要进行相应评估，但是由于我国统计数据的相对滞后，导致在事实上难以对该领域进行客观定量衡量。

2.2.2 经济安全风险测度指标体系构建依据

本书通过以下方法来构建中国国别经济安全测度评估指标体系：

其一，选择中国经济安全领域的初选指标。根据国内外主要专家学者在研究国家经济风险、国家经济安全、国家经济稳定、国家经济危机等过程中所使用的监测评估指标，建立起中国经济安全监测评估指标池，以其作为原始初选指标。

其二，对初选指标的进一步筛选。此处综合运用专家调查法与社会调查法。

专家调查法是通过对国内外主要专家学者在衡量国家经济风险、国家经济安全、国家经济危机、国家经济稳定过程中所使用的监测评估指标的频数多少进行从多到少排名。一般单个监测评估指标出现的频数越多，则表明该指标被专家学者们认可的程度越高，则越显得重要。

社会调查法是通过设计调查问卷。就中国经济安全领域的常用监测指标对该领域若干专家学者进行调查统计，同时按指标频数从高到低排名。

根据以上两种方法得出的指标排名，对每种方法的排名分别从高到低赋予分值并进行综合加权得到总排名，然后按照指标频数总排名，从而得到本研究所需的国别经济安全监测评估指标体系。

本书所构建的监测指标体系依据矛盾唯物辩证法原理①，立足于中国经济与金融发展过程中内外相互作用的过程安全性，从中国经济系统在开放过程中面临的直接或间接的外部风险冲击威胁，以及中国经济系统在对外开放过程中如何通过加强自身的机制体系能力建设，抵御防范外部经济风险以维护自身经济安全的能力，即从中国经济安全的外在条件与经济安全的内在能力两大逻辑维度出发，来构建中国国别经济安全测度评估指标体系。本指标体系考虑到了影响中国经济系统风险的重要领域与重点环节，其逻辑结构与具体指标见表2－1和表2－2。

2.2.3 经济安全风险测度指标体系逻辑结构

（1）经济安全条件测度指标体系

经济安全条件是指在经济全球化和金融一体化趋势条件下，我国国民经济面临的各种直接或间接的冲击威胁风险。值得注意的是，经济风险并不代表经济安全，经济风险是经济运行中的常态，只要存在经济活动就存在经济风险，这主要是源于经济系统内在的不稳定性，而经济安全主要来自对外经济开放过程中的外源性冲击威胁，并可能对国家核心经济利益造成损害，如关键产业外资市场占有率、重要银行机构外资控股比率等。

根据最终调查结果，我国对外经济所面临的主要风险领域包括对外贸易领域、实体产业领域、战略资源领域、财政金融领域这四大重点领域，本书根据指标体系构建的原则，选择20项风险观测指标构建了我国国别经济安全条件监测指标体系，如表2－1所示。

---

① 根据矛盾唯物辩证法原理，事物的发展是内外矛盾（或内外因）共同起作用的结果，事物的内部矛盾（即内因）是事物自身运动的源泉和动力，是事物发展的根本原因，它是第一位的，决定着事物发展的基本趋向；外部矛盾（即外因）是事物发展的外部条件，是第二位的，它对事物的发展起到加速或延缓的作用。内因是变化的根据，外因是变化的条件，外因必须通过内因而起作用。

表 2－1　　中国经济安全条件测度指标体系

主要风险领域	重点衡量维度		重要监测指标	指标性质
对外贸易领域	对外贸易总体依存风险		对外贸易综合依存度	中
	对外贸易国别集中风险		出口加权集中度	负
			进口加权集中度	负
	对外贸易摩擦风险		国外对华反倾销立案数占全球反倾销立案总数的比重	负
实体产业领域	他国对我国产业主动控制率	国家关键产业外资市场控制	七大关键产业外资企业市场占有率	中
		国内技术专利外国渗控	国外发明专利占中国发明专利授权量的比重	中
		国际技术专利外国渗控	中国专利在国际专利授权中的比重	正
	我国产业发展对他国的被动依存度	对海外市场出口依赖	中国对外直接投资市场加权集中度	负
		对海外资金需求依赖	年利用外商直接投资占 GDP 的综合比重	中
		对海外高技术产品依赖	高新技术产品（国别）进口依赖度	中
战略资源领域	我国能源消费需求对外依存度		石油进口依存度	中
			能源综合加权对外依存度	中
	我国有色金属需求对外依存度		有色金属矿业对外依存度	中
	我国粮食需求对外依存度		粮食对外依存度	中
财政金融领域	外资金融机构对国内金融市场控制率	对我国本土金融机构市场渗控率	外资银行在华资产占中国银行业总资产比重	中
		对我国本土金融机构股权渗控率	外资金融机构对中国银行类机构的综合控股比率	中
	政府外债偿还风险	总体外债偿还压力	外债总额占外汇储备比重	中
		当年还本付息压力	当年还本付息额占外汇储备比重	负
		短期外债偿还压力	短期外债占外汇储备比重	负

注：表中指标性质如果是正表示该指标观测值越高则对经济安全越有利，负表示指标观测值越低则对经济安全越有利，中表示该指标观测值并非越高越好或越低越好，而是存在一个合理的安全区间，观测值越高或越低对经济安全均不利。我国七大关键产业是关系到国计民生并影响威胁到国家经济安全的七大产业，具体是指石油和天然气开采业、石油加工和烧焦及核燃料加工业、化学原料及化学制品制造业、通用设备制造业、专用设备制造业、交通运输设备制造业、通信设备和计算机及其他电子设备制造业。

中国经济安全条件各测度指标内涵与计算方法解释如下：

①对外贸易总体依存风险。

我国经济发展与国际市场联系愈发密切，尤其是东部沿海发达省份如广东、江苏、浙江等外向型经济与国际市场联系显著，而经济是金融发展的基础，如果国家经济发展水平对国外市场严重依赖，将直接影响到国家经济持续稳定发展，这主要体现在以下四个方面：首先是国际贸易对海外市场的整体依赖程度，其次是国家对外贸易出口对海外若干国家或地区的集中依赖程度，再次是国家对外贸易进口对海外若干国家或地区的集中依赖程度，最后是国家经济发展对引进外资的依赖程度。因此，本书选择对外贸易综合依存度监测指标。

对外贸易综合依存度：用于衡量一国经济对国际市场依赖程度的高低，一般用对外贸易总额占 GDP 的比重来衡量。比值越高意味着对外贸易对国际市场的依赖越严重，外来风险变化的冲击威胁就越大。2010 年中国对外贸易综合依存度为 55.79%，2015 年为 52.8%，2021 年为 57.64%，表明中国总体上对海外贸易的依赖程度还是比较严重的。

但是，考虑到中国目前的汇率水平实际上是偏低的，因此，单纯按照官方汇率来计算会人为地提高中国的对外依存度。同时不同的贸易方式对中国经济安全的影响不一样，如对于加工贸易而言，由于原材料和销售地“两头在外”，中国在加工的过程中赚取的只是加工费，对国家经济风险的影响相对较小。相比而言，一般贸易对中国经济风险会带来更大的影响。因此，本书在此将官方名义汇率与购买力平价所决定的汇率结合起来考虑，同时综合考虑贸易方式对中国外贸依存度的影响，来计算我国的对外贸易综合依存度。具体而言，首先计算中国 GDP 的真实经济总量（综合考虑官方汇率和世界银行汇率水平），然后根据对经济安全影响的不同，对不同的贸易方式赋予不同的风险权数来计算综合的对外贸易总量。根据专家调查的意见，中国对外贸易中一般贸易、加工贸易和其他贸易的风险权数可以考虑为 100%、50%和 100%。具体计算方法为：将一般贸易、加工贸易和其他贸易分别按 100%、50%、100%的权重加权求和，再分别计算其占名义 GDP 和实际 GDP 的比重①，最后将这两个比重进行算术平均，得到中国按照贸易类别加权的对外贸易综合依存度。

②对外贸易国别集中风险。

出口加权集中度：本指标旨在衡量中国出口贸易对单一（或少数）国家或地区的依赖程度。如果出口过于集中在某一个或几个国家或地区，贸易风险将难以分散，如果海外国家或地区经济波动，将会给中国经济带来较大的风险冲击影响，不利于中国的经济安全。根据历史数据，中国的出口贸易国（地区）依次为：美国、欧盟、东盟、中国香港、日本、韩国、印度、中国台湾、俄罗斯、巴西等。2021 年对这 10 个

---

① 由于中国尚没有实行完全浮动的汇率制度，事实上很难测算中国的真实汇率水平。因此，本研究将综合考虑中国的官方汇率水平和世界银行依据购买力平价法确定的人民币汇率进行计算。该指标的具体计算方法是：首先根据不同的人民币汇率将以人民币计的 GDP 折算为以美元计的 GDP，再计算出外商直接投资分别占用不同汇率计算出的以美元计 GDP 的比重，最后将两个比重进行简单算术平均。以下我们将根据官方汇率水平计算出来的 GDP 称为名义 GDP，将按照世界银行购买力平价法确定的汇率水平计算出来的 GDP 称为实际 GDP。

国家（地区）的出口额占中国出口总额的75.4%左右。考虑到与中国香港贸易的特殊性及历史上中国与其他国家的政治军事关系问题，本书采取了风险加权的方法，以不同的风险权数折算中国对不同国家（地区）的出口，其中对美国、日本、俄罗斯的出口额按100%折算，对韩国与东盟的出口额按90%折算，对欧盟和英国的出口额按80%折算。然后再计算前6个国家（地区）风险加权后的出口额在我国出口总额中的比重，所占比重越大，说明中国对外出口地域越集中，越不利于分散海外经济风险。

进口加权集中度：与出口一样，如果我国的进口过于依赖于某一个国家或地区，贸易风险难以分散，这一国家或地区的经济波动对中国经济安全的影响就会加大。从历史数据来看，中国主要的进口贸易国（地区）依次为：东盟、欧盟、中国台湾、韩国、日本、美国、巴西、俄罗斯等。同样，考虑到与中国台湾之间贸易的特殊性、与其他4个国家的政治和军事友好程度及他们对中国经济的影响力大小，本书对主要进口贸易国的贸易额进行了风险加权，赋予美国、日本的进口额100%风险权重，韩国与东盟90%风险权重，欧盟和澳大利亚80%风险权重，中国台湾50%风险权重进行折算，然后再计算前6个国家（地区）风险加权进口额占中国进口总额的比重，所占比重越大，说明中国对外进口地域越集中，越不利于分散海外经济风险。

③对外贸易摩擦风险。

国外对华反倾销立案数占全球反倾销立案总数的比重：该指标旨在衡量在两国之间的国际贸易往来过程中对方国家对中国所制造的贸易摩擦风险程度。具体计算为A国对华发起的反倾销立案数量除以当年全球所有国家对华发起的反倾销案件数量，该比重越大，则表示当年A国对中国对外贸易出口带来的贸易争端摩擦风险越大，一般对中国向该国出口的商品越不利。例如，2020年全球各国反倾销立案总数为349起，其中针对中国发起的案件总数为85起（即2020年中国占比为24.36%），在这85起当中，美国对中国发起了13起，印度29起，欧盟9起，东盟17起，俄罗斯5起，巴西4起，日本1起。从中可以看出，2020年印度对中国发起的反倾销调查案件数量最多（29/85＝34%），对中国海外贸易出口带来的争端摩擦风险最大，其他国家依此类推（数据主要来源于WTO网站反倾销调查栏）。

④他国对中国产业主动控制率。

七大关键产业外资企业市场占有率：按照经济逻辑，本书梳理了对中国经济命脉影响较大的产业，同时按照营业收入、税收因素对其进行了排序，最终确定了影响中国国民经济命脉与国家经济安全的七大关键产业，即石油和天然气开采业、石油/煤炭及其他燃料加工业、化学原料和化学制品制造业、通用设备制造业、专用设备制造业、铁路/船舶/航空航天和其他、计算机/通信和其他电子设备。具体计算方法为：以A

产业计算为例，第一，查找出 A 产业中的外资和港澳台资企业中属于美国、日本、俄罗斯、印度和巴西资企业的营业收入，并计算各个国家企业营业收入占 A 产业营业收入的比重；第二，计算出根据各个产业在七大产业总营业收入中所占比重作为产业权重；第三，以美国为例，计算美国在每个产业中营业收入的比重，并按第二步计算出的各个产业权重进行加权平均，从而得到美国在中国七大关键产业中外资市场占有率，其他国家计算方法依此类推。七大关键产业外资企业市场占有率是一个中性指标，某国对中国七大关键产业市场占有率越高，则越不利于保持中国七大关键产业的经济安全。但是，某国对中国七大关键产业市场占有率越低也不是好事，这样不利于中国关键产业引入必要竞争提升国际竞争力以提升自身的经济风险防范能力。

国外发明专利占中国发明专利授权量的比重：这一指标反映中国在专利上与国外技术相比能力的强弱，用国外在中国发明专利授权数除以中国发明专利授权总数计算得出，该比重越高，说明中国技术创新能力对国外依赖的程度越大，在高端技术上的创新能力越强；比重太低，说明中国技术创新能力对国外依赖的程度过低，均不利于中国经济安全，该比重应处于一个合理区间。该比重的安全警限为 10%，超过 40% 和低于 -5% 均说明中国在技术创新方面步入危险地带。从历史数据来看，国外发明专利占中国发明专利授权量的比重排名前三的国家（地区）为：日本、美国和欧盟，2016—2020 年日本发明专利占中国发明专利授权量的比重分别为 34.26%、33.37%、32.60%、33.09% 和 32.38%，2016—2020 年美国的该比重分别为 25.12%、25.41%、26.59%、25.16% 和 23.57%，2016—2020 年欧盟的该比重分别为 26.40%、25.98%、24.04%、24.09% 和 24.05%，2016—2020 年这三个国家（地区）发明专利所占比重均超过了 10% 的安全警限，说明中国技术创新对这三个国家（地区）依赖程度较大。

中国专利在国际专利授权中的比重：该指标主要衡量中国企业在国际市场竞争中的创新程度，中国专利在国际专利授权中所占比重越大，则表明中国在国际市场竞争中的创新能力越强。在国别指标分析中，该指标主要表明他国对中国国际创新程度的风险冲击威胁程度。在每个国际专利授权量一定的前提下，A 国专利在国际专利授权中的比重越高，则相应地中国在国际专利授权中的比重就会越低，尤其是大国与大国之间的竞争，美国、日本、欧盟、东盟等在国际专利授权量中所占比重越高，则相应地中国专利授权量所占比重就会下降。具体计算方法为：中国专利在国际专利授权量中的比重 = 中国 PCT 专利授权量/国际 PCT 专利授权总量。并可得，中国专利在国际专利授权量中比重的倒数 = 国际 PCT 专利授权总量/中国 PCT 专利授权量 =（美国 PCT 专利授权量 + 日本 PCT 专利授权量 + ……）/中国 PCT 专利授权量，并假设美国 PCT 专利在国际授权量所占比重对全球其他国家的冲击影响风险近似相同，则可计算得出美国对中国国际专利授权量占比的影响程度。其他国家计算方法依此类推。该指标为负向指标，一般他国对中国国际发明专利的风险冲击威胁程度越小，则越有利于中国经济安全。2016—2020 年美国国际发明专利授权量占比分别为 19.74%、19.56%、19.27%、19.7%、18.49；2016—2020 年日本该占比分别为 20.6%、19.58%、18.94%、18.07%、16.83%；2016—2020 年欧盟该占比分别为 19.85%、19.32%、19.58%、19.64%、18.37%；而 2016—2020 年中国该占比分别为 22.97%、24.13%、25.16%、25.45%、29.27%。美国、日本、欧盟三国（地区）目前对中国的竞争影响程度较大。

⑤中国产业发展对他国的被动依存度。

中国对外直接投资市场加权集中度：该指标用来衡量中国对外投资对某一国家（地区）的集中程度，用对外国直接投资额除以中国对外投资总额计算得出。该指标越高，说明中国对海外市场出口依赖度越高，对某一国家（地区）投入较多的资金，形成较为集中的投资市场，不利于分散中国海外投资的风险，因此这一指标越低越有利于中国的经济安全。该指标的安全警限为 2%，超过 5% 则意味着危险。从历史数据来看，2016—2020 年中国对欧盟投资集中度分别为 5.1%、6.49%、6.20%、7.81% 和 5.97%，2016—2020 年中国对东盟投资集中度分别为 5.24%、8.92%、9.57%、9.51% 和 8.96%，均在 5% 危险警限之上，说明中国对欧盟和东盟直接投资市场集中度过高，对这两个地区海外市场出口依赖度过高，值得高度关注。

年利用外商直接投资占 GDP 的综合比重：这一指标反映一个国家的对外依存度和开放度。该指标用外商直接投资额占中国 GDP 比重计算得出。该比重越高，说明中国对海外资金的需求依赖度越高，比重越低，说明中国对海外资金的需求依赖度不足，均不利于中国经济安全，该比重应处在一个合理区间。该指标安全警限为 1.5%，危险警限为 10%。2016—2020 年欧盟投资额占中国 GDP 比重分别为 6.98%、6.32%、7.71%、5.28% 和 5.28%，2016—2020 年东盟所占比重分别为 5.18%、3.8%、4.24%、5.70% 和 5.70%，虽未超过 10% 危险警限，但仍使得中国经济安全处于危机状态，值得引起高度关注。

高新技术产品（国别）进口依赖度：该指标反映一个国家高新技术产品的进口依赖度，用高新技术产品进口总额占商品进口总额的比重计算，该比重越高，说明中国产业对高新技术产品的进口依赖程度越大。必须加强本国的高新技术自主创新能力，使得高新技术产品进口依赖程度保持在合理区间内。该指标的安全警限为 10%，正向危险警限和负向危险警限分别为 25% 和 -5%。2016—2020 年中国高新技术产品进口依赖度分别为 33.17%、31.72%、31.41%、30.65%、33.16%，总体波动幅度不大，且均高于25%危险警限，需要引起高度重视。

⑥中国能源消费需求对外依存度。

石油进口依存度：这一指标反映中国对某一国家（地区）的石油进口依赖度，是我国对某一国家（地区）石油进口净额占中国石油消费总额的比重。中国是石油消费大国，而且自身的石油产量相比消费量存在较大缺口，因此每年需要向石油供应国进口大量石油，该指标越高，说明中国对这一国家（地区）石油进口的依赖程度越高，这一国家（地区）对中国国家经济安全影响也就越大。石油进口依存度的安全警限为15%，正向危险警限为40%，负向危险警限为-7.5%，以某一国家GDP所占比重乘以安全警限15%得到中国对该国石油依存度的安全警限。例如，2016—2020年俄罗斯GDP所占比重分别为1.96%、2.28%、2.29%、2.3%和2.21%，乘以15%，得到2016—2020年中国对俄罗斯石油进口依存度的安全警限分别为0.29%、0.34%、0.34%、0.35%和0.32%，而2016—2020年中国对俄罗斯石油进口依存度分别为8.94%、9.72%、11.28%、11.87%和12.49%，均高于安全警限，说明中国对俄罗斯石油进口过于依赖。

能源综合加权对外依存度：这一指标反映的是中国能源进口对某一国家（地区）的依赖程度，传统能源是指煤炭、石油和天然气。同上所述石油进口依存度的计算方式，计算出煤炭进口依存度和天然气进口依存度，然后根据能源消费结构，计算出煤炭、石油和天然气各自所占比重，最后得出：能源综合加权对外依存度=煤炭进口依存度×煤炭所占比重+石油进口依存度×石油所占比重+天然气进口依存度×天然气所占比重。该指标越大，说明中国对这一国家（地区）综合能源的进口依赖度越高，应使该指标处于合理区间内，才能保证中国经济平稳安全地运行。该指标安全警限为10%，危险警限为40%。与上述石油进口依存度安全警限计算方法一致，计算出2016—2020年中国对俄罗斯能源综合对外依存度的安全警限分别为0.2%、0.23%、0.23%、0.23%和0.21%，而2016—2020年中国对俄罗斯能源综合进口依存度分别为2.31%、2.66%、3.01%、3.22%和3.9%，与安全警限差距较大，说明中国对俄罗斯能源综合进口依赖度过高，一直处于危机状态。

⑦中国有色金属需求对外依存度。

有色金属矿业对外依存度：与上文石油进口依存度类似该指标反映中国对某一国家（地区）的有色金属矿业进口依赖度，是中国对某一国家（地区）有色金属矿业进口净额占中国有色金属矿业消费总额的比重。从历史数据来看，中国对东盟、俄罗斯、印度和巴西等国的有色金属矿业依存度较高，说明中国在有色金属矿业方面对这些国家（地区）形成了严重的进口依赖，不利于中国国家经济安全。该指标的安全警限为10%，危险警限为25%。中国对某一国家（地区）有色金属矿业对外依存度安全警限同石油依存度计算方法一致，2016—2020年中国对东盟有色金属矿业依存度分别为71.8%、65.5%、89.3%、114.3%和88.3%，远高于其对应的安全警限0.4%，需要引起高度重视。

⑧中国粮食需求对外依存度。

粮食对外依存度：该指标反映中国对海外国家的粮食进口依赖度，是中国粮食进口净额占中国粮食消费总额的比重，粮食消费总额由粮食产量与粮食净进口量之和计算得出。中国是一个地大物博，但是人口多、耕地少的国家，人们对粮食的需求量也越来越大，导致我们不得不加大对国外市场的粮食进口，目前中国主要粮食进口国为美国、加拿大、澳大利亚、泰国等。该指标的安全警限为10%，危险警限为40%。2016—2020年中国粮食对外依存度分别为14.49%、16.17%、14.54%、13.9%和17.2%，大致呈现出在波动中上升的趋势，均处在高度安全和极高度安全态势之间。

⑨政府外债偿还风险。

对于国家金融安全而言，最重要的是外力对一国经济的干预程度，而外力对一国经济进行干预的最大理由就是外债归还问题，而一国是否拥有足够的外汇储备是应对外债干预的关键所在。衡量国家对外债务偿还能力的指标很多，而真正对国家金融安全直接产生重大影响的是外债与外汇储备之间的比例关系。本书在借鉴国内外专家学者研究成果的基础上，选取了以下衡量一国偿还外债能力的三个指标，从国家整体偿债能力、年度偿债能力与短期快速偿债能力三个方面来进行度量，可以认为这些指标是一个有机整体，在衡量国家对外债务安全方面的准确性较高，特别是当三个指标的取向趋于一致时，结论更为准确可靠。

外债总额占外汇储备比重：该指标可衡量中国整体偿还外债的能力，是最重要的总量性指标，也体现了外汇储备作为对外借债与充当清偿手的重要作用。一国外债总额占外汇储备比重越高，则抵御金融危机的能力就越弱；比率越低则一国抵御外来风险冲击的能力就越强。一般而言，该指标的国际基本安全区间是2—3.33倍。

当年还本付息额占外汇储备比重，即外债偿债率：反映一国当年外债还本付息的外在压力大小的重要指标，这一压力的大小甚至直接决定着是否爆发金融危机。由于外债总额占外汇储备比重只反映国家整体一般偿还债务的能力，但是每年的外债还本付息额是不一样的，因此还需看当年还本付息额的大小情况。由于传统的偿债率指标用当前外债还本付息额与当年出口创汇的比例，但其仅考虑了经常项目对一国偿债能力的影响，与当前国际资本流动日渐频繁的事实相差甚远，本书选用外汇储备作分母是对以前偿债率指标的修正。外汇储备的增减可来自经常项目顺差或资本项目顺差，在短期内可提供偿债保证，用外汇储备作分母更能反映一国国际收支状况对当年还本付息的承受能力。

一般认为该指标的基本安全区间为30%—50%，上下增减10%作为其警戒线。

短期外债占外汇储备比重：该指标可衡量一国在短期内快速偿债的能力，具有短期预警的功能，最能反映一国短期内是否会爆发金融危机。“它就像引爆炸弹的导火索一样，通过它基本可以预测到一个国家爆发金融危机的具体时间”（姜洪和焦津强，1999）①。国际上一般将该指标小于70%作为基本安全线，如果高于70%就容易受到外来冲击而威胁到国家金融安全。同时，如果短期外债占外汇储备的比重不到20%，将会有部分资源因闲置而使经济蒙受一定的损失，也可认为国家金融运行又回落到一定的“风险”状态。

⑩外资金融机构对国内金融市场控制率。

外资银行在华资产占中国银行业总资产比重：该指标主要衡量外资银行对中国银行业市场的控制，由于中国国内商业银行大部分归国有控股，该指标也体现了国家对金融资产的掌控程度。随着中国银行业对境外银行机构的全面开放，外资银行近些年正大举进入中国境内进行人民币存贷款与各种中间业务，外资机构无论是在经营管制水平、服务水平还是在金融技术支持水平上都明显优于国内的银行机构，是国内本土商业银行的有力竞争者，但是目前国内商业银行，特别是国有大中型商业银行无论是金融资产规模，还是网点分布覆盖范围都占有绝对的优势（2011年外资银行在华资产占中国银行业总资产的1.8%，近五年所占比例一直在2%以下），随着中国银行业的进一步开放，以及现行国有银行机构的垄断经营地位被打破，外资银行对中国银行业市场的占有率将会逐渐上升。

外资金融机构对中国银行类机构的综合控股比率：该指标主要衡量外资银行对中国本土商业银行的股权控制程度。由于中国国内商业银行大部分归国有控股，该指标亦体现了国家对金融资产的掌控程度。前文已经分析了中国银行业目前虽对外资银行参股中资银行的上限比例进行了限制（单家外资银行入股比例不超过20%，多家合资参股不超过25%），但是在股权分散的情况下单家外资银行还是有可能成为最大的股东，或是通过收购市场上转让的流通股，或是联合其他境外合格金融机构合资控股等形式，还是有可能达到对国内本土商业银行股权控制或大大提升股东大会话语权的目的，从而可能会使中资银行类金融机构丧失对自身的控制权或部分经营管理权，从而威胁到中国银行类金融机构的金融安全。

（2）经济安全能力监测指标体系

经济安全能力是指在经济全球化和金融一体化趋势条件下，通过加强自身的机制

① 姜洪，焦津强．国家金融安全指标体系研究［J］．世界经济，1999（7）：9-16.

体系建设使我国具备抵御各种直接或间接风险冲击威胁的能力，以保持经济主权独立，国民经济体系持续健康平稳发展的态势。

根据最终调查结果，我国对内经济所面临的主要风险领域包括宏观经济领域、实体产业领域、战略资源领域、财政金融领域以及经济社会领域共五大重点领域，我们根据指标体系构建的原则分别选择了24项风险观测指标构建了我国国别经济安全能力监测指标体系，如表2－2所示。

表2－2　　中国经济安全能力监测指标体系

主要风险领域	重点衡量维度	重要监测指标	指标性质
宏观经济领域	宏观经济运行风险	实际GDP增长率	中
		通货膨胀率	中
		真实失业率	负
财政金融领域	银行类金融机构风险	商业银行不良贷款率	负
		商业银行资本充足率	正
		商业银行流动性比率	正
		商业银行盈利能力	正
	政府内债压力风险	国债负担率	负
		国债债务率	负
		财政赤字率	中
实体产业领域	科研创新能力	企业研发投入比	正
	财务杠杆风险	企业资产负债率	中
	综合盈利能力	总资产报酬率	正
	企业成长机会潜力	主营业务收入增长率	中
	产业国际竞争力	产业国际竞争力指数	正
战略资源领域	能源生产自给能力	人均能源生产量	正
	有色矿产生产自给能力	人均有色矿产资源生产量	正
	新型能源消费占比	（电力＋其他新能源）/能源消费总量	正
	能源利用效率	能源消费量/国内生产总值＝单位GDP能耗	负
	粮食生产自给能力	人均粮食生产量	正
经济社会领域	社会城乡收入差距	城乡居民收入比	负
	社会阶层贫富差距	城镇贫富收入差距比	负
	社会托底保障水平	社会保障与就业支出在财政支出中的占比	正
	社会青年经济压力	城镇房价收入比	负

注：表中指标性质如果是正表示该指标观测值越高则对我国经济安全越有利，负表示指标观测值越低则对我国经济安全越有利，中表示该指标观测值并非越高越好或越低越好，而是存在一个合理的安全区间，观测值越高或越低对我国经济安全均不利。

我国国别经济安全能力各测度指标内涵与计算方法解释如下：

①宏观经济运行风险。

金融服务于经济，经济决定金融。金融安全与宏观经济运行密不可分，中国宏观经济的平稳较快增长是金融业盈利创收与抵御风险的重要保证，宏观经济运行主要通过实际GDP增长率、通货膨胀率、全社会真实失业率以及广义货币供应量的增长速度等反映，但是由于中国目前缺失全社会真实失业率的统计数据（以真实失业率来衡量中国社会的宏观经济发展情况很重要，但该指标目前仅为城镇登记失业率，不能反映中国实际失业率水平），本书对于全社会真实失业率尝试性地采取估算来近似反映。

实际GDP增长率：实际GDP增长率是中国宏观经济发展态势的最综合集中体现。国民经济整体保持平稳较快的增长，不仅可以带动投资与消费的进一步增长、对社会信贷资金的需求量增加，提高人民收入水平，从而促进为实体经济服务的金融业的蓬勃发展以增强金融业抵御金融风险的能力，而且可以稳定和增强国内外市场投资者的信心，形成良性互动效应，使中国国民经济进入良性循环发展轨道。如果实际GDP增长速度过快，则容易造成经济过热而引起通货膨胀，而实际GDP增长速度过慢则意味着经济下滑或衰退，将可能对中国宏观经济与金融业带来严重的威胁，甚至影响国家的安宁与社会的稳定。实际GDP增长率在6.5%—9%说明中国经济增长处于极高度安全状态。中国实际GDP增长率总体处于先上升后下降态势，2016—2020年中国实际GDP增长率分别为6.8%、6.9%、6.7%、6.0%和2.3%，受新冠疫情影响，2020年中国实际GDP增速放缓，由极高度安全降低至中度不安全状态。

通货膨胀率：该指标是衡量宏观经济是否过热的最主要指标，一般温和的通货膨胀既是随着商品内在价值的提升而出现的正常表现，又可刺激人们生产的积极性，保证国民经济保持一定增长速度。而如果经济中出现过度的通货膨胀或恶性通货膨胀，不仅生产中的原料成本与生活成本增加，造成人们生产与生活困难，而且容易形成社会心理恐慌，可能引起社会动荡等严重后果。而如果通货膨胀率过低或为负数，则易引起社会物价紧缩，影响人们生产的积极性，不利于国民经济向前发展。中国自2007年夏天以来出现了不同程度的通货膨胀现象，其中既包括房地产投资过热或货币发行量过度引起的，也包括其他成本推动与结构性通货膨胀。管理好通货膨胀预期，使物价水平的上涨控制在民众与当前经济发展所能承受的合理范围内是中国当前宏观经济调控的重要内容之一。通货膨胀率的安全警限为2%，正向和负向危险警限分别为-3%和6.5%。2016—2020年中国通货膨胀率分别为2%、1.6%、2.1%、2.9%和2.5%，虽然略有上升，但仍处于高度安全和极高度安全状态之间。

真实失业率：真实失业率=失业人数/（在业人数+失业人数），指失业人口占劳动人口的比率（失业人口即一定时期全部就业人口中有工作意愿而仍未有工作的劳动力人数），旨在衡量闲置中的劳动产能，是反映一个国家或地区失业状况的主要指标。真实失业率作为宏观经济运行三大评价指标之一，是衡量国民经济运行情况的重要依据，即真实失业率与国家宏观经济运行周期紧密联系在一起，宏观经济运行态势健康向好时真实失业率减少，就业人数增加，而当宏观经济态势步入下滑时，真实失业率上升。同时真实失业率通过菲利普斯曲线与通货膨胀率联系在一起。不仅如此，真实失业率还与社会安全与稳定密切联系在一起，由于中国当今大量的农村剩余劳动力涌入东部沿海城市务工，一旦经济下滑或衰退并造成大量工人失业等，大量失业人口闲散在社会中而无稳定经济收入来源，将会严重影响中国宏观经济的发展，甚至影响到国内社会的不安全。由于城镇登记失业率只登记城镇户籍人口中自愿向政府相关机构登记的失业人口（一般是参加了城镇失业保险的那部分人），显然与中国近十几年来大量流动务工人口的实际情况不符，那些没有参加城镇失业保险的有城镇户籍人口，以及大量外来务工的非城镇籍常住人口被严重遗漏掉了。本书以国际惯用方法，统计的是有工作意愿，也找过工作，却依然长时间没有就业的城镇常住失业人口，具体方法参照中国社科院2008年12月15日发布的《社会蓝皮书》中对中国2008年的城镇调查失业率数据与城镇登记失业率数据关系进行类比核算。真实失业率的安全警限为3%，危险警限为7%。总体来看中国真实失业率呈现缓慢上升态势，近几年略有下降，2016—2020年中国真实失业率分别为8.04%、7.8%、7.6%、7.24%和8.4%，均超过了危险警限，需要引起高度重视。

②银行类金融机构风险。

商业银行不良贷款率：不良贷款率=银行机构不良贷款/总贷款余额。不良贷款是指在评估银行贷款质量时，把贷款按风险基础分为正常、关注、次级、可疑与损失五类，其中后三类合称为不良贷款。国内商业银行的资产质量始终是中国银行业的主要风险来源，这主要是由于中国当前“三位一体”的经济体制易造成不良资产贷款的形成。商业银行不良贷款率的安全警限为0，危险警限为15%，目前我国商业银行整体的不良贷款率比较低（2016—2020年分别为1.70%、1.70%、1.83%、1.86%和1.84%），自2006年以来商业银行不良贷款率逐年下降，虽然2014年之后有了缓慢上升的态势，但总体仍处于较低水平，与15%危险警限相距较远，拨备覆盖率也超过了人民银行所规定的150%硬性要求，目前金融资产质量的安全性良好，但需要注意的是一些地方政府担保的融资平台导致隐性资产遭受损失的可能性，而真正要提防的是中国宏观经济一旦出现了下滑或事实性衰退，这才是对中国商业银行资产质量的真正考验。

商业银行资本充足率：资本充足率=资本总额/加权风险资产总额。该指标是衡量银行业等金融机构风险的最核心指标之一。《巴塞尔协议Ⅲ》规定，截至2015年1月，全球各商业银行的一级资本充足率下限将从现行的4%上调至6%。其中，由普通股构成的核心一级资本占银行风险资产的下限将从现行的2%提高至4.5%；此外，各银行还需增设“资本防护缓冲资金”，总额不得低于银行风险资产的2.5%，商业银行的核心一级资本充足率将由此被提高至7%。该规定将在2016年1月至2019年1月间分阶段执行。中国在2011年5月初，银监会下发了《关于中国银行业实施新监管标准的指导意见》（银监发〔2011〕44号），正式公布了资本充足率、杠杆率、流动性及贷款损失准备的四大监管工具，其中特别指出，正常条件下系统重要性银行和非系统重要性银行的资本充足率分别不得低于11.5%和10.5%。

对于商业银行的资本充足率而言，10.5%以上为安全警限，12%以上为中国适宜值，8%以下为重度不安全的警限值，2016—2021年末中国商业银行的资本充足率分别为13.3%、13.60%、14.20%、14.64%、14.7%和15.13%，五家大型商业银行的资本充足率（2021年末为17.29%）等都表现良好，且总体呈现缓慢上升态势，这主要得益于中国宏观经济的稳步增长与银行业的垄断性经营所获得的充足盈利收入，但按照国际标准对中国商业银行的资本充足率进行严格要求始终是银行业安全防范的重点所在。

商业银行流动性比率：流动性比率是衡量企业偿还短期债务的能力，保持商业银行资产流动性是防止应对因突发情况而面临大量客户短期内提现挤兑现象的发生，是防范银行机构金融风险的重要方面。一般来说，银行流动性比率越高越好，表明自有流动资产偿还短期流动负责的能力越强。由于银行机构是典型负债经营的金融机构，与一般企业标准不同，比如银行机构存贷款比例一般的标准为25%。目前中国商业银行流动性比率表现较好（2016—2021年末分别为47.60%、50%、55.77%、58.46%、58.41%和60.31%），且大致呈缓慢上升态势，2017年之后甚至超过了50%的标准，资产的流动性风险的安全程度较高。这表明中国商业银行的流动性比例均保持较好，短期内不会出现大的流动性风险问题。

商业银行盈利能力：商业银行的安全性不仅体现在被动满足监管机构要求而做好不良资产贷款风险防范、满足资本充足要求与流动性要求，而且体现在通过良好的经营管理来增强自身的盈利能力，即通过自身的不断发展壮大来增加自身抵御各种内外风险冲击威胁的能力。衡量商业银行盈利能力的指标较多，但资本利润率或净资产收益率为业界所普遍认可接受。净资产收益率的安全警限为30%，危险警限为3%，总体来说，中国商业银行的净资产收益率呈现缓慢下降趋势，2016—2020年分别为

13.4%、12.6%、11.73%、10.96%和9.84%，虽未低于3%危险警限，但总体表现较低，说明中国银行业的整体盈利水平呈现下降态势，需要引起高度警惕，以防商业银行因盈利水平下降而导致的盈利性金融风险。

③政府内债压力风险。

财政赤字率：财政赤字率＝（财政支出－财政收入）/国内生产总值。该指标反映一国或地区财政赤字的相对规模，以及该国或地区经济增长对财政赤字的相对承受能力，是衡量一国或地区财政与国债风险的重要指标。该指标数值越高，则经济增长对财政赤字的承受能力就越弱，举债空间就越小。因为指标数值越高，发债空间受到挤压，而举借新债同样需要偿还本息，这会导致财政支出进一步增加，容易导致“债滚债”，从而影响一国或地区的经济金融安全性。而指标数值越低，则一国或地区经济增长对财政赤字的承受能力越强，财政风险就越小。该指标安全警限为1%，危险警限为3%。2016—2020年中国财政赤字率分别为3.8%、3.7%、4.1%、4.9%和6.2%，呈现上升趋势且均在3%危险警限之上，说明中国经济增长对财政赤字的承受能力越来越弱，近几年均处于危机状态。

国债负担率：该指标主要衡量一国或地区政府内债的相对风险。其公式为：国债负担率＝政府债务累计余额/当年国内生产总值。该指标着眼于国债余额存量，反映了整个国家/地区国民经济对国债的整体承受能力，或国家/地区经济增长对政府举债的依赖程度。国际公认的国债负担率的警戒线为发达国家不超过60%，发展中国家不超过45%。该指标数值越高，表明政府债务相对规模越大，政府偿还债务的压力风险就越大。如果政府债务规模超过了其还债能力，不仅有引发通货膨胀的可能，还有可能使债务投资者与民众失去对政府能力的信心，并引发更进一步的债务风险，从而损害到国家或地区的金融安全性。国债负担率的安全警限为15%，2016—2020年中国国债负担率分别为16%、16%、16%、17%和20%，虽然略有上升，但总体均小于国际公认的60%警戒线，也小于发展中国家45%的警戒线，表明目前中国政府债务总体风险可控。

国债债务率：该指标主要用来衡量一国/地区动用自身各种财政资源以偿还债务的能力，其公式为：国债债务率＝当年末债务余额/当年政府综合财力，是衡量债务规模大小的指标。国际货币基金组织（IMF）确定的国债债务率控制标准为90%—150%。其中，地方政府综合财力＝地方公共预算收入＋基金预算收入＋转移支付和税收返还＋地方国有资本经营收入－专项转移支付，各项收入均包括上年结余以及下级的净上交收入（下级上交收入－补助下级支出）。国债债务率的安全警限为25%，危险警限为100%。2016—2020年中国国债债务率分别为101.8%、103.16%、

107.69%、101.91%和132.27%，均达到了100%以上，超过了100%的警戒线，且呈现出不断上升的趋势，需要引起高度关注。

④科研创新能力。

企业研发投入比：研发投入比是衡量企业科研创新能力的一个指标，用企业的研发经费总支出与营业总收入之比计算得出。该指标越高，说明企业投入研发支出的经费越多，企业越注重科研创新能力的提升，越有利于企业经济发展。2016—2020年中国规模以上工业企业研发投入比较低，分别为0.9%、1.1%、1.2%、1.3%、1.4%，虽然总体呈现上升趋势，但上升速度缓慢，从2017年之后才突破1%的危险警戒线，但还远远达不到10%的安全警限，说明中国规模以上工业企业的科研创新能力较弱，要注重提升企业科研创新能力才能促进经济持续健康发展。

⑤财务杠杆风险。

企业资产负债率：资产负债率是评价公司负债水平的综合指标，同时也是一项衡量公司利用债权人资金进行经营活动能力的指标，用企业的负债总额除以资产总额计算得出。资产负债率过高会导致企业因为承担过高的负债而面临资不抵债的风险，过低会导致企业无法合理运用财务杠杆的效应，两种情况均不利于企业发展，因此该指标应处于一个合理区间内，一般以50%为安全警限，75%为危险警限。2016—2020年中国规模以上工业企业的资产负债率表现较好，分别为55.9%、56%、56.5%、56.4%、56.1%，虽然总体呈现出缓慢上升的态势，但变化较小，且一直处于高度安全状态，因此规模以上工业企业经营能力发展良好。

⑥综合盈利能力。

总资产报酬率：用以评价企业运用全部资产的总体获利能力，是评价企业资产运营效益的重要指标，该指标用企业投资报酬与投资总额之间的比率计算得出，企业的投资报酬是指支付利息和缴纳所得税之前的利润之和，即利润总额加上利息，投资总额为当期平均资产总额。该指标越高，表明企业的资产利用效益越好，整个企业盈利能力越强，经营管理水平越高。该指标的安全警限为15%，危险警限为4.5%。2016—2020年中国规模以上工业企业总资产报酬率总体呈现下降趋势，分别为7.8%、7.8%、7.4%、5.5%、5.1%，总体水平不高，均未能达到15%的安全水平，且越来越接近于4.5%危险警限，说明中国规模以上工业企业总体盈利能力有待提高，需要引起关注。

⑦企业成长机会潜力。

主营业务收入增长率：主营业务收入增长率表示与上年相比，主营业务收入的增减变动情况，是评价企业成长状况和发展能力的重要指标，用企业本年营业收入增加额与上年营业收入总额的比率计算得出。该指标值越高，表明企业营业收入的增长速度越快，企业市场前景越好，企业有更好的成长潜力，但是企业主营业务收入增长过快的情况下，不利于企业实现未来的可持续发展，因此该指标应保持在合理范围内，大致以20%为宜。2016—2020年中国规模以上工业企业主营业务收入增长率状况不佳，分别为4.4%、-2.2%、-7.4%、1.7%、-0.6%，总体呈现下降趋势，且与20%安全警限相比仍有较大距离，需要引起高度关注。

⑧产业国际竞争力。

产业国际竞争力指数：该指标是反映中国企业在国际市场当中的综合竞争实力的衡量指数，一般产业国际竞争力指数越高，则中国企业在国际市场中的综合竞争实力越强，则越有利于提升中国企业抵御国际企业风险冲击威胁的能力。目前国内还没有一家权威机构发布过中国产业国际竞争力的相关指数报告（证券市场发布过）。本书根据英国Fortune杂志每年定期公布的世界500强排名中的中国企业在数量、营业收入和利润上的分别占比平均值作为衡量指标观测值，并按照功效系数法转化成0—100分，该指标为正向指标，即中国企业在世界500强企业的平均占比越高，则中国企业的产业国际竞争力越强。2016—2020年中国三项平均占比分别为22%、22.6%、22.5%、23.9%、25.1%，而同期美国平均占比分别为34.5%、33%、29.9%、29%、31.6%。可以看出，近五年美国企业的国际竞争力依然明显强于中国，但差距在逐渐缩小。

⑨能源生产自给能力。

人均能源生产量：该指标用能源生产总量与总人口的比值计算得出，反映了一个国家（地区）能源的生产自给能力和能源拥有情况。人均能源生产量的安全警限为3.8吨/人，危险警限为2.01吨/人。虽然中国人均能源生产量在2016—2020年总体呈现上升趋势，分别为2.51吨/人、2.59吨/人、2.72吨/人、2.84吨/人、2.89吨/人，但中国的人均能源资源拥有量在世界上仍处于较低水平，煤炭、石油和天然气的人均占有量仅为世界平均水平的67%、5.4%和7.5%，而且中国每年的人均能源消费量均高于人均能源生产量，无法实现自给自足，能源消费大多依靠外国进口；中国单位国内生产总值能耗不仅远高于发达国家，也高于一些新型工业化国家，对以上情况需要引起关注。

⑩有色矿产生产自给能力。

人均有色矿产资源生产量：该指标用有色矿产生产总量与总人口的比值计算得出，反映了一个国家（地区）有色矿产的生产自给能力。人均有色矿产资源生产量的安全警限为45千克/人，危险警限为15千克/人，2016—2020年中国人均有色矿产资源生产量保持着持续上升的态势，分别为35.74千克/人、37.07千克/人、40.76千克/人、42.72千克/人、43.69千克/人。虽然中国的人均有色矿产资源生产量越来越接近于45千克/人的安全态势，但由于人口众多，与世界平均水平相比仍然较低，中国有色矿产资源生产自给能力仍然有待提高。

⑪新型能源消费占比。

（电力+其他新能源）/能源消费总量：该指标反映一个国家能源消费结构中新型能源所占比重。该指标越高，说明中国拥有着更加清洁低碳、安全高效的能源体系，说明中国在全球气候保护方面有更大的贡献。该指标的安全警限为30%，危险警限为7.5%。2016—2020年中国的新型能源消费占比总体呈现缓慢上升趋势，分别为13.3%、13.8%、14.3%、15.3%、15.9%，但与30%的安全警限相比仍有较大的上升空间，随着以清洁低碳为特征的新一轮能源变革蓬勃兴起，新型的清洁能源取代传统能源已成为大势所趋，因此应该继续壮大清洁能源产业发展，促进技术进步，为全球能源转型创造更有利的条件。

⑫能源利用效率。

能源消费总量/国内生产总值=单位GDP能耗：单位GDP能耗是反映能源消费水平和节能降耗状况的主要指标，用能源消费总量与国内生产总值（GDP）的比率计算得出，是一个能源利用效率指标。以更大力度实施节能降耗，不断完善能耗双控制度，不仅有助于缓解能源供应保障压力，以较低的能源消费增速支撑较快的经济社会发展，还可避免透支未来的战略资源、环境空间和发展潜力。单位GDP能耗安全警限为1吨标准煤/万元，危险警限为4吨标准煤/万元。2016—2020年中国单位GDP能耗不断下降，分别为0.59吨标准煤/万元、0.55吨标准煤/万元、0.51吨标准煤/万元、0.49吨标准煤/万元、0.49吨标准煤/万元，近几年均保持在1吨标准煤/万元吨安全警限内。“十四五”规划纲要将“单位GDP能源消耗降低13.5%”作为经济社会发展主要约束性指标之一，因此中国应继续推进能源消费转型，加快技术改造升级，实现单位GDP能耗降低13.5%的目标。

⑬粮食生产自给能力。

人均粮食生产量：该指标从平均拥有量的角度反映一个国家粮食供应的保障程度，利用粮食生产总量与国家总人口之比来衡量。人均粮食生产量的安全警限为500千克，危险警限为275千克。2016—2020年中国人均粮食生产量表现良好，分别为477.64千克、475.95千克、471.48千克、474.15千克、474.22千克，总体波动不大，虽未达到500千克安全警限，但均远高于人均400千克的国际粮食安全标准线。目前中国粮食安全形势总体向好，为保障粮食市场供应和平稳运行提供了良好条件。

⑭社会城乡收入差距。

城乡居民收入比：该指标利用城镇居民人均可支配收入和农村居民人均可支配收入之比来衡量，是衡量城乡收入差距的一个重要指标。城乡居民收入比的安全警限为1.5，危险警限为2.5。目前中国城乡居民收入差距较大，2016—2020年城乡居民收入比分别为2.72、2.71、2.68、2.64、2.56，虽然总体呈现下降趋势，但较为缓慢，且每年都在2.5危险警限以上。城乡居民收入差距问题已成为关系民生的大问题，收入分配不平等不仅制约中国经济快速发展，而且给和谐的社会局面带来负面影响，需要引起高度关注。

⑮社会阶层贫富差距。

城镇贫富收入差距比：该指标衡量了城镇居民贫富差距大小，将城镇居民按家庭人均可支配收入由低到高排序，五等分成五类阶层，分别为低收入户、中等偏下户、中等收入户、中等偏上户和高收入户，然后计算出高收入户的人均可支配收入与低收入户的人均可支配收入，两者之比就是城镇贫富收入差距比。该指标的安全警限为3，危险警限为5.5。中国2016—2020年城镇贫富收入差距比均在5以上，分别为5.41、5.62、5.9、5.9、6.16，2017—2010年甚至超过了5.5危险警限，说明中国城镇居民收入差距较大，应该引起高度关注。

⑯社会托底保障水平。

社会保障与就业支出在财政支出中的占比：社会保障支出是为居民的最低生活水准提供保障的一种支出形式，是调节分配关系、减缓收入和财产差距、保障社会公平、维护社会安定的一种手段。政府通过就业支出加大对重点群体就业的帮扶，继续实施失业保险保障扩围政策，发挥保生活、防失业、促就业的功能作用，推动稳住就业基本盘。社会保障与就业支出在一定程度上提升中国经济安全保障能力，该比重越大，代表社会保障水平越高。该指标的安全警限为18%，危险警限为8%。2016—2020年中国社会保障与就业支出占比呈现上升趋势，占比分别为11.5%、12.12%、12.23%、12.38%、13.27%，均超过了危险警限，但与18%的安全警限相比还有一定距离，政府仍需继续加大社会保障与就业支出。

⑰社会青年经济压力。

房价收入比：所谓房价收入比，是指住房价格与城市居民家庭年收入之比。一个国家的平均房价收入比通常用家庭年平均总收入与一套房屋的平均价格之比来计算，即：房价收入比=每户住房总价÷每户家庭年总收入，其中，每户住房总价和每户家庭年总收入的计算公式分别如下：每户住房总价=人均住房面积×每户家庭平均人口数×单位面积住宅平均销售价格；每户家庭年总收入=每户家庭平均人口数×家庭人均全部年收入。按照国际惯例，目前比较通行的说法认为，房价收入比在3—6倍之间为合理区间，如考虑住房贷款因素，住房消费占居民收入的比重应低于30%。国际上通用的房价收入比的计算方式，是以住宅套价的中值，除以家庭年收入的中值。家庭年收入则是指全部家庭成员的年度税前收入，通常包括夫妇二人。家庭年收入同样取中值。在发达国家，统计家庭年收入只要看纳税记录就很清楚，但在中国情况要复杂得多，因国内统计的税收收入仅是居民家庭收入中的一部分。因此，在中国计算房价收入比也仅是一个粗步估计，通过计算全国31个省（市）地区的平均房价收入比来估计全国房价的整体泡沫程度。2016—2020年中国城镇居民房价收入比总体较高，呈现上升趋势，分别为7.8、7.7、8.5、8.7、9.1，且均在7危险警限之上，说明中国城镇房价的泡沫程度较高，需要引起高度重视。

2.3 基于国别视角的中国经济安全风险测度评估模型构建

2.3.1 国内外关于测度评估模型的相关介绍

目前国内外学者对于指标数值进行综合评价的方法主要有线性综合加权模型法、主成分分析法与多目标模糊综合评判法等。

（1）线性综合加权模型法（Linear Weighted Sum Method）

该方法是应用线性模型 $y = \sum_{i=1}^{n} w_i x_i$ 来进行综合评价。式中，y 表示评价对象的综合评价值；w_i 表示与评价指标 x_i 相应的权重系数 $[0 \leqslant w_i \leqslant 1 (i = 1,2,3,\cdots,n), \sum_{i=1}^{n} w_i = 1]$。可见，对于线性综合加权模型法来说，最重要的就是评价指标相应权重系数 w_i 的确定。

综合评价的数学模型有线性加权综合法、非线性加权综合法、增益线性加权综合法和理想点法。其中线性加权综合法具有以下几个特点：

第一，线性加权综合法可使各评价指标间得以线性补偿。即某些指标值的下降可以由另一些指标值的上升来补偿，任意指标值的增加都会导致综合评价值的上升，任意指标值的减少都可用另一些指标值的相应增量来维持综合评价水平的不变。

第二，线性加权综合法中权重系数的作用比在其他“合成”方法中更明显，且突出了指标值或指标权重较大者的作用。

第三，线性加权综合法中，当权重系数预先给定时（由于各指标值之间可以线性地补偿），对区分各备选方案之间的差异不敏感。

第四，线性加权综合法容易发现引发风险的具体指标来源，方便寻找风险源并及时对风险进行防范控制，因此该方法既相对简单易懂，又在现实中具有很强的应用性。

（2）非线性综合加权法（Nonlinear Weighted Sum Method）

用非线性函数 $y = \prod_{j=1}^{m} x_j^{w_j}$ 作为综合评价模型，对 m 个系统进行综合评价，其中 w_j 为权重系数，且要求 $x_j \geqslant 1$。

适用条件：各评价指标间具有较强的关联性的场合。

该方法的主要特点：首先，突出了各指标大小的一致性，即平衡了评价指标值较小的指标的影响作用；其次，权重系数大小的影响不是特别明显，而对指标值的大小差异相对较敏感；最后，要求无量纲指标数据均大于或等于1。

（3）逼近理想点的排序法（Topsis Method）

设定系统指标的一个理想点（$x_1^*, x_2^*, \cdots, x_m^*$），将每一个被评价对象与理想点进行比较。如果某一个被评价对象指标（$x_{i1}, x_{i2}, \cdots, x_{im}$）在某种意义下与（$x_1^*, x_2^*, \cdots, x_m^*$）最接近，则被评价对象（$x_{i1}, x_{i2}, \cdots, x_{im}$）为最好的。

基于这种思想的综合评价方法称为逼近理想点的排序方法（The technique for order preference by sililarity to ideal solution，简称为 TOPSIS）。假设理想点为（$x_1^*, x_2^*, \cdots, x_m^*$），对于被评价对象（$x_{i1}, x_{i2}, \cdots, x_{im}$），则定义两者之间的加权距离：$y_i = \sum_{j=1}^{m} w_j f(x_{ij}, x_j^*) \quad i = 1, 2, \cdots, n$。

其中，w_j 为权重系数，$f(x_{ij}, x_j^*)$ 为 x_{ij} 与 x_j^* 之间的某种意义下距离。

通常可取 $f(x_{ij}, x_j^*) = (x_{ij} - x_j^*)^2$，则综合评价函数为：$y_i = \sum_{j=1}^{m} w_j (x_{ij} - x_j^*)^2 \quad i = 1, 2, \cdots, n$。

按照 $y_i (i = 1, 2, \cdots, n)$ 值的大小对各被评价方案进行排序选优，其值越小方案就越好。特别地，当某个 $y_i = 0$ 时，则对应的方案就是最优的。

（4）主成分分析法（Principal Component Analysis，PCA）

主成分分析法是把反映样本某项特征的多个指标变量转化为少数几个综合因子变量的多元统计方法。包括以下几个步骤：

第一，指标数据标准化处理。主成分分析法假定原变量是因子变量的线性组合。

第一主成分有最大的方差，第二主成分有第二大的方差，后续主成分其可解释的方差越来越小。从数学角度来看，这是一种降维处理技术。设估计样本数为 n，选取的指标数为 q，则由估计样本的原始数据可得矩阵 $X = (x_{ij})_{n\times q}$，其中 x_{ij} 表示第 i 年的第 j 个指标数据。将指标按以下公式进行标准化处理：

$$y_{ij} = (x_{ij} - x_j^*) / \sqrt{\text{var}(x_j)} \quad (i=1,2,\cdots,n;\ j=1,2,\cdots,q)$$

进行指标标准化处理后，可得到新的数据矩阵 $Y = (y_{ij})_{n\times q}$。其中 x_j^* 为第 j 项指标的均匀值，$\text{var}(x_j)$ 为第 j 项指标的方差。

第二，计算相关系数矩阵 R 和特征值。设 $R_{ij}(i,j = 1,2,\cdots,q)$ 为原来变量 y_i，y_j 的相关系数，其计算公式为：

$$R_{ij} = \frac{\sum_{k=1}^{n}(y_{kj} - y_i)(y_{kj} - y_j)}{\sqrt{\sum_{k=1}^{n}(y_{kj} - y_i)^2(y_{kj} - y_j)^2}}$$

解特征方程 $|\lambda E - R| = 0$，求出特征值 $\lambda_i(i = 1,2,\cdots,q)$。因为 R 为正定矩阵，所以其特征值 λ_i 都为正数，将其按大小顺序排列，即 $\lambda_1 \geqslant \lambda_2 \geqslant \cdots \geqslant \lambda_i \geqslant 0$。特征值是各主成分的方差，它的大小反映了各个主成分的描述在被评价对象上所起的作用；然后根据方程 $|R - \lambda E|U = 0$ 可确定特征向量的矩阵 U。

第三，计算因子变量方差贡献率及累积方差贡献率，确定主成分个数。对因子变量的解释命名是主成分分析的另一核心问题。经过分析得到的主成分是对原变量的综合。在实际分析过程中，主要是通过因子载荷矩阵来进行分析，得到因子变量和原变量的关系，从而对新的因子变量进行解释命名。

假设主成分个数为 m，因子变量 Z_i 的方差贡献率为 $\lambda_j / \sum_{j=1}^{q}\lambda_j$，累计方差贡献率为 $\sum_{j=1}^{m}\lambda_j / \sum_{j=1}^{q}\lambda_j$。因子变量的方差贡献是衡量因子重要程度的指标，方差贡献率越大说明对原变量描述程度越大。一般取累积方差贡献率达到85%以上的特征值 $\lambda_1,\lambda_2,\cdots,\lambda_m$ 所对应的主成分 $1,2,\cdots,m(m \leqslant q)$ 个主成分。

第四，计算因子得分。主成分确定以后，对每一样本数据，希望得到它们在不同因子上的个体数值，这些数值就是因子得分，它和原变量的得分对应。通过因子分析得到的结果可以用来综合判定。利用因子得分和主成分的方差贡献率构建综合评价函数，计算出的评价函数即为各主成分因子的线性函数。

$$f_m = W_1Z_1 + W_2Z_2 + \cdots + W_mZ_m$$

其中，$W_1,W_2,\cdots,W_m$ 为主成分的方差贡献率，$Z_1,Z_2,\cdots,Z_m$ 为主因子得分。

（5）多目标模糊综合评判法（Multi－objective Fuzzy Synthetic Evaluation Method）

多目标模糊综合评判法是利用模糊集理论进行评价的一种方法。该方法是应用模糊关系合成的原理，从多个因素对被评判事物隶属等级状况进行综合性评判的一种方法。模糊评价法不仅可对评价对象按综合分值的大小进行评价和排序，而且还可根据模糊评价集上的值按最大隶属度原则去评定对象所属的等级。克服了传统数学方法结果单一性的缺陷，较好地解决了判断的模糊性和不确定性问题。对于多因素的评价，其评价结果再进行高一层次的综合评价。每一层次的单因素评价都是低一层次的多因素综合评价，如此从低层向高层逐层进行。

综合评价所采用的数学模型为：

$$B = AR = (a_1, a_2, \cdots, a_m)\begin{bmatrix} r_{11} & \cdots & r_{1n} \\ \vdots & \ddots & \vdots \\ r_{m1} & \cdots & r_{mn} \end{bmatrix} = (b_1, b_2, \cdots, b_n)$$

其中，A 为权向量，$A = (a_1, a_2, \cdots, a_m)$；$a_i$ 为第 i 个指标在总目标中所获得的总权重值（$i = 1, 2, \cdots, m$），$a_i \in [0,1]$，且 $\sum_{i=1}^{m} a_i = 1$；R 为由 n 个一应俱全指标构成的总评价矩阵，$R = (r_{ij})_{mn}$；r_{ij} 为第 j 个方案第 i 个指标的隶属度（相对满意度），$r_{ij} \in [0, 1]$；b_j 为第 j 个方案的综合评价指标，b_j 值越大越好，b_j 最大值对应的方案即为相对优方案。

2.3.2 中国国别经济安全风险测度模型与方法

（1）单个观测指标经济安全程度计算

对于中国某个风险观测指标所对应的经济安全得分，本书将采用功效系数法。计算公式如下：

①对于观测数值越大，则对中国经济安全越有利的正向指标，安全分数计算方法为：

$$S = 100 - \frac{(x_M - x)}{(x_M - x_L)} \times (s_M - s_L)$$

公式中 S 为安全分数；x 为单个风险指标实际观测值；x_L 为指标实际观测值所在区间危险警限；x_M 为指标实际观测值所在区间安全警限值；s_L 为指标危险警限值对应的标准分值 40 分；s_M 为指标安全警限值对应的标准分值 100 分。各指标上下警限如表 2－22 所示，具体参见文献［18］。

比如，以人均粮食占有量为例，2010 年的观测值为 398 千克，安全警限与危机警限为［400，350］，则依据安全分数计算公式得出 2010 年该指标观测值对应的安全分数为 $S=100-(400-398)/(400-350)\times 60=97.6$ 分。

②对于观测数值越大，则对中国安全越不利的负向指标，安全分数计算方法为：

$$S=\frac{x-x_L}{x_M-x_L}\times(s_M-s_L)+40$$

其中，字母含义与上述相同。

以年利用外商直接投资占 GDP 比重为例，2006 年的指标观测值为 2.44%，安全与危机警限为［2%，10%］，则依据安全分数计算公式，2006 年该指标观测值对应的安全分数为 $S=(10\%-2.44\%)/(10\%-2\%)\times 60+40=97$ 分。

（2）单个风险观测指标国别经济安全程度得分计算

计算某个风险观测指标某国对中国的影响程度安全得分，本书以 2019 年对外贸易依存度美国对中国的影响程度安全得分为例。

①对于观测数值越大，则对中国经济安全越不利的负向风险指标。

设 x 为 2019 年中国对外贸易依存度观测值，即对外贸易依存度 = 中国对世界各国贸易进出口总额/中国国内生产总值。

设 2019 年与中国有对外贸易往来的国家为 n 个，各个国家对外贸易进出口额占中国对外贸易进出口总额的比重依次为（$t_1,t_2,\cdots,t_n$），为方便起见，不妨假设美国所占的份额为 t_1（注：t_1 并不表示所占份额最高），不难得知中国对各个国家对外贸易依存度依次为（$x\times t_1,x\times t_2,\cdots,x\times t_n$）=（$x_1,x_2,\cdots,x_n$）。

设中国对外贸易依存度 x 的安全警限、危险警限为（x_M，x_L），则中国对美国对外贸易依存度 x_1 的安全警限、危险警限分别为（$x_M\times k_1$，$x_L\times k_1$）（其中 k_1 表示当年美国 GDP 占中国以外的世界各国 GDP 总量的比重，某国合理的安全警限应与某国经济在世界经济中的体量与影响力相匹配，而 GDP 是目前国际上常用来表征一国经济体量与影响力的指标），则中国对美国对外贸易依存度的安全得分 S_1 的计算公式为：

$$S_1=\frac{(x_1-x_L\times k_1)}{(x_M\times k_1-x_L\times k_1)}\times(s_M-s_L)+40$$

附：中国对所有其他国家对外贸易依存度的平均安全得分为：

$$\overline{S_i}=\frac{1}{n}\left\{\left[\frac{(x_1-x_L\times k_1)}{(x_M\times k_1-x_L\times k_1)}\times(s_M-s_L)+40\right]+\left[\frac{(x_2-x_L\times k_2)}{(x_M\times k_2-x_L\times k_2)}\times(s_M-s_L)+40\right]+\cdots+\left[\frac{(x_n-x_L\times k_n)}{(x_M\times k_n-x_L\times k_n)}\times(s_M-s_L)+40\right]\right\}$$

$$= \frac{1}{n}\left\{\left(\frac{x_1 - x_L \times k_1}{k_1} + \frac{x_2 - x_L \times k_2}{k_2} + \cdots + \frac{x_n - x_L \times k_n}{k_n}\right) \times \frac{s_M - s_L}{x_M - x_L} + 40n\right\}$$

$$= \frac{1}{n}\left\{\left(\sum_{i=1}^{n} \frac{x_i - x_L \times k_i}{k_i}\right) \times \frac{s_M - s_L}{x_M - x_L} + 40n\right\}$$

情况 1：如果中国以外的所有国家都相同，则 $t_i = 1/n$，$k_i = 1/Q \approx 1/n$（Q 为除中国以外的世界各国数量）。可得：

$$\overline{S_i} = \frac{1}{n}\left\{\left(\sum_{i=1}^{n} \frac{x_i - x_L \times k_i}{k_i}\right) \times \frac{s_M - s_L}{x_M - x_L} + 40n\right\} \approx \left(\sum_{i=1}^{n} x_i - x_L \times \sum_{i=1}^{n} k_i\right) \times \frac{s_M - s_L}{x_M - x_L} + 40$$

$$\approx (x - x_L) \times \frac{s_M - s_L}{x_M - x_L} + 40 = S\text{（即中国对世界各国贸易依存度安全得分）}$$

情况 2：如果中国以外的所有国家就只有一个国家，则 $n = 1$，$t_i = 100\%$，$k_i = 100\%$。可得：

$$\overline{S_i} = \frac{1}{n}\left\{\left(\sum_{i=1}^{n} \frac{x_i - x_L \times t_i}{t_i}\right) \times \frac{s_M - s_L}{x_M - x_L} + 40n\right\} = \left(\sum_{i=1}^{n} x_i - \sum_{i=1}^{n} x_L\right) \times \frac{s_M - s_L}{x_M - x_L} + 40$$

$$= (x - x_L) \times \frac{s_M - s_L}{x_M - x_L} + 40 = S\text{（即中国对世界各国贸易依存度安全得分）}$$

显然，情况 1 与情况 2 为极端情况不存在，在现实中 $\overline{S_i}$ 位于 S 值上下波动。

②对于观测数值越大，则对中国经济安全越有利的正向风险指标。

设 x 为 2019 年外资金融机构资产占中国金融机构总资产比重的观测值①，即外资金融机构资产占中国境内金融机构总资产比重 = 外资金融机构总资产/中国金融机构总资产。

设 2019 年中国境内的外资金融机构来自 n 个国家，各个国家的金融机构资产占中国境内外资金融机构总资产的比重依次为（$t_1, t_2, \cdots, t_n$），为方便起见，不妨假设美国所占的份额为 t_1（注：t_1 并不表示所占份额最高），不难得知其他各个国家金融机构资产占中国金融机构总资产的比重依次为（$x \times t_1, x \times t_2, \cdots, x \times t_n$）=（$x_1, x_2, \cdots, x_n$）。

设外资金融机构资产占中国金融机构总资产比重 x 的安全警限、危险警限为（x_M，x_L），则美国占中国金融机构总资产的比重 x_1 的安全警限、危险警限分别为（$x_M \times k_1$，$x_L \times k_1$）（其中 k_1 表示当年美国 GDP 占中国以外的世界各国 GDP 总量的比重，解释同上）。则美国金融机构资产占中国金融机构总资产比重的安全得分 S_1 的计

① 《中国金融年鉴》统计数据显示，目前外资金融机构资产占中国金融机构总资产比重还很低，当前提升外资金融机构资产所占比重有利于激励本土金融机构提升国际化竞争力，并有利于本土金融机构抵御国际风险冲击威胁的能力。

算公式为：

$$S_1 = 100 - \frac{(x_M \times k_1 - x_1)}{(x_M \times k_1 - x_L \times k_1)} \times (s_M - s_L)$$

附：所有其他国家金融机构资产占中国金融机构总资产的平均安全得分为：

$$S_1 = \frac{1}{n}\left\{\left[100 - \frac{(x_M \times k_1 - x_1)}{(x_M \times k_1 - x_L \times k_1)} \times (s_M - s_L)\right] + \left[100 - \frac{(x_M \times k_2 - x_2)}{(x_M \times k_2 - x_L \times k_2)} \times (s_M - s_L)\right] + \cdots + \left[100 - \frac{(x_M \times k_n - x_1)}{(x_M \times k_n - x_L \times k_n)} \times (s_M - s_L)\right]\right\}$$

$$= \frac{1}{n}\left\{100n - \left(\frac{x_M \times k_1 - x_1}{k_1} + \frac{x_M \times k_2 - x_1}{k_2} + \cdots + \frac{x_M \times k_n - x_1}{k_n}\right) \times \frac{s_M - s_L}{x_M - x_L}\right\}$$

$$= \frac{1}{n}\left\{100n - \left(\sum_{i=1}^{n} \frac{x_M \times k_i - x_i}{k_i}\right) \times \frac{s_M - s_L}{x_M - x_L}\right\}$$

情况 1：如果中国以外的所有国家都相同，则 $t_i = 1/n$ ，$k_i = 1/Q \approx 1/n$（ Q 为除中国以外的世界国家数量）。可得：

$$\bar{S_i} = \frac{1}{n}\left\{100n - \left(\sum_{i=1}^{n} \frac{x_M \times k_i - x_i}{k_i}\right) \times \frac{s_M - s_L}{x_M - x_L}\right\} \approx 100 - (x_M \times \sum_{i=1}^{n} k_i - \sum_{i=1}^{n} x_i) \times \frac{s_M - s_L}{x_M - x_L}$$

$$\approx 100 - (x_M - x) \times \frac{s_M - s_L}{x_M - x_L} = S \quad (\text{注：} \sum_{i=1}^{n} k_i \approx 1)$$

情况 2：如果中国以外的所有国家就只有一个国家，则 $n = 1$ ，$t_i = 100\%$ ，$k_i = 100\%$ 。可得：

$$\bar{S_i} = \frac{1}{n}\left\{100n - \sum_{i=1}^{n} \frac{x_M \times k_i - x_i}{k_i} \times \frac{s_M - s_L}{x_M - x_L}\right\} \approx 100 - (\sum_{i=1}^{n} x_M - \sum_{i=1}^{n} x_i) \times \frac{s_M - s_L}{x_M - x_L}$$

$$\approx 100 - (x_M - x) \times \frac{s_M - s_L}{x_M - x_L} = S$$

显然，情况 1 与情况 2 为极端情况不存在，在现实中 $\bar{S_i}$ 位于 S 值上下波动。

（3）中国国别经济安全程度监测评估模型构建

对于中国以外的某个国家（比如美国）对中国经济系统风险冲击威胁下的中国国别经济安全总得分评估模型构建如下：

假设中国对外经济安全条件指标体系共有 M 个风险评估指标，每个指标在指标体系中对应的权重为 w_i ，通过线性综合加权模型，则美国对中国对外经济安全程度总得分为：

$$S_{USA} = S_1 \times w_1 + S_2 \times w_2 + \cdots + S_M \times w_M = \sum_{i=1}^{M} S_i \times w_i \quad i = 1,2,\cdots,M, \sum_{i=1}^{M} w_i =$$

假设中国对内经济安全能力指标体系共有 N 个风险评估指标，每个指标在指标体系中对应的权重为 v_j，通过线性综合加权模型，则中国抵御应对美国风险冲击威胁能力程度总得分为：

$$S_{ability} = S_1^* \times v_1 + S_2^* \times v_2 + \cdots + S_N^* \times v_N = \sum_{j=1}^{N} S_j^* \times v_j \quad j = 1,2,\cdots,N, \sum_{j=1}^{N} v_j = 1$$

则美国对中国经济安全影响程度的总得分为：

$$S_{total} = S_{USA} \times 40\% + S_{ability} \times 60\%$$

注：关于中国对外经济安全条件与对内经济安全能力在中国总体经济安全程度中所占权重，一般认为内因决定外因并起主导作用，因此中国对内经济安全能力应该赋予更高些的权重，而他国对中国经济安全条件影响程度则应赋予稍低些的权重，但具体权重多少则存在一定的专家学者判断偏差，本书通过咨询国内经济安全方面的专家学者意见，得出：

①如果对外与对内赋权 30%∶70%，则对内赋予的权重太高而对外赋予的权重太低，在开放经济条件下过于强调内部防范能力的作用而容易忽略外源风险冲击威胁的力量，偏差较为明显，显然不太合理；

②如果对外与对内赋权 50%∶50%，则内因与外因一样，这与外因起条件作用，内因起根本决定作用的辩证统一逻辑关系不相符合；

③如果对外与对内赋权为 40%∶60%，一方面内外比例介于前面两者之间，避免了明显的主观认识偏差，另一方面也相对符合对现实的实际观察和内外因辩证统一的理论要求。

因此本书采纳专家学者们的意见，在维护国家经济安全上，提升国家经济安全防范能力的重要性占到 60%，而开放经济条件下外部的各种风险冲击威胁的重要性占到 40%。当然对于此处权重的赋值比例并非静态不变的，而是根据中国经济发展内外形势而需进行动态地调整，当然专家学者集体一致的智慧判断将更加接近客观实际，从而有助于中国更好地实施经济风险防控对策以提升中国总体经济安全程度。

（4）风险度量指标权重的确定

目前，国内外关于指标权重确定的方法主要有三种：一是主观赋权法，如专家赋权法；二是客观赋权法，如因子分析法、熵值法、Topsis 法等；三是主观与客观结合赋权法，如 AHP 层次分析法等。由于目前各种测定指标权重的方法均存在一定的优缺点，本书主要采用主客观结合的 AHP 法来确定表 2-1 和表 2-2 中各度量指标在整个指标体系中的权重。具体做法是通过邀请本单位经济学院、金融学院和会计学院的共计

位在职相关领域专家教授进行问卷调查，并构建了各子领域的判断矩阵，二、三

级维度各判断矩阵调查过程与结果如下（本书借助了层次分析法的专门测算软件yaahp0.5.0）。

首先，对于表2-1即中国经济安全条件测度指标体系的权重测定过程如表2-3至表2-7所示。

表2-3　　　　二级指标层级的权重（即主要风险领域）的判断矩阵

经济安全条件	对外贸易领域	实体产业领域	战略资源领域	财政金融领域
对外贸易领域	1	1/3	1	1/3
实体产业领域		1	3	1
战略资源领域			1	1/3
财政金融领域				1
权重	0.2007	0.2993	0.2007	0.2993

注：判断矩阵一致性指标 C.I. =（$\lambda_{max}-n$）/（n-1）=0.0000，随机一致性比率 C.R. = C.I./R.I. =0.0000/0.9 =0.0000，对总目标的权重：1.000。

表2-4　　　　三级子风险维度的权重（对外贸易领域）的判断矩阵

对外贸易领域	对外贸易总体依存风险	对外贸易国别集中风险	对外贸易摩擦风险
对外贸易总体依存风险	1	1	2
对外贸易国别集中风险		1	2
对外贸易摩擦风险			1
权重	0.3548	0.3548	0.2905

注：判断矩阵一致性指标 C.I. =（$\lambda_{max}-n$）/（n-1）=0.0000，随机一致性比率 C.R. = C.I./R.I. =0.0000/0.58 =0.0000，对总目标的权重：1.000。

表2-5　　　　三级子风险维度的权重（实体产业领域）的判断矩阵

实体产业领域	他国对中国产业主动控制率	中国产业发展对他国的被动依存度
他国对中国产业主动控制率	1	3
中国产业发展对他国的被动依存度		1
权重	0.5987	0.4013

注：判断矩阵一致性指标 C.I. =（$\lambda_{max}-n$）/（n-1）=0.0000，随机一致性比率 C.R. = C.I./R.I. =0.0000，对总目标的权重：1.000。

表2-6　　　　三级子风险维度的权重（战略资源领域）的判断矩阵

战略资源领域	中国能源消费需求对外依存度	中国有色金属需求对外依存度	中国粮食需求对外依存度
中国能源消费需求对外依存度	1	3	2
中国有色金属需求对外依存度		1	1

续表

战略资源领域	中国能源消费需求对外依存度	中国有色金属需求对外依存度	中国粮食需求对外依存度
中国粮食需求对外依存度			1
权重	0.4028	0.2886	0.3085

注：判断矩阵一致性指标 C. I. = （λ_{max} - n）/（n - 1）=0.0043，随机一致性比率 C. R. = C. I. /R. I. =0.0043/0.58 =0.00741，对总目标的权重：1.000。

表 2 - 7　　三级子风险维度的权重（财政金融领域）的判断矩阵

财政金融领域	外资金融机构对国内金融市场控制率	政府外债偿还风险
外资金融机构对国内金融市场控制率	1	1/3
政府外债偿还风险		1
权重	0.4013	0.5987

注：判断矩阵一致性指标 C. I. = （λ_{max} - n）/（n - 1）=0.0000，随机一致性比率 C. R. = C. I. /R. I. =0.0000，对总目标的权重：1.000。

其次，对于表 2 - 2 即中国经济安全能力测度指标体系的权重测定过程如表 2 - 8 至表 2 - 12 所示。

表 2 - 8　　二级指标层级的权重（即主要风险领域）的判断矩阵

经济安全能力	宏观经济领域	财政金融领域	实体产业领域	战略资源领域	经济社会领域
宏观经济领域	1	1/4	1/4	1/3	1
财政金融领域		1	1	2	3
实体产业领域			1	2	3
战略资源领域				1	2
经济社会领域					1
备选方案	宏观经济领域	财政金融领域	实体产业领域	战略资源领域	经济社会领域
权重	0.1416	0.2479	0.2479	0.2030	0.1597

注：判断矩阵一致性指标 C. I. = （λ_{max} - n）/（n - 1）=0.0011，随机一致性比率 C. R. = C. I. /R. I. =0.0011/1.12 =0.00098，对总目标的权重：1.000。

经济安全能力的宏观经济领域下面的三级子维度只有宏观经济运行风险，宏观经济运行风险的权重与宏观经济领域权重一样，其他同理。

表 2 - 9　　三级子风险维度的权重（财政金融领域）的判断矩阵

财政金融领域	银行类金融机构风险	政府内债压力风险
银行类金融机构风险	1	3
政府内债压力风险		1

续表

财政金融领域	银行类金融机构风险	政府内债压力风险
权重	0.5987	0.4013

注：判断矩阵一致性指标 C. I. = （λ_{max} − n）/（n − 1） = 0.0000，随机一致性比率 C. R. = C. I. /R. I. = 0.0000，对总目标的权重：1.000。

表 2－10　　　　三级子风险维度的权重（实体产业领域）的判断矩阵

实体产业领域	科研创新能力	财务杠杆风险	综合盈利能力	企业成长机会潜力	产业国际竞争力
科研创新能力	1	7	8	5	1/2
财务杠杆风险		1	1	1/4	1/9
综合盈利能力			1	1/4	1/9
企业成长机会潜力				1	1/7
产业国际竞争力					1
权重	0.3034	0.0810	0.0779	0.1363	0.4014

注：判断矩阵一致性指标 C. I. = （λ_{max} − n）/（n − 1） = 0.0021，随机一致性比率 C. R. = C. I. /R. I. = 0.0021/1.12 = 0.001875，对总目标的权重：1.000。

表 2－11　　　　三级子风险维度的权重（战略资源领域）的判断矩阵

战略资源领域	能源生产自给能力	有色矿产生产自给能力	新型能源消费占比	能源利用效率	粮食生产自给能力
能源生产自给能力	1	2	4	3	1
有色矿产生产自给能力		1	2	3	1/2
新型能源消费占比			1	1	1/4
能源利用效率				1	1/3
粮食生产自给能力					1
权重	0.2480	0.2031	0.1474	0.1535	0.2480

注：判断矩阵一致性指标 C. I. = （λ_{max} − n）/（n − 1） = 0.0025，随机一致性比率 C. R. = C. I. /R. I. = 0.0025/1.12 = 0.002232，对总目标的权重：1.000。

表 2－12　　　　三级子风险维度的权重（经济社会领域）的判断矩阵

经济社会领域	社会城乡收入差距	社会阶层贫富差距	社会托底保障水平	社会青年经济压力
社会城乡收入差距	1	1	1/4	1/3
社会阶层贫富差距		1	1/3	1/4
社会托底保障水平			1	1
社会青年经济压力				1
权重	0.1888	0.1888	0.3112	0.3112

注：判断矩阵一致性指标 C. I. = （λ_{max} − n）/（n − 1） = 0.0037，随机一致性比率 C. R. = C. I. /R. I. = 0.0037 0.9 = 0.00411，对总目标的权重：1.000。

最后，四级子维度权重测定过程如表 2－13 至表 2－21 所示。

如果三级维度下面只有一个四级子维度，则该四级子维度的权重与对应的三级维度权重一样，下面仅对三维维度下面有两个或以上四级子维度的情况给出权重测算过程。

表 2－13　　四级子风险维度的权重（对外贸易国别集中风险）的判断矩阵

对外贸易国别集中风险	X2	X3
X2	1	1
X3		1
权重	0.5000	0.5000

注：判断矩阵一致性指标 C. I. ＝（λ_{max}－n）/（n－1）＝0.0000，随机一致性比率 C. R. ＝C. I. /R. I. ＝0.0000，对总目标的权重：1.000。

表 2－14　　四级子风险维度的权重（他国对我国产业主动控制率）的判断矩阵

他国对中国产业主动控制率	X5	X6	X7
X5	1	6	3
X6		1	1/2
X7			1
权重	0.4983	0.2094	0.2923

注：判断矩阵一致性指标 C. I. ＝（λ_{max}－n）/（n－1）＝0.0171，随机一致性比率 C. R. ＝C. I. /R. I. ＝0.0171/0.58＝0.029，对总目标的权重：1.000。

表 2－15　　四级子风险维度的权重（我国产业发展对他国的被动依存度）的判断矩阵

中国产业发展对他国的被动依存度	X8	X9	X10
X8	1	1/5	1/4
X9		1	1
X10			1
权重	0.1988	0.4139	0.3872

注：判断矩阵一致性指标 C. I. ＝（λ_{max}－n）/（n－1）＝0.0043，随机一致性比率 C. R. ＝C. I. /R. I. ＝0.0043/0.58＝0.00741，对总目标的权重：1.000。

表 2－16　　四级子风险维度的权重（我国能源需求对外依存度）的判断矩阵

中国能源需求对外依存度	X11	X12	X13
X11	1	5	1
X12		1	1/5
X13			1

续表

中国能源需求对外依存度	X11	X12	X13
权重	0.4083	0.1834	0.4083

注：判断矩阵一致性指标 C. I. = （λ_{max} − n）/（n − 1）=0.0000，随机一致性比率 C. R. = C. I. /R. I. =0.0043/0.58 =0.0000，对总目标的权重：1.000。

表 2－17　四级子风险维度的权重（外资金融机构对国内金融市场控制率）的判断矩阵

外资金融机构对国内金融市场控制率	X16	X17
X16	1	1/3
X17		1
权重	0.4013	0.5987

注：判断矩阵一致性指标 C. I. = （λ_{max} − n）/（n − 1）=0.0000，随机一致性比率 C. R. = C. I. /R. I. =0.0000，对总目标的权重：1.000。

表 2－18　四级子风险维度的权重（政府外债偿还风险）的判断矩阵

政府外债偿还风险	X18	X19	X20
X18	1	3	2
X19		1	1
X20			1
权重	0.4083	0.2886	0.3085

注：判断矩阵一致性指标 C. I. = （λ_{max} − n）/（n − 1）=0.0043，随机一致性比率 C. R. = C. I. /R. I. =0.0043/0.58 =0.00741，对总目标的权重：1.000。

表 2－19　四级子风险维度的权重（宏观经济运行风险）的判断矩阵

宏观经济运行风险	Y1	Y2	Y3
Y1	1	6	6
Y2		1	1
Y3			1
权重	0.5761	0.2119	0.2119

注：判断矩阵一致性指标 C. I. = （λ_{max} − n）/（n − 1）=0.0000，随机一致性比率 C. R. = C. I. /R. I. =0.0000/0.58 =0.0000，对总目标的权重：1.000。

表 2－20　四级子风险维度的权重（银行类金融机构风险）的判断矩阵

银行类金融机构风险	Y4	Y5	Y6	Y7
Y4	1	1	3	3
Y5		1	3	3

续表

银行类金融机构风险	Y4	Y5	Y6	Y7
Y6			1	1
Y7				1
权重	0.2993	0.2993	0.2007	0.2007

注：判断矩阵一致性指标 C.I. = $(\lambda_{max} - n)$ / $(n-1)$ =0.0000，随机一致性比率 C.R. = C.I./R.I. =0.0000/0.9 =0.0000，对总目标的权重：1.000。

表 2－21　　四级子风险维度的权重（政府内债压力风险）的判断矩阵

政府内债压力风险	Y8	Y9	Y10
Y8	1	1	4
Y9		1	2
Y10			1
权重	0.3996	0.3498	0.2506

注：判断矩阵一致性指标 C.I. = $(\lambda_{max} - n)$ / $(n-1)$ =0.0171，随机一致性比率 C.R. = C.I./R.I. =0.0171/0.58 =0.0295，对总目标的权重：1.000。

以上所显示的二级、三级与四级维度指标权重是在以上测算的基础上进行四舍五入保留小数点后两位的基础上微调判定而得出的结果。

以上各判断矩阵结果显示所有判断矩阵的随机一致性比率 C.R. 均小于0.1，较好地满足了随机一致性检验要求，最后根据 AHP 法的计算步骤可算得中国国别经济安全风险测度指标体系的相应指标权重如表2－22 所示。

表 2－22　　中国经济安全测度指标体系权重测算结果

一级维度	二级维度	三级维度	度量指标	安全警限	危险警限	指标权重
国别经济安全条件测度指标体系	对外贸易领域（20%）	对外贸易总体依存风险（7%）	x1	20%	40%或－10%	7.0%
		对外贸易国别集中风险（7%）	x2	5%	20%	3.5%
			x3	5%	20%	3.5%
		对外贸易摩擦风险（6%）	x4	10%	30%	6.0%
	实体产业领域（30%）	他国对中国产业主动控制率（18%）	x5	20%	5%或35%	9.0%
			x6	10%	40%或－5%	3.6%
			x7	15%	7.50%	5.4%
		中国产业发展对他国的被动依存度（12%）	x8	2%	5%	2.4%
			x9	1.50%	10%或－0.75%	4.8%
			x10	10%	25%或－5%	4.8%

续表

一级维度	二级维度	三级维度	度量指标	安全警限	危险警限	指标权重
国别经济安全条件测度指标体系	战略资源领域（20%）	中国能源消费需求对外依存度（8%）	x11	15%	40% 或 -7.5%	3.2%
			x12	15%	40% 或 -7.5%	1.6%
			x13	10%	40% 或 -5%	3.2%
		中国有色金属需求对外依存度（6%）	x14	10%	25% 或 -5%	6.0%
		中国粮食需求对外依存度（6%）	x15	10%	40% 或 -5%	6.0%
	财政金融领域（30%）	外资金融机构对国内金融市场控制率（12%）	x16	3%	20% 或 -1.5%	4.8%
			x17	15%	30% 或 -15%	7.2%
		政府外债偿还风险（18%）	x18	62.50%	250% 或 0	7.2%
			x19	0	60%	5.4%
			x20	0	60%	5.4%
国别经济安全能力测度指标体系	宏观经济领域（14%）	宏观经济运行风险（14%）	y1	7%—8%	14% 或 2%	8.0%
			y2	2%	6.5% 或 -3%	3.0%
			y3	3%	7%	3.0%
	财政金融领域（25%）	银行类金融机构风险（15%）	y4	0	15%	4.5%
			y5	12%	8%	4.5%
			y6	75%	25%	3.0%
			y7	30%	3%	3.0%
		政府内债压力风险（10%）	y8	15%	45%	4.0%
			y9	25%	100%	3.5%
			y10	1%	3% 或 -1%	2.5%
	实体产业领域（25%）	科研创新能力（7.5%）	y11	10%	1%	7.5%
		财务杠杆风险（2%）	y12	50%	75% 或 3.3%	2.0%
		综合盈利能力（2%）	y13	15%	4.50%	2.0%
		企业成长机会潜力（3.5%）	y14	20%	-5% 或 2—5	3.5%
		产业国际竞争力（10%）	y15	30%	10%	10.0%
	战略资源领域（20%）	能源生产自给能力（5%）	y16	3.8	2	5.0%
		有色矿产生产自给能力（4%）	y17	45	15	4.0%
		新型能源消费占比（3%）	y18	30%	7.50%	3.0%
		能源利用效率（3%）	y19	1	4	3.0%
		粮食生产自给能力（5%）	y20	500	275	5.0%
	经济社会领域（16%）	社会城乡收入差距（3%）	y21	1.5 倍	2.5 倍	3.0%
		社会阶层贫富差距（3%）	y22	3 倍	5.5 倍	3.0%
		社会托底保障水平（5%）	y23	18%	8%	5.0%
		社会青年经济压力（5%）	y24	3 倍	7 倍	5.0%

注：上表中 y11 至 y14 主要指规模以上工业企业，y16、y17、y19、y20 单位分别为吨/人、千克/人、吨当量油/万美元、千克/人。

（5）安全程度等级的划分标准

对于单个风险度量指标在对应的警限区间内的安全得分，以及对于子领域安全得分和国别综合安全得分大小，均需给出一个相应的安全程度级别标准，本书根据单个测度指标得分和国别综合安全得分大小将国别经济安全划分为极高度安全、高度安全、中度安全、低度不安全、中度不安全、重度不安全和危机七个风险等级，安全指数得分（即0—100分）与安全等级之间的对应关系如表2-23所示。

表2-23　　中国国别经济安全风险等级类型划分对照表

安全类型	对应安全分值区间	经济安全的具体含义解释
极高度安全	[100，90]	国家经济系统运行非常良好，他国对我国经济系统有冲击威胁，但总体影响程度可忽略不计
高度安全	(90，80]	国家经济系统运行良好，他国对我国经济系统有冲击威胁，但总体影响程度相对较小
中度安全	(80，70]	国家经济系统运行出现部分风险隐患，他国对我国经济系统有冲击威胁，但总体影响程度不大
低度不安全	(70，60]	国家经济系统运行出现部分风险隐患，他国对我国经济系统有冲击威胁，且影响程度较大
中度不安全	(60，40]	国家经济系统运行局部出现严重风险隐患，他国对我国经济系统冲击威胁很大，若不及时精准施策则可引发更严重经济安全
重度不安全	(40，30]	国家经济系统运行已出现严重风险，他国对我国经济系统冲击威胁非常大，若不及时精准施策则可能引发全面性经济安全
危机	(30，0]	国家经济系统即将或已经爆发全面性经济安全问题，他国对我国经济系统的冲击威胁巨大，中国的关键领域命脉几乎受制于他国

（6）国际市场上重点国家（地区）选取的依据

本书依据全世界各国的人口总数、国土面积和人均国民收入（GNI）三个指标为国家筛选标准：首先选取大国，按每个指标的观测值对世界各国从高到低进行排序并依据五分位法选取前1/4分位数作为入选标准，统计发现能基本同时满足这三个指标筛选标准的国家共有23个；其次选取大国中的巨国，针对这23个大国，再一次按每个指标从高到低进行排序并依据五分位法选取前1/4分位数作为入选标准，统计每个指标所入选的国家并进行综合考虑，最终发现当今世界范围内能够列入巨国范围的国家仅有六个，分别为美国、中国、俄罗斯、日本、印度和巴西。同时，鉴于欧盟与东盟作为当今世界范围内重要的国家联盟，并且是中国的重要进出口贸易来源地区，联盟内单个的国家对中国经济安全的影响威胁有限，但以上统计指标显示联盟整体则可匹敌巨国经济体。因此本书将除中国以外的这五个国家和两个国际联盟作为现在和将来可能影响威胁到中国经济安全的战略竞争对手和中国国别经济安全的重点国家（地区）风险来源。

（7）数据来源说明

本书的全部风险度量指标观测数据来源于 Wind 数据库、《中国统计年鉴》（2010—2021 年）、世界知识产权组织网站（WIPO）、世界银行网站（World Bank）统计数据、世界贸易组织（WTO）网站统计数据、Fortune 杂志网站、世界 500 强企业排行榜单（2010—2020 年）、《中国海关统计年鉴》（2010—2020 年）、国家外汇管理局统计数据、中国银保监会网站统计数据、《中国外商投资报告》（2013—2020 年）、《中国外资统计公报》（2010—2020 年）、中国主要商业银行年报（2010—2020 年）、《外资银行在华发展研究报告 2.0》等统计数据。其中东盟国家是指文莱、柬埔寨、印度尼西亚、马来西亚、新加坡、缅甸、菲律宾、泰国、越南、老挝 10 个国家；欧盟是指国际社会认定的 28 个欧洲成员国（注：英国于 2020 年 1 月 30 日正式脱欧，但考虑到英国对中国的影响，英国一直属于欧洲传统强国以及样本期间英国大部分年份都是欧盟成员国，因此样本期内包括英国）。

第3章 中美经济安全风险程度动态测度分析

从大系统的视角，国家经济安全是国家安全大系统的一个子系统，国家安全包括政治安全、经济安全、文化安全、军事安全、技术安全等；从本系统的视角，国家经济安全包括国家经济安全条件（外源性风险所产生的直接或间接风险冲击威胁影响）和国家经济安全能力（通过加强自身机制体系建设以抵御外来各种冲击威胁的能力）；从子系统的视角，国家经济安全可以分解为各国子系统经济安全的总和，其中子系统可以从不同的视角进行分类，如从国别经济安全风险视角上，中国经济安全＝美国对中国的经济安全＋日本对中国的经济安全＋俄罗斯对中国的经济安全＋……；从产业经济安全的视角上，中国经济安全＝A 产业经济安全＋B 产业经济安全＋C 产业经济安全＋……；从区域经济安全的视角，中国经济安全＝北京市经济安全＋上海市经济安全＋河北省经济安全＋……，而本书主要是基于子系统的国别经济安全风险视角，分别考量世界范围内的主要国家或国际联盟（如欧盟、东盟等）对中国经济安全的风险影响程度。本书综合各国人口规模、国土面积大小和人均收入水平，重点选择了在当前世界范围内可能对中国经济安全产生重要风险威胁挑战的五个大国和两个国家联盟，包括美国、日本、俄罗斯、印度、巴西、欧盟和东盟[①]。

中国和美国作为世界 GDP 排名前两位的大国经济体并且明显领先于其他国家，两国经贸往来数额巨大，彼此之间经济联系密切且中方对美国依赖严重。统计数据显示，2020 年中美进出口总额为 5867 亿美元，美国是中国第一大对外贸易国，第一大出口贸易国（出口总额为 4518 亿美元）和第四大进口贸易对象（进口总额为 1349 亿美元，仅次于中国台湾、日本和韩国）。美国作为冷战结束后世界唯一超级大国，GDP 总量、高等教育水平、高科技企业数量和科研创新水平等均明显领先于

① 顾海兵，张敏．中国经济的定位：由大国经济到巨国经济［J］．南京社会科学，2015（10）：1－8.

包括中国在内的其他国家，中国经济发展长期以来对美国国内市场需求、外商直接投资和高新技术产品等存在严重依赖。与此同时，美国对中国国内巨大的市场消费、优质廉价代工产品以及稀土等战略性资源存在需求依赖，中美之间的竞争与合作影响到世界经贸往来乃至全球经济格局走势。自 2018 年美国单方面挑起中美贸易摩擦并进行一轮又一轮极限施压以来，美国对中国发起了贸易关税、科技封锁、能源控制、地缘政治威胁等全方位的威胁挑战，美国对中国经济安全乃至国家安全的影响威胁引起了国际社会高度关注。因此相比其他国家，从维护国家整体安全视角来研究美国对中国经济安全的影响程度及防范对策，在当前形势及今后一段时期具有非常重要的战略意义。

2014 年 4 月，习近平总书记首次提出了总体国家安全观，并强调“以人民安全为宗旨，以政治安全为根本，以经济安全为基础，以军事、文化、社会安全为保障”。2021 年 11 月，中共中央政治局审议了《国家安全战略（2021—2025 年）》，并强调要“统筹做好政治安全、经济安全、社会安全、科技安全、新型领域安全等重点领域、重点地区、重点方向国家安全工作”，在确保国家政治安全前提下，经济安全被放在非常突出的位置。当前国际政治经济格局加速演变，单边主义、霸权主义、贸易保护主义等不断抬头，中美作为世界前三的经济与军事大国，两国在维护国际政治经济秩序与地区和平稳定等方面起到了非常重要作用；同时两国也在海外战略资源争夺、半导体等高科技产业、航空航天，以及新能源、人工智能、量子技术、生物技术等领域展开激烈竞争。而中美作为世界上最大发达国家与最大发展中国家，各自在制度国情、经济发展阶段、历史文化背景以及安全战略目标等方面均存在不同。因此，基于国家安全理论视角来研究美国对我国经济安全的影响程度及影响因素演化成因等，具有非常重要的理论价值与现实意义。

3.1 中美经济安全风险指数测度评估分析

本节通过收集中国与美国经贸投资往来的相关风险度量指标数据，并根据前面章节所构建的中国经济安全风险测度指标体系和国别经济安全风险测度模型方法，对 2010—2020 年美国对我国经济安全风险影响程度进行了一次全面动态定量测度分析，最终计算结果如表 3－1 所示。

表 3－1　中美经济安全风险程度指数测算结果（2010—2020 年）

年份	中美经济安全条件得分	中国经济安全能力得分	中美经济安全总得分	经济安全等级
2010	63.46	57.48	59.87	中度不安全
2011	64.31	60.75	62.18	低度不安全
2012	65.05	64.00	64.42	低度不安全
2013	65.85	66.18	66.05	低度不安全
2014	66.70	67.40	67.12	低度不安全
2015	67.80	66.28	66.89	低度不安全
2016	68.57	66.04	67.05	低度不安全
2017	69.94	66.64	67.96	低度不安全
2018	71.02	65.65	67.80	低度不安全
2019	69.66	65.64	67.25	低度不安全
2020	69.44	61.58	64.72	低度不安全

由表 3－1 可知，2010—2020 年美国对我国经济安全的总体风险影响处于中度不安全到低度不安全的变化态势。其中 2010 年得分为 59.9 分，2020 年得分为 64.7 分，最高分为 2017 年的 68.0 分，对应低度不安全状态；从安全状态区间分析，2010 年处于中度不安全状态，2011—2020 年处于低度不安全状态；从安全程度趋势分析，2010—2017 年安全程度处于缓慢上升态势，而 2017—2020 年则呈现缓慢下降态势。

3.2　中美重点领域经济风险分析

本节进一步测算了中美经济安全条件的分领域风险程度指数得分，最终结果如表 3－2 所示。

表 3－2　中美经济安全条件分领域风险程度指数计算结果（2010—2020 年）

年份	对外贸易安全得分	实体产业安全得分	战略资源安全得分	财政金融安全得分	经济安全条件得分	经济安全条件等级
2010	57.51	43.86	57.30	91.13	63.46	低度不安全
2011	54.24	48.46	61.90	88.49	64.31	低度不安全
2012	57.24	48.74	62.68	88.16	65.05	低度不安全
2013	60.01	49.64	62.77	88.00	65.85	低度不安全
2014	61.39	51.39	64.13	87.27	66.70	低度不安全

续表

年份	对外贸易安全得分	实体产业安全得分	战略资源安全得分	财政金融安全得分	经济安全条件得分	经济安全条件等级
2015	60.26	52.36	69.69	87.01	67.80	低度不安全
2016	59.50	52.48	74.98	86.43	68.57	低度不安全
2017	62.91	52.75	78.46	86.13	69.94	低度不安全
2018	62.70	52.47	84.39	86.20	71.02	中度安全
2019	64.91	52.01	76.01	86.25	69.66	低度不安全
2020	64.59	50.85	76.98	86.24	69.44	低度不安全

根据表3-2计算结果，2010—2020年美国对我国经济安全条件的风险影响主要处于低度不安全状态且安全程度呈缓慢上升态势，其中2010年安全条件得分为63.46分，2020年为69.44分，其中最高得分为2018年的71.02分，对应中度安全状态；从安全状态区间分析，2010—2017年和2019—2020年处于低度不安全状态，2018年处于中度安全状态；从安全程度趋势分析，2010—2020年安全程度处于缓慢上升态势。以下进一步对造成中美经济安全条件分领域风险程度得分及背后原因进行了分析。

3.2.1 对外贸易领域风险

本部分进一步对2010—2020年中美对外贸易领域风险程度指数得分进行了计算，如表3-3所示。

表3-3　中美对外贸易领域风险程度指数得分（2010—2020年）

年份	中方对美国贸易综合依存度	中方对美国出口加权集中度	中方对美国进口加权集中度	美国对华反倾销立案数占全球对华反倾销立案总数比重	对外贸易安全得分
2010	83.90	0.00	2.86	92.14	57.51
2011	84.73	0.00	1.12	81.30	54.24
2012	89.89	0.00	0.00	85.92	57.24
2013	94.07	0.00	0.00	90.29	60.01
2014	97.43	0.00	0.00	91.97	61.39
2015	95.00	0.00	0.00	90.05	60.26
2016	92.00	0.00	2.27	89.69	59.50
2017	93.00	0.00	2.06	100.00	62.91
2018	92.00	0.00	17.90	91.22	62.70
2019	86.00	0.00	39.17	93.18	64.91
2020	89.00	0.00	32.25	92.65	64.59

由表 3－3 可知，2010—2020 年美国对我国对外贸易领域的风险影响处于从中度不安全到低度不安全的安全程度缓慢波动上升态势，其中 2010—2012 年和 2016 年处于中度不安全状态，2013—2015 年和 2017—2020 年处于低度不安全状态。对 2010—2020 年造成中美对外贸易领域安全程度变化的影响原因进行如下分析：

首先，我国对美国进口或出口集中度严重并均处于危机状态，这是造成对外贸易领域安全得分下降的主要原因。中美作为世界排名前两位的大国经济体，两国之间经贸往来密切，美国长期以来作为我国第一大出口贸易国和前五大进口贸易国，我国每年对美国出口大量代工产品与日常生活用品等，同时向美国进口大量农产品、航空航天产品、医疗器械、医药产品、汽车及半导体产品等，我国对美国出口与进口市场集中度风险严重。

其次，我国对美国贸易综合依存度相对合理并处于高度到极高度安全状态，这是支撑中美对外贸易领域安全程度得分的重要原因之一。2010—2020 年虽然中美两国贸易总额很大（如 2020 年为 5867 亿美元），但相比美国在全球经济总量中的占比及影响力，我国对美国的贸易综合依存度仍处于相对合理区间范围，并处于高度到极高度安全状态。统计比较发现，我国与东盟对外贸易总额同样很大（如 2020 年为 6846 亿美元），但东盟在全球经济总量中的占比及影响力相对较低，我国对东盟贸易综合依存度相对严重并处于危机状态。

最后，美国对我国发起的贸易争端案件数相对较少，这是支撑中美对外贸易领域安全程度得分的另一重要原因。2010—2020 年美国对华发起的反倾销立案数占全球对华反倾销立案总数的比重相对较低，并处于高度以上安全状态。虽然美国对华贸易保护主义严重并且对华反倾销案件数量呈现不断上升态势，但是相对美国经济体量以及中美贸易总额，即美国对我国发起的绝对案件数较大，但单位贸易体量的相对立案件数相对较低，并没有对中美贸易安全构成较大威胁。以 2020 年为例，美国对华发起的反倾销立案数为 13 起，占全球对华立案总数的 3.72%，并处于相对合理区间；相比之下，2020 年俄罗斯、印度、巴西和东盟对华发起的反倾销立案数占比相对严重并处于危机状态。

3.2.2 实体产业领域风险

本部分进一步对中美实体产业领域风险程度指数得分进行了计算，如表 3－4 所示。

表 3－4　　　　中美实体产业领域风险程度指数得分（2010—2020 年）

年份	七大关键产业外资企业市场占有率	美国发明专利占中国发明专利授权量的比重	中国专利在国际专利授权中的比重	中国对美国直接投资市场加权集中度	年利用美商直接投资占 GDP 的综合比重	高新技术产品进口依赖度	实体产业安全得分
2010	32.61	0.00	78.81	0.00	29.87	94.47	43.86
2011	29.68	0.00	94.67	0.00	49.44	91.28	48.46
2012	29.65	0.00	100.00	0.00	43.05	93.50	48.74
2013	30.66	0.00	100.00	0.00	42.25	98.01	49.64
2014	29.77	0.00	100.00	0.00	55.49	97.41	51.39
2015	27.40	0.00	100.00	0.00	69.50	93.89	52.36
2016	29.03	0.00	100.00	0.00	64.11	96.98	52.48
2017	31.14	0.00	100.00	0.00	60.19	98.60	52.75
2018	29.68	0.00	100.00	0.00	61.15	98.63	52.47
2019	29.84	0.00	100.00	0.00	63.62	92.99	52.01
2020	28.61	0.00	100.00	0.00	64.70	86.98	50.85

2010—2020 年美国对我国实体产业领域的风险影响处于中度不安全状态区间，其中，2010—2017 年安全程度处于不断上升态势，2018—2020 年则呈现缓慢下降态势。对 2010—2020 年造成中美实体产业领域安全程度变化的影响原因作如下进一步分析：

第一，美国对我国七大关键产业外资企业市场占有率相对很低，并使得该领域呈现出中资企业市场业务对外开放程度不足所导致的重度不安全到危机状态，这是造成实体产业领域安全程度下降的首要原因。2010—2020 年美国对我国七大关键产业领域的外资市场综合加权占有率的平均安全得分仅为 29.8 分，对应于危机状态，表现出对外开放程度不足所导致的被动不安全态势。国家经济安全是开放中的动态安全，而并非封闭状态下的被动安全，真正强国是在动态开放过程中主动提升中资企业市场国际竞争力的风险防御能力。

第二，美国发明专利占我国发明专利授权量的比重一直非常高并处于危机状态，这是造成中美实体产业领域安全程度下降的另一重要原因。以 2019 年为例，2019 年我国发明专利授权量总数为 91885 件，其中来自美国的专利授权量为 23114 件，占全部授权量比重的 25.16%。美国作为世界领先的科技强国，综合科研创新实力明显领先于其他国家，而科技发明专利作为保护企业产品市场垄断竞争优势的硬实力，对企业中长期盈利能力乃至对国家安全形成重要支撑，需警惕美国对中国工业企业科技创新形成的市场竞争挤压态势，以提升中方企业的中长期国际竞争力。

第三，我国对美国直接投资市场加权集中度严重并处于危机状态，这是造成中美实体产业领域安全程度下降的又一重要原因。近些年我国积极实施引进来和走出去战略，随着我国综合国力提升和企业国际竞争力增强，大量企业走出国门从事跨国投资经营，其中中国香港、英属维尔京群岛、美国、东盟、欧盟、澳大利亚、俄罗斯等是中国海外直接投资的主要集中地。2003—2016 年我国对美国的直接投资额保持快速增长，从 0. 65 亿美元上升到 169. 8 亿美元，自 2017—2020 年则呈现缓慢下降态势，从 64. 25 亿美元下降到 60. 2 亿美元，但美国仍是我国海外投资主要目的地。

第四，在年利用美商直接投资占我国 GDP 的综合比重方面，2010—2020 年处于从危机到低度不安全的安全程度不断上升态势。其中，2010 年处于危机状态，2011—2014 年处于中度不安全状态，2015—2020 年处于低度不安全状态。近 20 多年来随着我国综合国力提升和企业国际化竞争力增强，我国经济发展对外商直接投资的总体依赖程度逐渐下降，但呈现对不同国家吸引利用外资不均衡现象。统计比较发现，2010—2020 年我国对美国外商直接投资的依赖度逐渐下降，但对日本、欧盟与东盟国家外商直接投资的依赖度一直很高并处于危机状态。

第五，我国专利在国际专利授权中的比重方面，美国对我国的影响程度相对较轻并处于极高度安全状态，对中美实体产业领域安全程度起到了重要支撑作用。这主要得益于近十多年我国企业和科研院所不断加大科研投入与创新力度，使得我国在国际专利授权中的比重不断攀升，从 2010 年的 9. 06% 上升到 2020 年的 29. 27%，而美国在国际专利授权中的比重从 2010 年的 20. 39% 略降至 2020 年的 18. 49%，两国比重的相对变化使得期间美国对我国国际专利授权量比重的影响程度不断下降并处于极高度安全状态。

第六，我国对美国高新技术产品进口依赖度相对较轻，并处于高度到极高度安全状态，这是支撑中美实体产业领域安全程度的又一重要原因。其中，2010—2019 年处于极高度安全状态，2020 年处于高度安全状态。美国作为世界高科技大国，我国长期以来从美国进口大量高科技产品，涵盖航空发动机、核电站技术与设备、高端数控机床、高端医疗器械、电脑 CPU、半导体芯片等并在特定高尖端领域形成了技术依赖，但以美国在全球的经济体量及影响力，以及我国每年从美国采购的高科技产品金额占比而言，近十余年我国对美国高新技术产品进口依赖度仍然处于相对合理区间并对应高度以上安全状态。虽然我国对美国高新技术产品进口的绝对金额较大，但单位中美贸易额的相对金额占比却较低，仍需警惕中资企业在某些关键核心技术（如 CPU、半导体芯片、航空发动机、高端医疗检测器械等）对美国高科技企业过度依赖所带来的“卡脖子”问题扩散效应。统计比较发现，2012—2020 年我国对日本、印度、欧盟、东盟等高新技术产品进口依赖度相对严重并处于重度不安全到危机状态。

3.2.3 战略资源领域风险

本部分进一步对中美战略资源领域风险程度指数得分进行了计算，如表3－5所示。

表3－5 中美战略资源领域风险程度指数得分（2010—2020年）

年份	石油进口依存度	天然气进口依存度	能源综合加权对外依存度	有色金属矿业对外依存度	粮食对外依存度	战略资源安全得分
2010	58.75	60.00	61.32	41.57	69.39	57.30
2011	59.41	60.00	61.70	55.82	69.94	61.90
2012	59.55	60.00	62.70	41.80	85.94	62.68
2013	59.58	60.00	62.30	44.78	83.47	62.77
2014	60.00	60.00	61.02	60.78	72.45	64.13
2015	59.96	60.00	60.02	75.79	76.51	69.69
2016	60.48	60.00	60.16	92.80	76.78	74.98
2017	71.39	60.00	64.64	95.02	78.96	78.46
2018	78.16	60.00	66.66	90.36	97.72	84.39
2019	68.85	60.00	63.19	72.76	94.12	76.01
2020	86.10	60.00	69.10	74.30	83.53	76.98

2010—2020年美国对我国战略资源领域的风险影响处于从中度不安全到高度安全的安全程度波动上升态势，其中2010年处于中度不安全，2011—2015年处于低度不安全，2016—2017年和2019—2020年处于中度安全，2018年处于高度安全状态；2010—2018年安全程度处于不断上升态势，2018—2020年则有缓慢下降态势。进一步对2010—2020年造成中美战略资源领域安全程度变化的影响原因作如下分析：

首先，我国对美国石油进口依存度较低，主要表现为能源利用相对不足所导致的中度不安全到低度安全状态，这是造成中美战略资源领域安全程度下降的重要原因之一。2010—2016年和2019年我国对美国石油进口依存度相对较低并维持在中度不安全到低度安全状态，而2017—2018年和2020年中方对美石油进口量增加并处于中度安全到高度安全状态。美国本身是石油储备大国，石油储备量约为689亿桶并位居全球前10位，而中美作为世界排名前两位的经济大国，各自能源消费量巨大，本身存在能源供需缺口且每年需从海外进口大量石油资源等，但中美之间在石油等传统能源方面的相互进口依存度却相对很低，更多表现为中美争夺海外石油等战略资源以及由此产生的地缘政治问题等。

其次，我国对美国天然气以及传统能源综合加权依存度均相对较低，主要表现为中方对海外能源进口利用相对不足所导致的低度不安全态势，这是造成中美战略资源领域安全程度下降的另一重要原因。2010—2020 年我国对美国天然气进口依存度很低并维持在低度不安全状态，同时我国对美国能源综合进口依存度处于低度不安全但安全程度呈缓慢上升态势。传统能源包括煤炭、石油和天然气，其中石油方面如前所述，美国不是我国天然气主要供应国，也不是我国煤炭主要供应国。2021 年我国政府制定了“碳达峰碳中和”远景目标，但目前传统能源依然是支撑中国能源消费的主体，近些年煤炭在我国传统能源消费结构中的比重逐渐下降，但到 2020 年煤炭消费占比仍然达到了 56.8%，我国每年向澳大利亚、印度尼西亚和俄罗斯等进口大量煤炭以弥补国内消费需求缺口。与此同时，天然气在我国传统能源消费结构中的占比逐渐上升，从 2010 年的 4% 上升到 2020 年的 8.4%，我国每年向马来西亚、印度尼西亚、缅甸、俄罗斯等进口大量天然气以弥补国内的需求缺口。

再次，我国对美国进口有色矿业资源依存度呈不断下降态势，这是支撑中美战略资源安全程度上升的重要原因。2010—2020 年我国对美国有色矿产资源进口依存度不断降低并处于从中度不安全到极高度安全，再到中度安全的安全程度先不断上升再缓慢下降态势。其中 2010—2017 年对美国依存度不断降低并呈现安全程度不断上升态势，而 2018—2020 年对美国依存度较低并处于中度安全态势。美国是全球有色金属资源储备大国，有色矿产储备量丰富且种类较多，我国每年向美国进口大量的废铜及铜矿、废铝及铝合金、铅矿砂及精矿、锌矿砂及精矿，以及银、钯、铂及镍铁等，但随着我国向印度、俄罗斯及东盟等其他国家（地区）进口有色矿产资源，我国对美国的有色矿产资源依存度不断下降并有效提升了中美战略资源领域的安全程度。

最后，我国对美国粮食产品进口依存度处于从中度安全到极高度安全状态，这是支撑中美战略资源领域安全程度的另一重要原因。2010—2020 年我国对美国粮食进口依存度总体处于上升的渐趋合理态势，其中 2010—2011 年和 2014—2017 年处于中度安全状态，2012—2013 年和 2020 年处于高度安全状态，2018—2019 年处于极高度安全状态。美国作为现代农业生产与出口大国，是我国粮食进口主要供应国之一，我国每年向美国进口大量大豆、谷物、玉米、高粱及小麦和燕麦等，但相比美国的经济体量及全球影响力，目前我国对美国粮食资源进口依存度相对合理，其中大部分年份对美国粮食进口量还有上升空间。在国际环境不稳定情况下，粮食不仅是一种食物资源，更上升为一种战略资源，我国既要保持对美国优质农产品的进口以满足国内粮食结构性供需缺口，也向美国出口部分大豆、稻谷和大米、大麦等，在满足国内粮食需求下进一步提升国别粮食安全程度。

3.2.4 财政金融领域风险

本部分进一步对中美财政金融领域风险程度指数得分进行了计算，如表 3－6 所示。

表 3－6 中美财政金融领域风险程度指数得分（2010—2020 年）

年份	美资银行在华资产占中国银行业总资产比重	美资金融机构对中国银行类机构的综合控股比率	外债总额占外汇储备比重	外债偿债率	短期外债占外汇储备比重	财政金融安全得分
2010	78.30	81.78	100.00	97.68	96.65	91.13
2011	75.45	72.99	100.00	97.80	96.06	88.49
2012	74.72	71.84	100.00	98.04	96.19	88.16
2013	73.37	71.93	100.00	98.32	96.11	88.00
2014	72.10	71.83	100.00	98.70	92.95	87.27
2015	69.98	71.58	100.00	97.13	95.28	87.01
2016	69.29	70.00	100.00	96.53	95.37	86.43
2017	68.08	70.00	100.00	97.44	93.89	86.13
2018	68.57	70.20	100.00	97.74	93.27	86.20
2019	67.70	70.00	100.00	97.39	94.95	86.25
2020	67.53	70.00	100.00	97.85	94.55	86.24

2010—2020 年美国对我国财政金融领域的风险影响处于高度到极高度安全状态且变化比较稳定，对中美经济安全条件总得分起到了非常重要的支撑作用。其中 2010 年处于极高度安全状态，2011—2020 年处于高度安全状态。进一步对 2010—2020 年造成中美财政金融领域安全程度高且稳定的影响原因作如下分析。

首先，我国对美国外债偿付能力方面，包括外债总额占外汇储备比重、年度外债偿债率以及短期外债占外汇储备比重方面均处于极高度安全状态，对中美财政金融领域安全程度形成了最重要的支撑。统计发现近 10 多年来我国对世界主要国家的外债偿付能力方面均处于高度到极高度安全状态，这主要得益于我国近几十年来一直处于对外贸易顺差并积累了大量外汇储备，2020 年我国外汇储备量为 3.22 万亿美元，总量遥居世界第一，有力抵御了来自国际金融市场的各种不确定性游资冲击威胁风险，维护了我国外汇市场与资本市场的安全稳定。中国、日本、英国、巴西等长期以来作为美国的最大债权国，2020 年我国持有美债近 1 万亿美元，如何防止美元贬值及美债可能的违约风险，如何投资好巨量外汇资产以助力我国对外开放战略实施等是另一重要议题。

其次，美资金融机构对中国银行类机构的综合控股比率还很低，主要表现为中资金融机构对外开放程度相对不足的被动安全态势并维持在中度安全状态，这是造成中美财政金融领域安全程度下降的原因之一。统计数据发现，除欧盟部分国家在2010—2013年对中资金融机构综合控股比率较高外，其他如美国、日本、欧盟，东盟等对中资金融机构的综合控股比率均比较低，从而使得我国金融业因对外开放程度相对不足而被动维持在中度安全状态区间。从2019年3月30日起国务院修改政策并进一步放宽银行、证券、保险行业外资持股比例限制，放宽外资金融机构设立限制，扩大外资金融机构在华业务范围等，而我国金融业开放承诺也逐步转向负面清单模式，预计中资金融机构的外资持股比例将进一步上升，这将有利于提升该领域的国别金融安全程度。

最后，美资银行在华资产占中国银行业总资产的比重相对很低，呈现出我国本土银行机构市场业务对外开放程度不足的被动安全，并维持在低度不安全状态。统计数据发现，近20多年来我国银行业中外资银行类机构在华资产所占比重一直很低（小于2%），比如2010年外资银行在华资产所占比重为1.83%，到2020年为1.18%，近十余年比重呈现不断下降态势，这与我国承诺深入扩大金融业对外开放不相符，也与我国金融业走向国际化的趋势不相符，落实负面清单制并吸引更多优质外资金融机构参与到我国金融市场国际化建设中来，是提升本土金融机构国际竞争力与增强自身抵御国际金融市场风险冲击威胁能力的重要举措。

3.3 提升中美经济安全的监管防范对策

中国和美国作为当今世界GDP排名前两位的大国经济体，两国之间经贸往来密切且数额巨大，中方在一些重点领域对美国进口依赖与集中严重并可能影响威胁到我国经济安全。本书基于国别经济安全条件与经济安全能力双逻辑维度框架，从六大经济安全领域重点选取了44项风险指标构建了中国国别经济安全测度指标体系，并依据国家经济安全指标依国别分解法构建了他国对中国经济安全风险影响的动态测度模型，对2010—2020年美国对我国经济安全风险影响程度进行了一次全面动态测度分析，研究发现：2010—2020年美国对我国经济安全风险总体影响处于中度不安全到低度不安全变化状态，其中2010年处于中度不安全状态，2011—2020年处于低度不安全状态。2010—2020年美国对我国经济安全条件的影响主要处于低度不安全状态且安全程度呈缓慢上升态势，其中在对外贸易领域中国对美出口或进口集中度严重并处于危机状态；在实体产业领域，七大关键产业对美资开放相对不足，美国发明专利占中国授权量比重过高，中国对美直接投资集中度严重并均处于危机状态；在战略资源领域，中国对美国传统能源进口利用不足并处于低度不安全状态是造成相应领域安全程度下降的主要成因。

针对美国对我国经济安全的总体影响程度及分领域背后的主要风险影响成因，本书就如何提升中美国别经济安全程度提出了如下监管防范对策：

3.3.1 积极寻找海外市场进口替代以缓解对美国进口依赖严重与过度集中的风险

前文分析发现，我国在贸易出口与进口、对外直接投资、引进利用外商直接投资等方面存在对美国依赖和集中相对严重等问题，这是由于中美经济结构既存在竞争性又存在较强互补性，以及美国国内巨大的市场消费需求等。第一，中方需做好与美国保持长期竞争与合作的准备，既要充分利用美国巨大的市场消费需求、外商投资资金以及高科技产品等不断发展壮大自身，同时可与美国进行“蘑菇战术”与“运动战术”，以保持相对优势并抓住有利时机发展自己；第二，积极寻求海外市场产品替代以降低我国进出口及引进外资方面对美国等少数国家依赖严重问题；第三，通过“国内国际双循环”战略挖掘国内市场消费需求潜力以降低外部环境不确定下对美国等少数国家贸易出口过度集中的风险；第四，针对我国对美国传统能源进口利用相对不足的问题，在博弈中寻求中美能源合作潜力空间，创新中美能源企业合作盈利模式，以提升中方对美国能源进口利用的安全程度；第五，要大力加强新型可再生能源的研发、推广与应用便利，以逐步降低对传统能源的需求依赖。

3.3.2 不断增强中国在国际上的综合科技创新能力

前文分析发现，美国发明专利占中国发明专利授权量的比重过高并对国内企业科技创新形成竞争挤压态势，以及中国在航空发动机、核电站技术与设备、高端数控机床、高端医疗器械、电脑CPU、半导体芯片等特定高尖端领域对美国高新技术产品形成严重进口依赖等，加之中国工业企业研发经费投入占比相比欧美发达国家相对较低。第一，从制度体制上营造有利于激发创新的环境机制，充分激发市场创新活力，以解决我国面临的技术“卡脖子”问题；第二，通过政策引导、政府补贴、专利技术保护、上市条件便利等支持鼓励企业加大科研经费投入和创新产出，营造科技强国的良好社会氛围并鼓励高科技企业创造技术红利与环境红利；第三，研究与开发是一项从投入到产出效益高度风险不确定性但长期利国利民的活动，因此需从引进人才待遇保障、科研经费合理使用、职称晋升评价标准与业绩考核指标等方面营造宽容良性的氛围，使科研人才能沉心专注于科研攻关，避免科研管理短视化、机械化、形式化等情况发生；第四，科技创新是全人类的事业，鼓励加强中美等国际科研合作交流，有比较借鉴才知不足与改进空间，充分利用国内外资源共同推进科技创新进步。

3.3.3 进行国别政策性结构方向调整，以提升国别经济安全程度

前文分析发现，我国在七大关键产业对美国主要表现为因开放程度不足所导致的重度不安全到危机状态，同时我国对东盟国家则表现为开放程度相对过度所导致的重度不安全到危机状态，因此我国在关键产业对外开放政策方面可考虑进行分国别政策结构方向调整，平衡国别之间开放程度差异过大现象，从而提升该领域的国别经济安全程度。同时我国银行业无论是在市场业务规模上还是在股权比例上对美国等主要国家金融机构的开放程度都相对不足，并维持在低度到中度安全态势。因此进一步深入开放包括本土银行业在内的金融业市场，从准入门槛、经营业务范围、参股控股比例等方面逐步放开标准，以吸引更多优质国际金融机构进入我国境内开展经营业务，以提升本土金融机构的国际竞争力和主要城市的国际金融中心地位。

第4章 中日经济安全风险程度动态测度分析

中日作为全球GDP排名前三的大国经济体，两国之间经贸往来密切，贸易数额巨大且相互依赖比较严重。统计数据显示，2020年中日进出口总额为3175亿美元，日本是中国第二大对外贸易国（仅次于美国的5867亿美元），第三大出口贸易对象（出口总额为1426.6亿美元，仅次于美国与中国香港）和第二大进口贸易对象（进口总额为1748.7亿美元，仅次于中国台湾）。日本作为第二次世界大战以后快速崛起的东亚经济大国和亚洲地区唯一发达国家，2010年之前日本经济总量一直位居全球第二，无论是人均GDP、高科技企业数量和国际创新水平等均明显领先于中国，中国经济发展长期以来对日本国内市场需求、外商直接投资和高科技产品等存在严重依赖；与此同时日本长期以来对中国的战略资源和巨大市场消费需求等存在严重依赖，中日之间的竞争与合作影响到两国对外经济发展战略乃至国家经济安全。此外由于历史等原因，中日除了经济领域互补依赖外，近些年无论是在军事竞备、地缘政治冲突，还是在文化意识形态等领域都处于对抗冲突态势。

2021年11月，中共中央政治局审议了《国家安全战略（2021—2025年）》，并强调要“统筹做好政治安全、经济安全、社会安全、科技安全、新型领域安全等重点领域、重点地区、重点方向国家安全工作”，在确保国家政治安全前提下，经济安全被放在非常突出的位置。当前国际政治经济格局加速演变，单边主义、霸权主义、贸易保护主义等不断抬头，中国与日本作为全球国家竞争力排名前三的大国，在维护东亚地区政治经济秩序与地区和平稳定等方面起到了非常重要的作用；同时中日作为经济大国，两国之间也在高铁、汽车、半导体、工业机器人、动漫视频、创新制药、医疗器械、高级钢材等领域展开激烈竞争。不仅如此，日本作为东北亚军事强国，除了经济领域外，在东海划界问题、钓鱼岛归属问题、台湾问题以及历史问题等对我国形成较大威胁与挑战。因此，从维护总体国家安全视角来研究评估日本对我国经济安全风险影响程度及监管防范对策，在当前及今后一段时期具有非常重要的理论价值与现实战略意义。

4.1 中日经济安全风险指数测度评估分析

本节通过收集中国与日本经贸投资往来的相关风险度量指标数据，并根据前面章节所构建的中国经济安全测度指标体系和国别经济安全测度模型方法，对2010—2020年日本对我国经济安全风险影响程度进行了一次全面动态定量测度分析，最终计算结果如表4－1所示。

表4－1　中日经济安全风险程度指数测算结果（2010—2020年）

年份	中日经济安全条件得分	中国经济安全能力得分	中日经济安全总得分	经济安全等级
2010	58.59	57.48	57.92	中度不安全
2011	55.23	60.75	58.54	中度不安全
2012	57.78	64.00	61.51	低度不安全
2013	52.52	66.18	60.72	低度不安全
2014	56.24	67.40	62.93	低度不安全
2015	62.51	66.28	64.77	低度不安全
2016	65.19	66.04	65.70	低度不安全
2017	61.99	66.64	64.78	低度不安全
2018	61.48	65.65	63.98	低度不安全
2019	59.70	65.64	63.26	低度不安全
2020	66.04	61.58	63.35	低度不安全

从表4－1可知，2010—2020年日本对我国经济安全的总体风险影响处于从中度不安全到低度不安全变化状态，其中2010年安全得分为57.9分，2020年为63.4分，最高分为2016年的65.7分，对应低度不安全状态。从安全状态区间分析，2010—2011年处于中度不安全状态，2012—2020年处于低度不安全状态；从安全程度趋势分析，2010—2016年处于安全程度缓慢上升态势，2017—2020年则呈现缓慢下降态势。

4.2 中日重点领域经济风险分析

本节进一步测算了中日经济安全条件的分领域风险程度指数得分，最终结果如表4－2所示。

表4－2 中日经济安全条件分领域风险程度指数计算结果（2010—2020年）

年份	对外贸易安全得分	实体产业安全得分	战略资源安全得分	财政金融安全得分	经济安全条件得分	经济安全条件等级
2010	32.42	37.92	68.61	90.02	58.59	中度不安全
2011	35.57	32.98	55.84	90.20	55.23	中度不安全
2012	42.93	27.87	68.28	90.59	57.78	中度不安全
2013	41.42	11.25	68.61	90.47	52.52	中度不安全
2014	41.88	23.30	70.64	89.15	56.24	中度不安全
2015	47.81	41.61	67.39	89.95	62.51	低度不安全
2016	52.56	47.16	66.85	90.54	65.19	低度不安全
2017	49.85	42.39	61.66	89.88	61.99	低度不安全
2018	50.41	36.13	68.55	89.50	61.48	低度不安全
2019	53.21	31.31	63.37	89.97	59.70	中度不安全
2020	54.17	46.92	70.72	89.94	66.04	低度不安全

根据表4－2计算结果，2010—2020年日本对我国经济安全条件的风险影响处于从中度不安全到低度不安全的安全程度波动上升态势，其中2010年安全得分为58.6分，2020年为66.0分，最高分为2016年的65.2分，对应低度不安全；从安全状态区间分析，2010—2014年和2019年处于中度不安全，2015—2018年和2020年处于低度不安全状态；从安全程度趋势分析，2010—2020年安全程度处于波动上升发展态势。进一步对造成中日经济安全条件分领域风险程度得分及背后原因进行如下分析。

4.2.1 对外贸易领域风险

本部分进一步对2010—2020年中日对外贸易领域风险程度指数得分进行了计算，如表4－3所示。

表 4-3　　中日对外贸易领域风险程度指数得分（2010—2020 年）

年份	中方对日本贸易综合依存度	中方对日本出口加权集中度	中方对日本进口加权集中度	日本对华反倾销立案数占全球对华反倾销立案总数比重	对外贸易安全得分
2010	6.91	0.00	0.00	100.00	32.42
2011	15.92	0.00	0.00	100.00	35.57
2012	36.94	0.00	0.00	100.00	42.93
2013	32.63	0.00	0.00	100.00	41.42
2014	33.95	0.00	0.00	100.00	41.88
2015	50.90	0.00	0.00	100.00	47.81
2016	64.46	0.00	0.00	100.00	52.56
2017	56.72	0.00	0.00	100.00	49.85
2018	58.31	0.00	0.00	100.00	50.41
2019	66.32	0.00	0.00	100.00	53.21
2020	69.04	0.00	0.00	100.00	54.17

2010—2020 年日本对我国对外贸易领域的风险影响处于从重度不安全到中度不安全的安全程度不断上升发展态势，其中 2010—2011 年处于重度不安全，2012—2020 年处于中度不安全状态。对 2010—2020 年造成中日对外贸易领域安全程度变化的影响原因作如下分析：

首先，我国对日本进口或出口加权集中度均严重并处于危机状态，这是造成中日对外贸易领域安全程度下降的首要原因。日本是我国第二大贸易伙伴国，而我国连续十余年是日本第一大贸易伙伴国，我国每年向日本出口大量低端机电产品、纺织品及原料、化工产品、贱金属及制品等，同时我国每年从日本进口大量精密机电产品、化工产品和运输设备、贱金属及制品、光学及钟表、医疗设备、塑料和橡胶等，中日之间经济互补性强，彼此市场消费需求依赖严重，容易导致两国贸易之间产生相互依赖和集中的风险。

其次，2010—2020 年我国对日本贸易综合依存度不断下降，并处于从危机到低度不安全的安全程度不断上升态势，这是支撑中日对外贸易领域安全程度上升的重要原因。其中 2010—2011 年处于危机状态，2012—2015 年处于中度不安全，2016—2020 年处于低度不安全状态。这主要得益于近十余年我国对外贸易总量保持持续稳步增长，中日贸易在我国贸易总量中的比重不断下降，以及日本经济总量及在世界的影响力不断下降所带来的相对变化结果。

最后，日本对我国发起的贸易争端案件数相对较少，并处于极高度安全状态，这是支撑中日对外贸易领域安全程度得分的重要原因。2010—2020 年日本对华发起的反倾销立案数相比其他主要贸易国家相对较少。以2020年为例，美国对华发起了13起，俄罗斯5起，印度29起，巴西4起，欧盟9起，东盟17起，日本仅为1起，无论从案件绝对数量，还是单位双边贸易立案数量，日本在此领域对我国的风险影响程度相对较轻。

4.2.2 实体产业领域风险

本部分进一步对中日实体产业领域风险程度指数得分进行了计算，如表4-4所示。

表4-4 中日实体产业领域风险程度指数得分（2010—2020年）

年份	七大关键产业外资企业市场占有率	日本发明专利占中国发明专利授权量的比重	中国专利在国际专利授权中的比重	中国对日本直接投资市场加权集中度	年利用日商直接投资占GDP的综合比重	高新技术产品进口依赖度	实体产业安全得分
2010	97.46	0.00	0.00	37.52	0.00	35.51	37.92
2011	60.22	0.00	0.00	97.66	0.00	44.37	32.98
2012	49.00	0.00	0.00	89.02	0.00	37.79	27.87
2013	20.43	0.00	0.00	35.35	0.00	14.32	11.25
2014	61.51	0.00	0.00	49.72	0.00	5.43	23.30
2015	93.73	0.00	33.91	92.34	0.00	0.00	41.61
2016	98.47	0.00	54.82	94.31	0.00	1.31	47.16
2017	88.20	0.00	57.78	61.47	0.00	3.85	42.39
2018	66.08	0.00	62.51	45.80	0.00	8.66	36.13
2019	57.63	0.00	69.96	0.00	0.00	10.05	31.31
2020	64.59	0.00	87.19	50.90	0.00	24.08	43.00

2010—2020年日本对我国实体产业领域的风险影响处于从危机到中度不安全状态的变化态势，其中，2010—2013年安全程度呈现不断下降态势，而2014—2016年呈现不断上升态势，2017—2019年又呈缓慢下降态势，2020年因受疫情影响等安全程度出现了回升。对2010—2020年造成中日实体产业领域安全程度变化的影响原因作如下进一步分析：

第一，日本外商直接投资占我国GDP的综合比重相对很高并一直处于危机状态，这是造成实体产业领域安全程度下降的首要原因。2010—2020年我国年利用外商直接投资总额呈现不断上升态势，但是年利用日本外商直接投资额以及在我国年利用外商投资总额中的比重则呈现缓慢下降态势。即便如此，由于日本一直是我国引进外资的主要国家之一且年利用日商直接投资额历史基数大，如2020年引进日本直接投资额为34亿美元，仅次于东盟地区（77亿美元），导致近几十年来我国经济发展对日本外商直接投资依赖程度依然严重并处于危机状态。

第二，日本发明专利占我国发明专利授权量的比重相对很高并一直处于危机状态，这是造成实体产业领域安全程度下降的另一重要原因。近几十年来日本发明专利在我国发明专利授权量中的绝对件数一直很高，如2020年日本发明专利授权量为28955件，占中国授权总量的32.38%，位列各国（地区）第一位，虽然近十余年我国发明专利授权总量在不断上升，且日本发明专利占我国授权量比重呈现不断下降态势，但由于一直以来对日本授权量基数大，并对我国创新专利申请形成竞争挤压态势，导致期间该领域一直处于危机状态。统计比较发现，2010—2020年美国、日本和欧盟发明专利授权量占中国发明专利授权总量的比重相对很高并处于危机状态，而俄罗斯、印度与巴西等国在中国发明专利授权量中的比重相对较低并处于低度不安全到高度安全状态。

第三，我国对日本高新技术产品进口依赖度相对严重，并处于重度不安全到危机状态，这是造成实体产业领域安全程度下降的又一重要原因。其中，2010—2012年处于重度不安全状态，2013—2020年处于危机状态。日本作为传统科技强国，在20世纪50—70年代从欧美等西方主要国家引进了大量先进技术，并进行消化吸收与改进创新，目前已在半导体技术、工业机器人技术、碳纤维技术、显示屏技术以及纳米技术等方面处于国际领先地位。我国每年从日本进口大量先进高科技产品，涵盖手机关键零部件、高端工业母机、最速电梯、精密机电设备、光学仪器设备、关键医疗设备等，并在许多细分领域对日本高科技产品形成了严重依赖态势。虽然近十多年我国对日本高新技术产品进口额所占比重呈现缓慢下降态势，但由于一直以来对日本高新技术产品进口绝对额基数大且随着日本经济体量在世界中的占比与影响力不断下降，目前日本在该领域对我国的影响程度依然严重并处于危机状态。

第四，我国发明专利在国际发明专利授权量的比重方面，日本对我国的影响程度处于从危机到高度安全的安全程度不断上升态势。其中2010—2014年处于危机状态，2015年处于重度不安全，2016—2017年处于中度不安全，2018—2019年处于低度不安全，2020年处于高度安全状态。这主要得益于近十多年我国企业和科研院所不断加大研发投入与创新力度，使得我国在国际专利授权量中的比重不断上升，从2010年的9.06%上升到2020年的29.27%，而同期日本在国际发明专利授权量中的比重从2010年的30.64%下降至2020年的16.83%，两国比重的相对变化使得期间日本对我国在该领域的影响程度不断下降。

第五，我国七大关键产业日资企业市场占有率处于从危机到极高度安全的不稳定变化态势。其中，2010—2013 年处于从极高度安全不断下降至危机状态，2014—2016 年则从低度不安全不断上升至极高度安全态势，2017—2020 年又从极高度安全下降至低度不安全状态。计算对比发现，2010—2020 年我国七大关键产业市场业务对美国、俄罗斯、印度、巴西等主要表现为对外开放程度相对不足，对欧盟在 2010—2012 年表现为开放程度相对不足而在其余年份则相对适度，对于日本主要表现为上述部分年份开放相对过度，而 2010—2020 年对东盟则表现为开放程度严重过度所导致的危机状态。七大关键产业作为我国国民经济的重要产业，对外开放过度会直接影响到国家经济安全，但对外开放不足也会导致本土企业因参与国际市场竞争力不足，从而导致自身抵御国际市场企业冲击威胁能力不足的风险。

第六，我国对日本直接投资市场加权集中度处于从危机到极高度安全的不稳定变化态势。其中，2011—2013 年安全程度处于从极高度安全到重度不安全的下降态势，2015—2019 年处于从极高度安全到危机的不断下降态势，2020 年受疫情影响等我国对日本投资额下降并处于中度不安全状态。统计对比分析，近十余年我国对外直接投资主要集中地为美国、欧盟与东盟国家，以 2020 年为例，我国对美国直接投资额为 60.2 亿美元，对欧盟为 91.7 亿美元，对东盟为 137.8 亿美元，对俄罗斯为 5.7 亿美元，对日本仅为 4.87 亿美元。2010—2020 年我国对美国、欧盟、东盟与俄罗斯主要表现为海外投资集中度相对严重所导致的危机状态，对印度与巴西在大部分年份集中度相对比较严重，而对日本则表现为不稳定变化状态。

4.2.3 战略资源领域风险

本部分进一步对中日战略资源领域风险程度指数得分进行了计算，如表 4－5 所示。

表 4－5　中日战略资源领域风险程度指数得分（2010—2020 年）

年份	石油进口依存度	天然气进口依存度	能源综合加权对外依存度	有色金属矿业对外依存度	粮食对外依存度	战略资源安全得分
2010	56.20	60.00	53.01	94.91	59.55	68.61
2011	52.66	60.00	52.07	54.74	59.54	55.84
2012	52.19	60.00	54.64	95.19	59.43	68.28
2013	55.56	60.00	55.87	93.72	59.54	68.61
2014	58.67	60.00	57.42	98.28	59.27	70.64

续表

年份	石油进口依存度	天然气进口依存度	能源综合加权对外依存度	有色金属矿业对外依存度	粮食对外依存度	战略资源安全得分
2015	49.50	60.00	55.01	93.59	59.29	67.39
2016	53.03	60.00	55.06	89.78	59.41	66.85
2017	48.48	60.00	52.94	76.07	59.37	61.66
2018	50.80	60.00	55.00	96.76	59.32	68.55
2019	60.00	60.00	57.93	72.86	59.48	63.37
2020	59.51	60.00	58.55	97.45	59.33	70.72

2010—2020 年日本对我国战略资源领域的风险影响主要处于低度不安全到中度安全的波动态势（除 2011 年 55.8 分为中度不安全）。其中，2010 年、2012—2013 年、2015—2019 年处于低度不安全，2014 年和 2020 年处于中度安全状态。进一步对 2010—2020 年造成中日战略资源领域安全程度变化的影响原因作如下分析：

首先，我国对日本传统能源进口利用相对不足，并维持中度不安全到低度不安全状态，这是造成中日战略资源领域安全程度下降的重要原因。日本作为经济大国和太平洋岛国，岛内油气资源非常匮乏，日本每年需向全球进口大量能源，包括从我国进口少量煤炭和石油资源。我国作为世界能源消费大国，每年也需向全球进口大量煤炭、石油与天然气资源，目前中日之间传统能源相互依赖程度较低，主要表现为中日两国在俄罗斯远东、伊朗阿扎德甘、东南亚、东海海域等全球范围内为争取海外油气资源所展开的竞争博弈关系。

其次，我国对日本粮食进口利用相对不足并处于中度不安全状态，这是造成中日战略资源领域安全程度下降的另一重要原因。我国与日本同样面临人多地少等问题，但我国的粮食自给率却比日本更加严重，日本依靠先进的农业技术大幅提高农业生产效率，同时日本以租赁等方式在巴西、安哥拉等大量囤田种植以保障国内粮食供应，同时日本与美国、巴西、澳大利亚等关系密切并且每年从这些国家获得稳定的粮食供应。而我国农业总体生产效率较低，城镇化过程中大量农村田地抛荒，且国内餐桌粮食浪费严重，每年需向全球进口大量粮食产品，尤其是我国对大豆的进口依赖程度非常高（2021 年约为 85.5%）。因此，如何学习他国先进技术与经验以保障我国粮食安全是长期战略议题。

最后，2010—2020 年我国对日本有色矿产资源进口依存度处于相对合理区间，安全程度主要处于中度安全到极高度安全状态，并对中日战略资源领域安全程度形成重要的支撑作用。其中在 2008—2009 年和 2011 年进口依赖度相对严重并处于危机状态，但自2010年起对日本进口依赖度快速下降，2017年和2019年处于中度安全，其余年份处于极高度安全状态。日本国内有色矿产资源非常匮乏，因此日本自20世纪60年代就开始在全球范围内积极投资经营矿产企业与参股控股海外主要矿产企业，并在1983年实行矿产战略储备，储备对象包括有色重金属、稀有金属以及稀土原料等，经过60多年的跨国矿业经营，日本早已在全球范围内形成了稳定的有色矿产资源供应保障体系，同时还出口到韩国与中国。我国虽然矿产资源储量丰富，但部分有色资源却严重依赖进口，如铁矿石、铜、锰、镍、硼，以及铬、钴、铂、钾盐、金刚石等，而且我国有色矿产资源的全球供应保障体系更是落后于日本，我国每年需从国外进口大量有色矿产资源，但近十余年我国对日本有色矿产资源进口依赖度处于相对合理区间范围。

4.2.4 财政金融领域风险

本部分进一步对中日财政金融领域风险程度指数得分进行了计算，如表4-6所示。

表4-6 中日财政金融领域风险程度指数得分（2010—2020年）

年份	日资银行在华资产占中国银行业总资产比重	日资金融机构对中国银行类机构的综合控股比率	外债总额占外汇储备比重	外债偿债率	短期外债占外汇储备比重	财政金融安全得分
2010	91.03	70.52	100.00	98.56	93.26	90.02
2011	93.19	70.43	100.00	98.56	92.46	90.20
2012	95.14	70.00	100.00	98.74	93.31	90.59
2013	94.40	70.46	100.00	98.94	92.49	90.47
2014	93.36	70.46	100.00	99.21	85.80	89.15
2015	94.19	70.45	100.00	98.41	90.33	89.95
2016	97.37	70.38	100.00	98.43	90.83	90.54
2017	96.44	70.40	100.00	99.00	87.43	89.88
2018	95.97	70.42	100.00	98.94	85.76	89.50
2019	96.83	70.41	100.00	98.77	87.76	89.97
2020	96.35	70.63	100.00	98.93	87.60	89.94

2010—2020年日本对我国财政金融领域的风险影响处于高度到极高度安全状态且变化相对稳定，对中日经济安全条件总得分起到了非常重要的支撑作用。进一步对2010—2020年造成中日财政金融领域安全程度高且稳定的影响原因作如下分析：

首先，我国对日本外债偿付能力方面，外债总额占外汇储备比重和年度外债偿债率方面均一直处于极高度安全状态；同时在对日本短期外债占外汇储备比重方面，其安全程度也处于高度安全到极高度安全状态，对中日财政金融领域安全程度起到了最重要支撑作用。统计比较发现，近十余年我国对世界主要国家的外债偿付能力方面均处于高度到极高度安全状态，这主要得益于我国近几十年来一直处于对外贸易顺差，积累了大量外汇储备，2020 年我国外汇储备量为 3. 22 万亿美元，总量遥居世界第一，有力抵御了来自国际金融市场的各种不确定性游资冲击威胁风险，并维护了我国外汇市场与资本市场的安全稳定。从 2017 年起我国对日本短期外债偿付能力的安全程度由极高度安全略降至高度安全，这主要由于近几年中日双方贸易额出现了一定幅度上升，我国对日本进口形成了大量短期贸易性外债欠款，但该借款属于正常商业信用融资，并不会对中日短期外债偿付产生较大风险。

其次，日资银行在华资产占中国银行业总资产比重位于相对合理区间，并一直处于极高度安全状态。数据显示，近十多年来中国银行业中外资银行类机构在华资产所占比重一直很低（小于2%），比如 2010 年外资银行在华资产所占比重为 1. 83%，到 2020 年为 1. 18%，近些年比重呈现不断下降态势。统计对比发现，近十多年来我国银行业对外资开放程度呈现不均衡，其中对美国、俄罗斯、印度、巴西主要表现为开放程度相对不足所维持的低度不安全到中度安全态势，对日本、欧盟则处于相对合理的区间范围，而对东盟则呈现安全程度缓慢下降态势。因此，深入扩大包括银行业在内的金融业对外开放，落实负面清单制并吸引更多优质外资金融机构参与到我国金融市场国际化建设中来，是提升本土金融机构国际竞争力与增强自身抵御国际金融市场风险能力的重要举措。

最后，日资金融机构对中国银行类机构的综合控股比率还很低，主要表现为中资金融机构对外开放程度不足所维持的中度安全状态，这是造成中日财政金融领域安全得分下降的原因之一。统计数据发现，除欧盟部分国家在 2010—2013 年对中资金融机构控股比率较高外，其他如美国、日本、欧盟，东盟等对中资金融机构的综合控股比率均比较低，从而使得我国金融业因对外开放程度相对不足而总体维持在中度不安全状态区间。从 2019 年 3 月 30 日起国务院修改政策并进一步放宽银行、证券、保险行业外资持股比例限制，放宽外资金融机构设立限制，扩大外资金融机构在华业务范围等，而我国金融业开放承诺也逐步转向负面清单模式，预计中资金融机构的外资持股比例将进一步上升，这将有利于提升该领域的安全程度。

4.3 提升中日经济安全的监管防范对策

中国和日本作为世界GDP排名前三的大国经济体，近些年中国与日本经贸投资往来愈加密切，中方在一些重点领域对日本进口依赖与集中严重并可能影响威胁到国家经济安全。本书基于国别经济安全条件与经济安全能力双逻辑维度，从六大经济安全领域重点选取了44项风险指标构建了中国国别经济安全测度指标体系，并依据国家经济安全指标依国别分解法构建了他国对中国经济安全影响的动态测度模型，对2010—2020年日本对我国经济安全风险影响程度进行了一次全面动态测度分析，研究发现：2010—2020年日本对我国经济安全风险总体影响处于从中度不安全到低度不安全变化状态，其中，2010—2011年处于中度不安全，2012—2020年处于低度不安全状态。2010—2020年日本对我国经济安全条件的影响处于从中度不安全到低度不安全的安全程度缓慢上升态势，其中，在对外贸易领域我国对日本出口或进口集中度严重；在实体产业领域对日本外商投资依赖严重，日本发明专利占我国授权量的比重很高，我国对日本高新技术产品进口依赖严重并均处于重度不安全到危机状态；在战略资源领域我国对日本能源进口利用相对不足，对日本优质粮食进口不足并处于中度不安全到低度不安全状态是造成相应领域安全程度下降的主要成因。

针对日本对我国经济安全风险总体影响程度及分领域背后的主要风险影响成因，本书就如何提升中日国别经济安全程度提出了如下对策建议：

4.3.1 积极寻找海外市场替代以缓解对日本进口依赖严重与过度集中的风险

通过前文分析，我国在对外贸易、利用外商直接投资、高新技术产品等方面对日本依赖和集中相对严重，这是由于中日经济之间既存在竞争性又存在较强互补性，以及日本国内巨大市场消费需求潜力等。第一，中方需做好与日本保持长期竞争与合作关系的准备，在国际竞争中争取挖掘日本市场消费需求潜力，同时充分利用日本外商投资资金以及高科技产品等不断发展壮大自身；第二，积极寻求海外市场产品替代以降低我国进出口及引进外资方面对日本等少数国家依赖严重问题；第三，通过“国内国际双循环”战略挖掘国内市场消费需求潜力以降低外部环境不确定下对日本等少数国家贸易出口过度集中的风险；第四，针对我国对日本能源、粮食等进口利用相对不足的问题，在博弈中寻求中日能源合作潜力空间，创新中日能源企业合作盈利模式，以提升中日战略能源领域的安全程度；第五，要大力加强新型可再生能源的研发、推广与应用便利，以逐步降低对传统能源的需求依赖。

4.3.2 不断增强中国在国际上的综合科技创新能力

前文分析发现，近十多年来日本发明专利对我国国内与国际发明专利申请授权量比重的竞争影响相对严重，且我国在许多特定领域对日本高新技术产品进口依赖严重，加之我国工业企业研发经费投入占比相比欧美发达国家相对较低。第一，从制度体制上营造有利于激发创新的环境机制，充分激发市场创新活力，以解决中国面临的技术“卡脖子”问题；第二，通过政策引导、政府补贴、专利技术保护、上市条件便利等支持鼓励企业加大科研经费投入和科技创新产出，营造科技强国的良好社会氛围并鼓励高科技企业创造技术红利与环境红利；第三，研究与开发是一项从投入到产出效益高度风险不确定性但长期利国利民的活动，因此需从引进人才待遇保障、科研经费合理使用、职称晋升评价标准与业绩考核指标等方面营造宽容良性的氛围，使科研人才能专注于科研攻关，避免科研管理短视化、机械化、形式化等情况发生；第四，科技创新是全人类的事业，鼓励加强中日等国际科研合作交流，有比较借鉴才知不足与改进空间，充分利用国内外资源共同推进科技创新进步。

4.3.3 进行国别政策性结构方向调整，以提升国别经济安全程度

前文分析发现，日本对我国七大关键产业市场占有率相对较高，并在大部分年份处于低度不安全到危机状态，同时发现我国七大关键产业对美国、俄罗斯、印度、巴西等国家则主要表现为开放程度严重不足所导致的被动危机状态，因此我国在七大关键产业对外开放政策方面可考虑进行分国别政策结构方向调整，平衡国别之间开放程度差异过大现象，从而提升该领域的国别经济安全程度。同时针对日资银行类机构对我国本土银行机构综合控股比例相对较低所维持的中度安全状态，以及近几十年来我国银行业无论是在市场业务规模上还是在股权比例上对主要国家金融机构的开放程度都表现不足，因此进一步深入开放包括本土银行业在内的金融业，从准入门槛、经营业务范围、参股控股比例等方面逐步放开标准，以吸引更多优质国际金融机构进入我国境内开展经营业务，以提升本土金融机构的国际竞争力和主要城市的国际金融中心地位。

第5章 中俄经济安全风险程度动态测度分析

俄罗斯作为领土面积最大的国家和中国最大的邻国，拥有世界排名第二的强大军事力量和世界储量领先的自然资源，对世界政治格局与能源经济走势有着重要影响作用。作为金砖五国之一的新兴经济体，俄罗斯在传统能源、清洁核能、有色矿产和淡水资源、森林资源储量等方面处于世界领先地位，同时在传统能源工业、军事科技工业、农业以及航空航天领域等保持世界领先优势，中国与俄罗斯在产业结构上具有很大的互补性，使得两国之间经贸往来密切且中国在一些重点领域对俄罗斯的进口依赖程度严重。统计数据显示：2020 年中国对俄罗斯进出口总额达到 7466 亿元，在中国对外贸易国家中排名第 11 位，其中出口额为 3506 亿元（排名第 14 位），进口额为 3960 亿元（排名第 8 位），一直以来俄罗斯作为中国前十大贸易伙伴国，中国在石油、天然气、有色矿产及木材资源、高新技术产品以及粮食产品等领域对俄罗斯进口依赖严重。与此同时，中国连续十余年是俄罗斯第一大贸易伙伴国，俄罗斯对中国出口与进口市场需求亦存在严重依赖，中俄之间的竞争与合作影响到两国对外经济发展战略格局乃至国家经济安全。

2021 年 11 月，中共中央政治局审议了《国家安全战略（2021—2025 年）》，并强调要“统筹做好政治安全、经济安全、社会安全、科技安全、新型领域安全等重点领域、重点地区、重点方向国家安全工作”，在确保国家政治安全前提下，经济安全被放在非常突出的位置。当前国际政治经济格局加速演变，单边主义、霸权主义、贸易保护主义等不断抬头，中国与俄罗斯作为联合国五个常任理事国之一，在维护国际政治经济秩序和地区和平稳定等方面起到了非常重要作用；同时中国与俄罗斯作为世界军事实力排名前三的大国，两国也在军事工业、航空航天、新兴能源、农业等领域展开激烈竞争。不仅如此，俄罗斯作为我国北方最大的军事强国，除了经济领域外，历史上曾在地缘政治、领土争端、核安全威胁等领域对我国存在较大风险威胁与挑战。因此，从维护总体国家安全视角来研究评估俄罗斯对我国经济安全风险影响程度及监管防范对策，在当前及今后一段时期具有非常重要的理论价值与现实战略意义。

5.1 中俄经济安全风险指数测度评估分析

通过收集中国与俄罗斯经贸投资往来的相关风险度量指标数据，并根据前文所构建的中国经济安全风险测度指标体系和国别经济安全测度模型方法，本节对2010—2020年俄罗斯对我国经济安全风险影响程度进行了一次全面动态定量测度分析，最终计算结果如表5－1所示。

表5－1　中俄经济安全风险程度指数测算结果（2010—2020年）

年份	中俄经济安全条件得分	中国经济安全能力得分	中俄经济安全总得分	经济安全等级
2010	56.47	57.48	57.07	中度不安全
2011	58.72	60.75	59.94	中度不安全
2012	58.66	64.00	61.86	低度不安全
2013	59.66	66.18	63.57	低度不安全
2014	60.96	67.40	64.82	低度不安全
2015	55.84	66.28	62.11	低度不安全
2016	54.02	66.04	61.23	低度不安全
2017	55.89	66.64	62.34	低度不安全
2018	55.48	65.65	61.58	低度不安全
2019	56.82	65.64	62.11	低度不安全
2020	48.92	61.58	56.51	中度不安全

从表5－1可知，2010—2020年俄罗斯对我国经济安全的总体风险影响处于从中度不安全到低度不安全的变化态势。从安全状态区间分析，2010—2011年和2020年处于中度不安全状态，2012—2019年处于低度不安全状态；从安全程度趋势分析，2010—2014年处于缓慢上升态势，而2015—2020年则呈现以低度不安全为主的波动态势。

5.2 中俄重点领域经济风险分析

本节进一步测算了中俄经济安全条件的分领域风险程度指数得分，最终结果如表

5－2 所示。

表 5－2　　中俄经济安全条件分领域风险程度指数计算结果（2010—2020 年）

年份	对外贸易安全得分	实体产业安全得分	战略资源安全得分	财政金融安全得分	经济安全条件得分	经济安全条件等级
2010	45.12	50.47	33.24	85.53	56.47	中度不安全
2011	47.36	56.53	33.33	85.40	58.72	中度不安全
2012	51.66	54.92	31.08	85.45	58.66	中度不安全
2013	56.54	54.31	32.06	85.48	59.66	中度不安全
2014	52.11	56.05	41.88	84.48	60.96	低度不安全
2015	47.07	52.05	26.77	84.86	55.84	中度不安全
2016	42.42	48.68	27.71	84.63	54.02	中度不安全
2017	51.78	49.10	27.63	84.26	55.89	中度不安全
2018	43.84	51.28	31.08	83.69	55.48	中度不安全
2019	44.48	58.62	25.94	83.84	56.82	中度不安全
2020	19.75	48.61	26.42	83.68	48.92	中度不安全

根据表 5－2 计算结果，2010—2020 年俄罗斯对我国经济安全条件的风险影响主要处于中度不安全状态（除 2014 年为 61.0 分并处于低度不安全）且安全程度呈缓慢下降态势。从安全状态区间分析，2010—2013 年和 2015—2020 年处于中度不安全状态，2014 年处于低度不安全状态；从安全程度趋势分析，2010—2014 年有缓慢上升态势，而 2015—2020 年则呈现以中度不安全为主的波动态势。进一步对造成中俄经济安全条件分领域风险程度得分及背后原因进行如下分析：

5.2.1　对外贸易领域

本部分进一步对中俄对外贸易领域风险程度指数得分进行了计算，如表 5－3 所示。

表 5－3　　中俄对外贸易领域风险程度指数得分（2010—2020 年）

年份	中方对俄罗斯贸易综合依存度	中方对俄罗斯出口加权集中度	中方对俄罗斯进口加权集中度	俄罗斯对华反倾销立案数占全球对华反倾销立案总数比重	对外贸易安全得分
2010	52.34	0.00	0.00	89.32	45.12
2011	58.55	0.00	0.00	89.57	47.36
2012	66.47	0.00	0.00	94.66	51.66

续表

年份	中方对俄罗斯贸易综合依存度	中方对俄罗斯出口加权集中度	中方对俄罗斯进口加权集中度	俄罗斯对华反倾销立案数占全球对华反倾销立案总数比重	对外贸易安全得分
2013	77.34	0.00	0.00	98.22	56.54
2014	68.58	0.00	0.00	93.69	52.11
2015	73.13	0.00	0.00	71.60	47.07
2016	65.22	0.00	0.00	65.32	42.42
2017	70.21	0.00	0.00	90.69	51.78
2018	59.02	0.00	0.00	77.29	43.84
2019	59.47	0.00	0.00	78.89	44.48
2020	56.43	0.00	0.00	0.00	19.75

2010—2020年俄罗斯对我国对外贸易领域的影响处于中度不安全变化态势（除2020年外），其中2010—2013年安全程度呈现不断上升态势，而2014—2016年则呈现不断下降态势，2016—2019年处于波动态势，2020年突然出现了危机状态，对2010—2020年造成中俄对外贸易领域安全程度变化的影响原因作如下进一步分析：

首先，我国对俄罗斯无论是出口加权集中度还是进口加权集中度均相对严重并均处于危机状态，这是造成中俄对外贸易领域安全程度下降的首要原因。俄罗斯作为资源大国与我国北方的友邦，能够弥补我国石油、天然气、有色矿产以及森林木材等自然资源需求缺口，而我国则可以向俄罗斯输出服装、鞋、纱线等轻纺产品来弥补其轻工业生产不足的缺口；俄罗斯作为我国最大的邻国，两国之间产业结构存在较大互补性，容易导致两国对外贸易出现相互依赖与集中的风险。

其次，我国对俄罗斯贸易综合依存度相对较高。2010—2020年我国对俄罗斯综合贸易依存度总体处于中度不安全到中度安全状态区间变化，其中，2010—2013年贸易综合依存度不断下降，安全程度由中度不安全上升到中度安全状态；2014—2017年贸易综合依存度相对平稳并处于低度不安全到中度安全状态区间；2018—2020年贸易综合依存度又出现上升，安全程度下降至中度不安全状态。

最后，俄罗斯对我国发起的贸易争端案件数相对较少并对中俄对外贸易领域安全程度起到了一定支撑作用。2010—2019年俄罗斯对华反倾销立案数占全球对华发起的反倾销立案总数的比重相对较低，并处于低度不安全到极高度安全状态，其中，2010—2014年和2017年处于高度到极高度安全状态，2015年和2018—2019年处于中度安全状态，2016年处于低度不安全状态。2020年俄罗斯对华发起的反倾销立案数量及占比突然出现大幅上升，安全程度下降至危机状态，需引起警惕。

5.2.2 实体产业领域

本部分进一步对中俄实体产业领域风险程度指数得分进行了计算，如表5－4所示。

表5－4　　中俄实体产业领域风险程度指数得分（2010—2020年）

年份	七大关键产业外资企业市场占有率	俄罗斯发明专利占中国发明专利授权量的比重	中国专利在国际专利授权中的比重	中国对俄罗斯直接投资市场加权集中度	年利用俄商直接投资占GDP的综合比重	高新技术产品进口依赖度	实体产业安全得分
2010	20.82	73.10	61.17	0.00	94.75	57.99	50.47
2011	20.55	70.57	100.00	0.00	82.98	66.38	56.53
2012	20.47	69.72	100.00	0.00	81.55	58.52	54.92
2013	20.35	67.56	100.00	0.00	74.80	63.31	54.31
2014	20.82	73.30	100.00	0.00	90.55	53.23	56.05
2015	20.36	77.48	100.00	0.00	73.04	43.47	52.05
2016	22.33	80.41	100.00	0.00	89.59	0.00	48.68
2017	20.71	78.07	100.00	0.00	81.27	15.75	49.10
2018	21.48	75.01	100.00	0.00	97.61	13.85	51.28
2019	21.56	75.89	100.00	100.00	98.59	7.94	58.62
2020	20.00	74.98	100.00	0.00	97.57	0.00	48.61

2010—2020年俄罗斯对我国实体产业领域的风险影响处于中度不安全状态区间，其中，2010—2014年安全程度处于缓慢波动态势，而2015—2016年则处于下降态势，2017—2020年又处于缓慢上升态势。对2010—2020年造成中俄实体产业领域安全程度变化的影响原因作如下分析：

第一，中国七大关键产业俄资企业市场占有率相对较低，并使得该领域呈现出中资企业因市场业务对外开放程度严重不足所导致的不安全状态，这是造成实体产业领域安全程度下降的重要原因。2010—2020年俄罗斯对我国七大关键产业领域的外资市场综合加权占有率的平均安全得分仅为20.9分，表现出国别对外开放程度相对不足所导致的被动不安全态势。国家经济安全是开放中的动态安全，而并非封闭状态下的被动安全，真正强国是在动态开放过程中主动提升中资企业市场国际竞争力的风险防御能力。

第二，2010—2018年和2020年我国对俄罗斯直接投资市场加权集中度相对较高并处于危机状态，这是造成期间实体产业领域安全程度得分下降的另一重要原因。除

2019 年因消化前两年高投资以及受中美贸易摩擦持续深化影响等我国对俄直接投资额出现了短暂回落，安全程度上升至极高度安全状态。由于我国实施“一带一路”并加大了对沿线国家的海外投资力度，其中近十余年我国对俄罗斯直接投资额出现了明显上升态势，并在 2015 年达到了近十年来的最大值 29.61 亿美元。俄罗斯作为我国“一带一路”沿线上的重要国家和全面战略伙伴邻邦，中俄在石油、天然气管道等传统能源项目、水电站建设、亚欧走廊等交通设施、发动机供应、农业以及高端武器合作研发等许多领域有着投资合作，而俄罗斯因俄乌战争影响等而受到了美国与欧盟的强力制裁，也加大了对我国的出口与合作力度，未来一段时间中俄之间的投资合作与经贸集中程度预期还会持续。

第三，我国对俄罗斯高新技术产品进口依赖程度相对严重，并处于从低度不安全下降至危机状态。其中 2011 年和 2013 年处于低度不安全，2010 年、2012 年和 2014—2015 年处于中度不安全，2016—2020 年则处于危机状态。俄罗斯作为传统重工业国家，在基础科学、军事工业以及航空航天等领域保持领先优势，我国每年向俄罗斯进口大量电子通信技术产品、基础科学仪器、现代制药产品以及军工等高科技产品，近六年来对俄罗斯特定领域高新技术产品进口依赖度呈现逐渐上升态势，从而使得我国对俄罗斯在该领域的国别经济风险相对严重。

第四，我国专利在国际专利授权量中的比重方面，俄罗斯对我国的影响程度很轻并主要处于极高度安全状态，对中俄实体产业领域安全程度起到了重要支撑作用（除 2010 年为 61.2 分，处于低度不安全外）。这主要得益于近十多年我国企业和科研院所不断加大研发投入与创新力度，使得我国在国际专利授权量中的比重不断上升，从 2010 年的 9.06% 上升到 2020 年的 29.27%，而期间俄罗斯在国际专利授权量中的比重则从 2010 年的 2.52% 下降至 2020 年的 1.29%，两国比重的相对变化使得期间俄罗斯对我国在该领域的影响程度不断下降并处于极高度安全状态。

第五，俄罗斯发明专利占我国发明专利授权量的比重相对很低，主要表现为俄发明专利占比相对不足并维持在低度安全到高度安全变化状态。其中，2012—2013 年处于低度不安全，2010—2011 年、2014—2015 年和 2017—2020 年处于中度安全、2016 年处于高度安全状态。统计比较发现，2010—2020 年美国、日本和欧盟发明专利占我国发明专利授权总量的比重很高并处于危机状态，而俄罗斯、印度与巴西等国在我国发明专利授权量中的比重相对较低并维持低度不安全到高度安全状态。

第六，在利用俄罗斯外商直接投资占我国 GDP 比重方面位于相对合理警限区间，并处于中度安全到极高度安全波动态势，其中，2013 年与 2015 年处于中度安全，其余年份处于高度到极高度安全状态。统计比较发现，近十余年来，我国对美国外商直接投资的依赖度逐渐下降并由2010年的危机状态逐渐上升到2020年的低度不安全状态，但对日本、欧盟与东盟外商直接投资的依赖度一直很高并处于危机状态。

5.2.3 战略资源领域

本部分进一步对中俄战略资源领域风险程度指数得分进行了计算，如表5－5所示。

表5－5　　中俄战略资源领域风险程度指数得分（2010—2020年）

年份	石油进口依存度	天然气进口依存度	能源综合加权对外依存度	有色金属矿业对外依存度	粮食对外依存度	战略资源安全得分
2010	0.00	97.58	47.23	0.00	59.60	33.24
2011	0.00	78.63	57.13	0.00	59.67	33.33
2012	0.00	83.61	39.92	0.00	60.00	31.08
2013	0.00	60.00	37.43	10.90	59.99	32.06
2014	0.00	67.15	6.99	58.32	59.64	41.88
2015	0.00	74.33	0.00	0.00	69.41	26.77
2016	0.00	79.39	0.00	0.00	71.19	27.71
2017	0.00	85.16	0.00	0.00	69.39	27.63
2018	0.00	95.18	0.00	0.00	78.24	31.08
2019	0.00	35.76	0.00	0.00	76.92	25.94
2020	0.00	0.00	0.00	0.00	88.06	26.42

2010—2020年俄罗斯对我国战略资源领域的风险影响处于重度不安全到危机状态且安全程度呈缓慢下降态势（除2014年为41.9分，处于中度不安全外）。其中，2010—2013年和2018年处于重度不安全状态，2015—2017年和2019—2020年处于危机状态。进一步对2010—2020年造成中俄战略资源领域安全程度变化的影响原因作如下分析：

第一，我国对俄罗斯有色金属矿产资源进口依存度相对严重并处于危机状态（除2014年处于中度不安全外），这是造成期间中俄战略资源领域安全程度得分低下的首先原因。俄罗斯拥有世界上丰富的有色金属矿产资源，是世界上重要的有色金属生产与贸易大国，俄罗斯对本国的有色金属矿产资源进行了大量的开采与对外贸易，而我国每年向俄罗斯进口大量原铝与铝合金，精炼镍及合金，镍、铅、锌、锡矿砂及精矿，以及阳极铜、铜合金、镍铁等以满足国内消费需求，并对俄罗斯有色金属矿产资源形成了严重进口依赖。

第二，我国对俄罗斯石油进口依存度相对严重并处于危机状态，这是造成中俄战略资源领域安全程度较低的另一重要原因。俄罗斯是世界上石油储备大国，石油储量约为 800 亿桶，排名世界第 9 位。我国是世界上石油消费大国，而自身的石油生产量相比消费量存在较大供需缺口，我国每年需向世界主要石油供应国进口大量石油，其中一直以来对俄罗斯石油进口依存程度相对严重，同时我国也是俄罗斯主要能源出口市场，彼此之间存在严重的资源与市场需求依赖。

第三，我国对俄罗斯能源综合加权对外依存度越发严重并处于从中度不安全到危机状态。其中，2010—2011 年处于中度不安全，2012—2013 年处于重度不安全，2014—2020 年处于危机状态。传统能源是指煤炭、石油和天然气，造成我国对俄罗斯能源综合加权对外依存度相对严重主要在于煤炭与石油，石油进口方面上面已述。我国目前虽然制定了“碳达峰碳中和”远景目标，但目前煤炭依然是支撑我国能源消费的主体，虽然近些年我国煤炭消费量在传统能源消费结构中所占比重在逐渐降低，但到 2020 年煤炭消费占比仍然达到了 56.8%。我国煤炭生产量多年位居全球第一，但相比国家巨大的煤炭消费需求量仍然存在供需缺口，我国每年向印度尼西亚、澳大利亚、蒙古国、俄罗斯和菲律宾等进口大量煤炭资源以弥补国内煤炭供需不足，尤其是近些年对俄煤炭进口量大幅度增加，综合造成对俄能源进口依存度相对严重。

第四，我国对俄罗斯天然气进口依存度在大部分年份相对较低，对中俄战略能源领域安全程度得分形成了一定支撑作用。2010—2013 年我国对俄罗斯天然气进口依存度逐渐降低并主要表现为进口资源利用相对不足，安全程度从极高度安全下降到低度不安全；2014—2018 年我国对俄天然气进口量逐步提升并回归到合理区间，安全程度从低度不安全上升到极高度安全；2019—2020 年我国对俄天然气进口量大幅度上升，安全程度下降至重度不安全到危机状态。在 2014 年中国和俄罗斯天然气工业股份公司（“俄气”）在上海签署了《中俄东线供气购销合同》。合同规定从 2018 年起，俄罗斯开始通过中俄天然气管道东线向我国供气，输气量逐年增长，因此自 2018 年以来，我国对俄天然气依存度出现大幅上升。

第五，我国对俄罗斯主要粮食进口依存度由进口利用相对不足逐渐上升到合理利用区间，安全程度由低度不安全上升到高度安全，对中俄战略资源领域安全程度提升起到了重要支撑作用。2010—2014 年我国对俄罗斯粮食资源进口利用严重不足，导致期间维持在低度不安全状态；从 2015 年开始我国逐渐加大对俄罗斯优质粮食产品进口，进口品种主要包括大豆、玉米及少量稻谷与大米，对俄粮食依存度逐渐上升至相对合理区间，安全程度从低度不安全上升到高度安全状态。

5.2.4 财政金融领域

本部分进一步对中俄财政金融领域风险程度指数得分进行了计算，如表 5 -6 所示。

表 5 -6　　中俄财政金融领域风险程度指数得分（2010—2020 年）

年份	俄资银行在华资产占中国银行业总资产比重	俄资金融机构对中国银行类机构的综合控股比率	外债总额占外汇储备比重	外债偿债率	短期外债占外汇储备比重	财政金融安全得分
2010	60.32	70.00	100.00	99.61	95.26	85.53
2011	60.22	70.00	100.00	99.59	94.69	85.40
2012	60.19	70.00	100.00	99.63	94.92	85.45
2013	60.13	70.00	100.00	99.65	95.12	85.48
2014	60.25	70.00	100.00	99.42	89.70	84.48
2015	60.09	70.00	100.00	99.07	92.30	84.86
2016	60.50	70.00	100.00	98.82	90.90	84.63
2017	60.14	70.00	100.00	98.93	89.08	84.26
2018	60.31	70.00	100.00	98.80	85.86	83.69
2019	60.27	70.00	100.00	98.68	86.86	83.84
2020	60.29	70.00	100.00	98.77	85.88	83.68

2010—2020 年俄罗斯对我国财政金融领域的风险影响处于高度安全状态且变化比较稳定，对中俄经济安全条件总得分起到了非常重要的支撑作用。进一步对 2010—2020 年造成中俄财政金融领域安全程度高且稳定的影响原因作如下分析：

首先，我国对俄罗斯外债偿付能力方面，外债总额占外汇储备比重和年度外债偿债率方面均一直处于极高度安全状态；同时在对俄短期外债占外汇储备的比重也处于高度安全到极高度安全状态区间，对中俄财政金融领域安全程度形成了最重要的支撑。统计发现，近十多年来我国对世界主要国家的外债偿付能力方面均处于高度到极高度安全状态，这主要得益于我国近几十年来一直处于对外贸易顺差并积累了大量外汇储备，2020 年中国外汇储备量为 3.22 万亿美元，总量遥居世界第一，有力抵御了来自国际金融市场的各种不确定性游资冲击威胁风险，维护了我国外汇市场与资本市场的安全稳定。从 2017 年起我国对俄罗斯短期外债偿付能力方面从极高度安全略降至高度安全，这主要由于近些年中俄双方贸易额大幅度上升，我国对俄罗斯进口形成了大量短期贸易性外债欠款，但该借款属于正常商业信用融资，并不会对中俄短期外债偿付产生较大风险。

其次，俄资金融机构对中国银行类机构的综合控股比率还很低，主要表现为中资金融机构对外开放程度不足并维度在中度安全状态，这是造成中俄财政金融领域安全程度得分下降的重要原因。统计数据发现，除欧盟部分国家在2010—2013年对中资金融机构控股比率较高外，其他如美国、日本、欧盟、东盟等对中资金融机构的综合控股比率均比较低，从而使得我国金融业因对外开放程度相对不足而总体维持在中度安全状态区间。从2019年3月30日起国务院修改政策并进一步放宽银行、证券、保险行业外资持股比例限制，放宽外资金融机构设立限制，扩大外资金融机构在华业务范围等，而我国金融业开放承诺也逐步转向负面清单模式，预计中资金融机构的外资持股比例将进一步上升，这有利于提升该领域安全程度。

最后，俄资银行在华资产占中国银行业总资产的比重相对很低，主要表现为我国本土银行机构市场业务对外开放程度相对不足的被动安全，并维持在低度不安全状态，这是造成中俄财政金融领域安全程度得分下降的另一重要原因。统计数据发现，近十多年来我国银行业中外资银行类机构在华资产占比一直很低（小于2%），比如2010年外资银行资产所占比重为1.83%，2020年为1.18%，近些年该比重呈现不断下降态势，这与我国承诺深入扩大金融业对外开放不相符，也与我国金融业走向国际化的趋势不相符，落实负面清单制并吸引更多优质外资金融机构参与到我国金融市场国际化建设中来，是提升本土金融机构国际竞争力与增强自身抵御国际金融市场风险冲击威胁能力的重要举措。

5.3 提升中俄经济安全的监管防范对策

中国和俄罗斯作为世界综合国力排名前列的大国，近些年两国之间经贸投资往来愈加密切，中方在一些重点领域对俄罗斯进口依赖严重并可能影响威胁到国家经济安全。本书基于国别经济安全条件与经济安全能力双逻辑维度，从六大经济安全领域重点选取了44项风险指标构建了中国经济安全风险测度指标体系，并依据国家经济安全指标依国别分解法构建了他国对中国经济安全影响的动态测度模型，对2010—2020年俄罗斯对我国经济安全风险影响程度进行了一次全面动态测度分析，研究发现：2010—2020年俄罗斯对我国经济安全风险总体影响处于从中度不安全到低度不安全变化态势，其中2010—2011年和2020年处于中度不安全状态，2012—2019年处于低度不安全状态。2010—2020年俄罗斯对我国经济安全条件的影响主要处于中度不安全状态且安全程度呈缓慢下降态势。其中，在战略能源领域我国对俄有色金属矿产资源、石油与煤炭资源进口依赖严重，在实体产业领域中方在七大关键产业向俄开放严重不足，对俄直接投资集中度及对俄高新技术产品进口依赖度相对严重，在对外贸易领域中方对俄贸易综合依存度较高且对俄进出口集中度高是造成相应领域安全程度下降的主要成因。

针对俄罗斯对我国经济安全风险总体影响程度及分领域背后的主要风险影响成因，本书就如何提升中俄国别经济安全程度提出了如下对策建议：

5.3.1 加强中俄能源合作以保障战略资源稳定供应，并积极寻找海外市场替代以缓解对俄罗斯进口依赖严重与过度集中的风险

通过前文分析，我国在有色金属矿产资源、石油、煤炭、特定领域高新技术产品等对俄罗斯进口依赖严重，这是由于传统能源及矿产资源等存储量有限且全球分布极不均匀等。第一，我国需与俄罗斯等主要资源供应国保持良好的国际政治关系以确保重要战略资源的稳定供应；第二，积极寻求海外市场产品替代以降低我国对俄罗斯等少数国家进口或出口依赖严重问题；第三，通过“国内国际双循环”战略挖掘国内市场消费需求潜力以降低外部环境不确定下中方对俄罗斯等少数国家贸易依存度较高且过度集中的风险；第四，加强中俄能源公司盈利模式与技术开发合作，加强技术支持与沿线保护，以确保中俄东线油气管道运输安全稳定；第五，要大力加强新型可再生能源的研发、推广与应用便利，以逐渐降低对传统能源的需求依赖。

5.3.2 不断增强中国在国际上的综合科技创新能力

前文分析发现，我国在部分特定领域对俄罗斯高新技术产品进口依赖严重，同时虽然近十多年来俄罗斯发明专利对我国国内与国际发明专利申请授权量比重的影响程度较轻，但美国、日本与欧盟等却对我国企业创新专利申请形成严重竞争挤压态势，加之我国工业企业研发经费投入占比相比欧美发达国家相对较低。第一，从制度体制上营造有利于激发创新的环境机制，充分激发市场创新活力，以解决我国面临的技术“卡脖子”问题；第二，通过政策引导、政府补贴、专利技术保护、上市条件便利等支持鼓励企业加大科研经费投入和创新产出，营造科技强国的良好社会氛围并鼓励高科技企业创造技术红利与环境红利；第三，研究与开发是一项从投入到产出效益高度

风险不确定性但长期利国利民的活动，因此需从引进人才待遇保障、科研经费合理使用、职称晋升评价标准与业绩考核指标等方面营造宽容良性的氛围，使科研人才能沉心专注于科研攻关，避免科研管理短视化、机械化、形式化等情况发生；第四，科技创新是全人类的事业，鼓励加强中俄等国际科研合作交流，有比较借鉴才知不足与改进空间，充分利用国内外资源共同推进科技创新进步。

5. 3. 3 进行国别政策性结构方向调整，以提升国别经济安全程度

前文分析发现，我国在七大关键产业对俄罗斯主要表现为因市场业务开放程度相对不足所导致的不安全状态，同时发现，中国对东盟国家则表现为开放程度相对过度所导致的重度不安全到危机状态，中国在关键产业领域对外开放政策方面可考虑进行分国别政策结构方向调整，平衡国别之间开放程度差异过大现象，从而提升该领域的国别经济安全程度。同时我国银行业无论是在市场业务上还是在股权比例上对俄罗斯等主要国家金融机构的开放程度都表现相对不足，并维持在低度到中度安全态势。因此，进一步深入开放包括本土银行业在内的金融业，从准入门槛、经营业务范围、参股控股比例等方面逐步放开标准，吸引更多优质国际金融机构进入我国境内开展经营业务，以提升本土金融机构的国际竞争力和主要城市的国际金融中心地位。

第 6 章 中印经济安全风险程度动态测度分析

中国和印度作为全球 GDP 排名前六和总人口超过 10 亿的发展中新兴大国经济体，近些年两国之间经贸往来密切，中方在一些重点领域对印度存在严重依赖。统计数据显示：2020 年中国对印度进出口总额达到 6058 亿元，在中国对外贸易国家中排名第 11 位，其中出口额为 4613 亿元（排名第 9 位），进口额为 1445 亿元（排名第 8 位）。印度作为金砖五国之一，在现代研发制药、IT 软件外包、电影业、金融服务业、太空探测、农业生产等领域处于国际领先地位，而一直以来印度作为中国在南亚地区的最大贸易伙伴，中国对印度进口大量有色金属矿产资源、化工产品、纺织品及原料等，并在有色金属矿产及部分高新技术产品等方面对印度形成进口依赖。与此同时，中国连续多年是印度第一大贸易伙伴国，印度在机电产品、化工产品、金属制品等领域对中国亦存在进口依赖严重，中印之间的竞争与合作影响到两国对外经济发展战略格局乃至国家经济安全。

2021 年 11 月，中共中央政治局审议了《国家安全战略（2021—2025 年）》，并强调要“统筹做好政治安全、经济安全、社会安全、科技安全、新型领域安全等重点领域、重点地区、重点方向国家安全工作”，在确保国家政治安全前提下，经济安全被放在非常突出的位置。当前国际政治经济格局加速演变，单边主义、霸权主义、贸易保护主义等不断抬头，中印作为金砖国家主要成员和世界军事实力排名前四的强国，在建立国际政治经济新秩序和地区和平稳定等方面发挥着非常重要作用；同时两国也在军事竞备、太空技术、照明及光电制造业、现代农业等领域展开激烈竞争。不仅如此，印度作为我国南面最大的军事强国，除了经济领域外，印度在地缘领土争端、南海问题、海外能源争夺、印度洋航线等领域对我国存在较大风险威胁与挑战。因此，从维护总体国家安全视角来研究评估印度对我国经济安全的影响程度及防范对策，在当前及今后一段时期具有非常重要的理论价值与现实战略意义。

6.1 中印经济安全风险指数测度评估分析

通过收集中国与印度经贸投资往来的相关风险度量指标数据，并根据前文所构建的中国经济安全风险测度指标体系和国别经济安全测度模型方法，本节对2010—2020年印度对我国经济安全风险影响程度进行了一次全面动态定量测度分析，最终计算结果如表6-1所示。

表6-1　中印经济安全风险程度指数测算结果（2010—2020年）

年份	中印经济安全条件得分	中印经济安全能力得分	中印经济安全总得分	经济安全等级
2010	54.51	57.48	56.29	中度不安全
2011	52.65	60.75	57.51	中度不安全
2012	54.82	64.00	60.33	低度不安全
2013	56.27	66.18	62.22	低度不安全
2014	57.14	67.40	63.29	低度不安全
2015	57.20	66.28	62.65	低度不安全
2016	59.00	66.04	63.22	低度不安全
2017	57.10	66.64	62.82	低度不安全
2018	57.83	65.65	62.52	低度不安全
2019	58.88	65.64	62.93	低度不安全
2020	61.01	61.58	61.35	低度不安全

由表6-1可得知，2010—2020年印度对我国经济安全的总体风险影响处于从中度不安全到低度不安全变化状态。从安全状态区间分析，2010—2011年处于中度不安全状态，2012—2020年处于低度不安全状态；从安全程度变化趋势分析，2010—2014年处于从中度不安全到低度不安全的安全程度缓慢上升态势，而2014—2020年则处于低度不安全区间波动态势。

6.2 中印重点领域经济风险分析

本节进一步测算了中印经济安全条件的分领域风险程度指数得分，最终结果如表

6－2 所示。

表 6－2　　中印经济安全条件分领域风险程度指数计算结果（2010—2020 年）

年份	对外贸易安全得分	实体产业安全得分	战略资源安全得分	财政金融安全得分	经济安全条件得分	经济安全条件等级
2010	17.80	56.29	42.00	85.54	54.5	中度不安全
2011	18.83	49.58	42.00	85.38	52.7	中度不安全
2012	26.18	51.71	42.00	85.58	54.8	中度不安全
2013	29.79	54.15	42.00	85.57	56.3	中度不安全
2014	33.27	55.31	42.00	84.96	57.1	中度不安全
2015	38.99	51.29	42.00	85.38	57.2	中度不安全
2016	39.88	56.68	42.00	85.39	59.0	中度不安全
2017	38.45	51.55	42.00	85.14	57.1	中度不安全
2018	38.39	51.60	46.03	84.90	57.8	中度不安全
2019	38.07	45.69	60.09	85.13	58.9	中度不安全
2020	34.25	54.24	61.73	85.15	61.0	低度不安全

根据表 6－2 计算结果，2010—2020 年印度对我国经济安全条件的风险影响主要处于从中度不安全到低度不安全的缓慢上升态势。从安全状态区间分析，2010—2019 年处于中度不安全状态，2020 年处于低度不安全状态；从安全程度趋势分析，2010—2020 年呈现缓慢波动上升态势。进一步对造成中印经济安全条件分领域风险程度指数得分及背后原因进行如下分析：

6.2.1 对外贸易领域

本部分进一步对中印对外贸易领域风险程度指数得分进行了计算，如表 6－3 所示。

表 6－3　　中印对外贸易领域风险程度指数得分（2010—2020 年）

年份	中方对印度贸易综合依存度	中方对印度出口加权集中度	中方对印度进口加权集中度	印度对华反倾销立案数占全球对华反倾销立案总数比重	对外贸易安全得分
2010	50.87	0.00	0.00	0.00	17.80
2011	53.80	0.00	0.00	0.00	18.83
2012	74.79	0.00	0.00	0.00	26.18
2013	85.10	0.00	0.00	0.00	29.79

续表

年份	中方对印度贸易综合依存度	中方对印度出口加权集中度	中方对印度进口加权集中度	印度对华反倾销立案数占全球对华反倾销立案总数比重	对外贸易安全得分
2014	91.60	0.00	6.91	0.00	33.27
2015	100.00	0.00	22.77	0.00	38.99
2016	96.00	0.00	35.87	0.00	39.88
2017	96.00	0.00	27.71	0.00	38.45
2018	97.00	0.00	25.37	0.00	38.39
2019	93.00	0.00	31.54	0.00	38.07
2020	92.00	0.00	11.71	0.00	34.25

2010—2020年印度对我国对外贸易领域的风险影响处于从危机到重度不安全的安全程度先不断上升再缓慢下降的变化态势，其中，2010—2016年安全程度呈现不断上升态势，而2017—2020年则呈缓慢下降态势，对2010—2020年造成中印对外贸易领域风险程度变化的影响原因作如下进一步分析：

首先，我国对印度无论是出口加权集中度还是进口加权集中度均相对严重，并处于重度不安全到危机状态，这是造成中印对外贸易领域安全程度得分下降的首要原因。印度作为南亚人口与领土大国，能够弥补我国在有色金属矿产资源、化工产品、纺织产品及原料等方面的需求缺口，而我国则向印度出口大量机电产品、化工产品、贱金属及制品等以弥补印度国内需求缺口；作为我国南面最大邻国，印度在农业和信息服务业等方面具有优势，而我国在现代制造业等方面具有优势，两国之间产业结构存在一定互补性，容易导致两国对外贸易出现依存与集中的风险。

其次，印度对我国发起的贸易争端案件数相对很高，这是造成中印对外贸易领域安全程度得分下降的另一重要原因。2010—2020年印度对华发起的反倾销立案数占全球对华反倾销立案总数的比重相对很高，并一直处于危机状态。以2020年为例，美国对华发起的反倾销立案数为13起，日本1起，俄罗斯5起，巴西4起，欧盟共9起，东盟共17起，而印度高达29起。中印同样作为发展中的人口大国，经济结构相似之处较多，在国际贸易中存在诸多竞争摩擦，同时近些年印度对我国一直处于贸易逆差，印度以各种理由对我国发起反倾销活动，导致近些年反倾销立案数一起居高不下，需引起高度警惕。

最后，我国对印度综合贸易依存度总体处于从中度不安全到极高度安全状态区间，这是支撑中印对外贸易领域安全程度的重要原因。其中，2010—2015年中国对印度贸易依存度不断下降，安全程度从中度不安全上升到极高度安全状态；2016—2020

年我国对印度贸易依存度进一步下降但处于合理的警限区间范围，处于极高度安全状态。

6.2.2 实体产业领域

本部分进一步对中印实体产业领域风险程度指数得分进行了计算，如表 6－4 所示。

表 6－4 中印实体产业领域风险程度指数得分（2010—2020 年）

年份	七大关键产业外资企业市场占有率	印度发明专利占中国发明专利授权量的比重	中国专利在国际专利授权中的比重	中国对印度直接投资市场加权集中度	年利用印商直接投资占 GDP 的综合比重	高新技术产品进口依赖度	实体产业安全得分
2010	21.05	73.22	100.00	90.39	98.79	0.92	56.29
2011	20.84	74.04	100.00	0.00	95.05	7.73	49.58
2012	20.83	78.91	100.00	0.00	98.35	14.11	51.71
2013	20.53	82.53	100.00	39.44	82.39	23.43	54.15
2014	21.03	84.56	100.00	0.00	98.30	32.04	55.31
2015	21.42	85.20	100.00	0.00	96.81	7.19	51.29
2016	20.92	81.82	100.00	100.00	91.15	0.00	56.68
2017	22.77	74.97	100.00	44.63	88.47	0.00	51.55
2018	20.76	72.70	100.00	62.67	85.19	0.00	51.60
2019	20.44	71.12	100.00	0.00	72.64	8.79	45.69
2020	20.00	75.63	100.00	68.77	73.20	24.70	54.24

2010—2020 年印度对我国实体产业领域的风险影响处于中度不安全状态区间，其中 2010—2015 年安全程度处于缓慢波动上升态势，而 2016—2019 年又呈缓慢下降态势，2020 年出现短暂上升态势。对 2010—2020 年造成中印实体产业领域安全程度变化的影响原因作如下分析：

第一，我国七大关键产业印资企业市场占有率很低，并使得该领域呈现出因中资企业市场业务对外开放程度严重不足所导致的不安全状态，这是造成实体产业领域安全程度下降的重要原因。2010—2020 年印度对我国七大关键产业领域的外资市场综合加权占有率的平均安全得分仅为 21 分，表现出对外开放程度相对不足所导致的被动不安全态势。国家经济安全是开放中的动态安全，而并非封闭状态下的被动安全，真正强国是在动态开放过程中主动提升中资企业市场国际竞争力的风险防御能力。

第二，我国对印度高新技术产品进口依赖程度相对严重，并处于从低度不安全下降至危机状态。其中，2011 年和 2013 年处于低度不安全，2010 年、2012 年和 2014—2015 年处于中度不安全，2016—2020 年则处于危机状态。印度作为传统重工业国家，在基础科学、军事工业以及航空航天等领域保持领先优势，我国每年向印度进口大量电子通信技术产品、基础科学仪器、现代制药产品以及军工等高科技产品，近六年来对印度特定领域高新技术产品进口依赖度呈现逐渐上升态势。

第三，2010—2020 年我国对印度直接投资市场加权集中度波动较大，2011—2015 年基本处于危机状态（除 2013 年处于重度不安全状态）。印度作为南亚地区快速发展中的大国，国内投资机会众多市场发展潜力巨大，并吸引了许多中国企业加大了对印度市场的投资，从 2011 年的 1.8 亿美元上升到 2015 年的 7.05 亿美元。然而近些年受地缘政治因素等的影响，印度对来自中国的投资审查愈发严苛，加上 2020 年以来印度受疫情影响严重，在印中资企业经营、投资环境发生变化，大幅提升了在印投资难度，并从 2016 年以后中国对印度的直接投资额出现了较大幅度回落（2016 年对印直接投资额仅为 9293 万美元）。2016—2020 年对印度平均投资额为 1.7 万亿美元并处于波动态势，这在一定程度上降低了对印度直接投资的集中度又提升了该领域的经济安全程度，2011—2020 年主要处于中度不安全到低度安全状态。

第四，我国专利在国际专利授权中的比重方面，印度对我国的影响程度较轻并主要处于极高度安全状态，对中印实体产业领域安全程度起到了重要支撑作用。这主要得益于近十多年我国企业和科研院所不断加大研发投入与创新力度，使得我国在国际专利授权量中的比重不断上升，从 2010 年的 9.06% 上升到 2020 年的 29.27%，而印度在国际专利授权量中的比重则仅从 2010 年的 0.33% 上升至 2020 年的 0.79%，两国比重上升速度的相对变化使得期间印度对中国在该领域的影响程度不断下降并处于极高度安全状态。

第五，印度发明专利占我国发明专利授权量中的比重相对很低，主要表现为印度发明专利国别占比相对不足并维持在中度安全到高度安全变化状态。其中，2010—2012 年和 2017—2020 年处于中度安全，2013—2016 年处于高度安全状态。统计比较发现，2010—2020 年美国、日本和欧盟发明专利占我国发明专利授权总量中的比重很高并处于危机状态，而俄罗斯、印度与巴西等国在我国发明专利授权量中的比重相对较低并维持低度不安全到高度安全状态。

第六，在利用印度外商直接投资占我国 GDP 的综合比重方面位于相对合理警限区间，并处于中度安全到极高度安全波动态势，其中，2013 年与 2015 年处于中度安全，其余年份处于高度到极高度安全状态。统计比较发现，近十余年来，我国对美国外商直接投资的依赖度逐渐下降并由 2010 年的危机状态逐渐上升到 2020 年的低度不安全状态，但对日本、欧盟与东盟外商直接投资的依赖度一直很高并处于危机状态。

6.2.3 战略资源领域

本部分进一步对中印战略资源领域风险程度指数得分进行了计算，如表 6－5 所示。

表 6－5　　中印战略资源领域风险程度指数得分（2010—2020 年）

年份	石油进口依存度	天然气进口依存度	能源综合加权对外依存度	有色金属矿业对外依存度	粮食对外依存度	战略能源安全得分
2010	60.00	60.00	60.00	0.00	60.00	42.00
2011	60.00	60.00	60.00	0.00	60.00	42.00
2012	60.00	60.00	60.00	0.00	60.00	42.00
2013	60.00	60.00	60.00	0.00	60.00	42.00
2014	60.00	60.00	60.00	0.00	60.00	42.00
2015	60.00	60.00	60.00	0.00	60.00	42.00
2016	60.00	60.00	60.00	0.00	60.00	42.00
2017	60.00	60.00	60.00	0.00	60.00	42.00
2018	60.00	60.00	60.00	13.42	60.00	46.03
2019	60.00	60.00	60.00	60.32	60.00	60.09
2020	60.00	60.00	60.00	65.76	60.00	61.73

2010—2020 年印度对我国战略资源领域的风险影响处于中度不安全和低度不安全状态且安全程度在 2017—2020 年呈现不断上升态势。其中，2010—2018 年处于中度不安全状态，2019—2020 年处于低度不安全状态。进一步对 2010—2020 年造成中印战略资源领域安全程度变化的影响原因作如下分析：

首先，我国对印度有色金属矿产资源进口依存度相对严重并主要处于危机状态（除 2019—2020 年处于低度不安全外），这是造成期间中印战略资源领域安全程度得分低下的重要原因。印度作为南亚面积大国，煤炭、铝土矿、钛铁矿、金红石等矿产资源储量比较丰富，其中多种矿产的储量和产量居世界前列。我国虽然自身矿产资源储量丰富，但矿产资源品种结构储量却呈现出不均衡性，同时近些年我国经济的快速发展对部分矿产品的需求量激增，也加大了对世界主要矿产资源国的进口力度，其中加大了对印度部分矿产资源品种的进口，主要包括精炼铜、原铝、氧化铝、铝土矿、精炼锌、锌矿砂及精矿等，自 2018 年中美贸易摩擦以及新冠疫情大流行以来，我国对印度矿产资源的进口量出现了一定程度下降，这在一定程度上降低了对印度矿产资源进口的集中度并提升了该领域的安全程度。

其次，我国对印度石油、天然气等传统能源进口依存度相对不足，并维持在低度不安全状态，这是造成期间中印战略资源领域安全程度得分下降的另一原因。我国与印度同为快速发展中的制造业大国，对传统能源的需求量同样巨大，两国都向世界其他国家进口原油等传统能源，但中印两国彼此之间的传统能源进出口量很低，主要表现为中印两国近十多年在中东、北非、中亚等国对石油、天然气等资源所展开的能源争夺战，以及中印能源公司对海外主要石油公司等的收购兼并争夺战和海外石油开采权的争夺等，预计中印海外能源竞争战还将继续，如何摒弃零和博弈思维加强中印两国之间的海外能源开采、能源运输通道以及能源科技开发等领域加强合作是另一重要议题。

最后，我国对印度粮食进口量严重不足，并维持在低度不安全状态区间。中印同为发展中国家、人口大国与农业大国，中国粮食生产总量大（2021 年达到 68285 万吨），但人均粮食自给率却偏低并维持紧平衡状态，每年需向国外进口大量粮食产品；印度虽然也是产粮大国（2021 年全球排名第 6），但其国内人均粮食自给率却非常严重。2021 年中国人均粮食生产量为 483 千克，而印度仅为 230.69 千克，还不到中国人均粮食产量的一半。印度约有 1/3 的人口生活在贫困线以下，近 2 亿人营养不良，约 27% 人口处于极度饥饿状态，相对于印度国内粮食需求缺口较大的情况，印度在粮食出口方面也趋于谨慎。然而，由于印度土地肥沃平坦，农业机械化水平较高，粮食产品质量较好并受到海外市场欢迎，在印度人均粮食自给率较低情况下仍然有相当一部分粮食产品出口到其他国家以换取外汇等，我国虽然也积极向海外进口大国粮食产品，然而主要集中在美国、澳大利亚、加拿大、巴西、俄罗斯、东南亚等国，我国对印度粮食进口量低下并维持在低度不安全状态区间。

6.2.4 财政金融领域

本部分进一步对中印财政金融领域风险程度指数得分进行了计算，如表 6 - 6 所示。

2010—2020 年印度对我国财政金融领域的风险影响处于高度安全状态且变化比较稳定，对中印经济安全条件总得分起到了非常重要的支撑作用。进一步对 2010—2020 年造成中印财政金融领域安全程度高且稳定的影响原因作如下分析：

首先，我国对印度外债偿付能力方面，外债总额占外汇储备的比重和年度外债偿

表 6-6　　中印财政金融领域风险程度指数得分（2010—2020 年）

年份	印资银行在华资产占中国银行业总资产比重	印资金融机构对中国银行类机构的综合控股比率	外债总额占外汇储备比重	外债偿债率	短期外债占外汇储备比重	财政金融安全得分
2010	60.47	70.00	100.00	99.60	95.20	85.54
2011	60.34	70.00	100.00	99.57	94.44	85.38
2012	60.45	70.00	100.00	99.67	95.37	85.58
2013	60.16	70.00	100.00	99.69	95.58	85.57
2014	60.17	70.00	100.00	99.57	92.29	84.96
2015	60.22	70.00	100.00	99.37	94.75	85.38
2016	60.18	70.00	100.00	99.34	94.89	85.39
2017	60.14	70.00	100.00	99.36	93.49	85.14
2018	60.10	70.00	100.00	99.34	92.26	84.90
2019	60.09	70.00	100.00	99.35	93.53	85.13
2020	60.10	70.00	100.00	99.43	93.51	85.15

债率方面均一直处于极高度安全状态；同时在对印短期外债占外汇储备的比重也处于极高度安全状态区间，对中印财政金融领域安全程度形成了最重要的支撑。统计发现，近十多年来我国对世界主要国家的外债偿付能力方面均主要处于高度到极高度安全状态，这主要得益于我国近几十年来一直处于对外贸易顺差并积累了大量外汇储备，2020 年我国外汇储备量为 3.22 万亿美元，总量遥居世界第一，有力抵御了来自国际金融市场的各种不确定性游资冲击威胁风险，维护了我国外汇市场与资本市场的安全稳定。

其次，印资金融机构对中国银行类机构的综合控股比率还很低，主要表现为中资金融机构对外开放程度不足并维持在中度安全状态，这是造成中印财政金融领域安全程度得分下降的原因。统计数据发现，除欧盟部分国家在 2010—2013 年对中资金融机构控股比率较高外，其他如美国、日本、欧盟、东盟等对中资金融机构的综合控股比率均比较低，从而使得中国金融业因对外开放程度不足而总体维持在中度安全状态区间。从 2019 年 3 月 30 日起国务院修改政策并进一步放宽银行、证券、保险行业外资持股比例限制，放宽外资金融机构设立限制，扩大外资金融机构在华业务范围等，而中国金融业开放承诺也逐步转向负面清单模式，预计中资金融机构的外资持股比例将进一步上升，这有利于提升该领域安全程度。

最后，印资银行在华资产占中国银行业总资产的比重相对很低，主要表现为中国本土银行类机构市场业务对外开放程度相对不足的被动安全，并维持在低度不安全状态，这是造成中印财政金融领域安全程度得分下降的另一原因。统计数据发现，近十多年来我国银行业中外资银行类机构在华资产占比一直很低（小于2%），比如2010年外资银行资产所占比重为1.83%，到2020年为1.18%，近些年比重呈现不断下降态势，这与中国承诺深入扩大金融业对外开放不相符，也与我国金融业走向国际化的趋势不相符，落实负面清单制并吸引更多优质外资金融机构参与到我国金融市场国际化建设中来，是提升本土金融机构国际竞争力与增强自身抵御国际金融市场风险冲击威胁能力的重要举措。

6.3 提升中印经济安全的监管防范对策

中国和印度作为世界综合国力排名靠前的大国，近些年两国之间经贸投资往来愈加密切，中方在一些重点领域对印度进口依赖与集中严重并可能影响威胁到国家经济安全。本书基于中国高水平对外开放趋势背景下，从六大经济安全领域重点选取了44项风险指标构建了中国经济安全风险测度指标体系，并依据国家经济安全指标依国别分解法构建了他国对中国经济安全风险影响的动态测度模型，对2010—2020年印度对我国经济安全风险影响程度进行了一次全面动态测度分析，研究发现：印度对我国经济安全风险影响主要处于中度不安全状态且安全程度呈缓慢上升态势；在对外贸易领域，中方对印度贸易依存度处于从危机到重度不安全的变化状态，中方对印度出口加权集中度以及印度对华发起反倾销立案数占比均处于危机状态；在实体产业领域，我国国际发明专利授权量占比处于极高度安全状态，中方对印度外商投资依赖度处于中度到极高安全状态，印度发明专利占我国授权量比重主要处于中度到高度安全状态，但印度在七大关键产业市场占有率和中方对印度高新技术产品进口依赖度基本处于危机状态；在战略能源领域，中方对印度有色金属矿产资源依存度处于危机状态到低度不安全变化状态，且中方对印度石油、天然气、能源综合和粮食进口依存度均处于低度不安全状态；在财政金融领域，中方对印度各类外债偿还能力均处于极高度安全状态，但本土银行业市场与控股比例对印开放程度相对不足并维持在中低度安全状态。

针对印度对我国经济安全的总体风险影响程度及分领域背后的主要风险影响成因，本书就如何提升中印国别经济安全程度提出了相应监管对策：

6.3.1 加强中印能源合作以保障战略资源稳定供应，并积极寻找海外市场替代以缓解对印进口依赖严重与过度集中的风险

通过前文分析，我国在有色金属矿产、煤炭、部分高新技术产品等对印进口依赖严重，这是由于传统能源及矿产资源等存储量有限且全球分布极不均匀等。第一，我国需与印度等主要资源供应国保持良好的国际政治关系以确保重要战略资源的稳定供应；第二，积极寻求海外市场产品替代以降低我国对印度等少数国家进口或出口依赖严重问题；第三，通过“国内国际双循环”战略挖掘国内市场消费需求潜力以降低外部环境不确定下中方对印度等少数国家贸易依存度较高且过度集中的风险；第四，加强中印能源公司盈利模式与技术开发合作，加强技术支持与沿线保护，以确保中印东线油气管道运输安全稳定；第五，要大力加强新型可再生能源的研发、推广与应用便利，以逐渐降低对传统能源的需求依赖。

6.3.2 不断增强中国在国际上的综合科技创新能力

前文分析发现，我国在部分特定领域对印度高新技术产品进口依赖严重，同时虽然近十多年来印度发明专利对我国国内与国际发明专利申请授权量比重的影响程度较轻，但美国、日本与欧盟等却对我国企业创新专利申请形成严重竞争挤压态势，加之我国工业企业研发经费投入占比相比欧美发达国家相对较低。第一，从制度体制上营造有利于激发创新的环境机制，充分激发市场创新活力，以解决我国面临的技术“卡脖子”问题；第二，通过政策引导、政府补贴、专利技术保护、上市条件便利等支持鼓励企业加大科研经费投入和创新产出，营造科技强国的良好社会氛围并鼓励高科技企业创造技术红利与环境红利；第三，研究与开发是一项从投入到产出效益高度风险不确定性但长期利国利民的活动，因此需从引进人才待遇保障、科研经费合理使用、职称晋升评价标准与业绩考核指标等方面营造宽容良性的氛围，使科研人才能沉心专注于科研攻关，避免科研管理短视化、机械化、形式化等情况发生；第四，科技创新是全人类的事业，鼓励加强中印等国际科研合作交流，有比较借鉴才知不足与改进空间，充分利用国内外资源共同推进科技创新进步。

6.3.3 进行国别政策性结构方向调整，以提升国别经济安全程度

前文分析发现，我国在七大关键产业对印度主要表现为因开放程度严重不足所导致的危机状态，而同时发现，我国对东盟国家则表现为开放程度相对过度所导致的重度不安全到危机状态，我国在关键产业领域对外开放政策方面可考虑进行国别性政策结构方向调整，平衡不同国家之间开放程度差异过大现象，从而提升该领域的国别经济安全程度。同时我国银行业无论是在市场业务上还是在股权比例上对印度等主要国家金融机构的开放程度都表现相对不足，并维持在低度到中度安全态势。因此，进一步深入开放包括本土银行业在内的金融业，从准入门槛、经营业务范围、参股控股比例等方面逐步放开标准，吸引更多优质国际金融机构进入我国境内开展经营业务，以提升本土金融机构的国际竞争力和主要城市的国际金融中心地位。

第7章 中巴经济安全风险程度动态测度分析

巴西作为拉丁美洲最大的国家，拥有世界排名第五的领土面积和世界储量领先的自然资源，经济实力居拉美之首。作为金砖五国之一的新兴经济体，巴西的矿产、石油储量以及森林、淡水资源处于世界领先地位，同时在飞机制造业、生物燃料产业、农牧业方面保持世界领先优势。作为新兴市场国家且同为金砖国家，中国和巴西在经济上确实有诸多的共通和互补之处。统计数据显示：2020 年中国对巴西进出口总额达到 1189. 9 亿美元，在中国对外贸易国家中排名第 10 位，其中出口额为 349. 7 亿美元，进口额为 840. 2 亿美元（排名第 7 位），2009 年以来，中国一直是巴西最主要的出口目的地。同时，中国在石油、有色矿产、农产品等领域对巴西进口依赖严重。与此同时，中国目前作为巴西第一大贸易伙伴，巴西也是中国在拉美地区最大的贸易对象国，巴西对中国出口与进口市场需求亦存在严重依赖，中巴之间的竞争与合作影响到两国对外经济发展战略格局乃至国家经济安全战略。

2021 年 11 月，中共中央政治局审议了《国家安全战略（2021—2025 年）》，并强调要“统筹做好政治安全、经济安全、社会安全、科技安全、新型领域安全等重点领域、重点地区、重点方向国家安全工作”，在确保国家政治安全前提下，经济安全被放在非常突出的位置。中国和巴西分别作为北半球和南半球最大的发展中国家和增长最快的新兴经济体，两国经济发展对世界市场的影响力愈发显著，同时两国之间在产业结构上既存在竞争性也存在较大互补性，自 2010 年以来巴西已经成为我国在拉丁美洲的主要投资市场，而我国也是巴西经贸与投资的主要市场，中巴两国在油气、电力、矿产资源以及优质农产品等领域预期将继续深化合作。除经贸领域外，中巴两国在维持世界多边主义和国际关系民主化，以及共同推动全球气候治理等领域发挥着重要作用。虽然中巴之间在历史上不存在根本性的矛盾冲突，然而由于巴西属于早期欧美殖民国家，人口来源多元化，其中 19 世纪有大量日本人移民到巴西，而我国与日本之间存在较深的历史遗留问题；同时受到欧美西方国家意识形态影响，巴西部分媒体对于中国强大“威胁论”等声音仍然不绝于耳。巴西作为正在快速崛起的世界发展中大国，我国在夯实中巴两国经贸合作的基础和目前良好发展态势的同时，仍需警惕巴西国内的反华势力对我国经济安全等领域可能造成的潜在不利影响。因此，现阶段研究巴西对中国经济安全风险影响，有利于明晰两个最大的新兴经济体在经贸易往来中可能存在摩擦的风险，以更好地推动两国经贸纵深合作提供战略支持，对于在世界经贸格局中维持我国经济安全具有重要理论价值与长远现实战略意义。

7.1 中巴经济安全风险指数测度评估分析

通过收集中国与巴西经贸投资往来的相关风险度量指标数据，并根据前文所构建的中国经济安全风险测度指标体系和国别经济安全测度模型方法，本节对2010—2020年巴西对我国经济安全风险影响程度进行了一次全面动态定量测度分析，最终计算结果如表7－1所示。

表7－1　中巴经济安全风险程度指数测算结果（2010—2020年）

年份	中巴经济安全条件得分	中巴经济安全能力得分	中巴经济安全总得分	经济安全等级
2010	62.75	57.48	59.58	中度不安全
2011	64.30	60.75	62.17	低度不安全
2012	60.98	64.00	62.79	低度不安全
2013	54.75	66.18	61.61	低度不安全
2014	54.71	67.40	62.32	低度不安全
2015	56.26	66.28	62.27	低度不安全
2016	56.23	66.04	62.12	低度不安全
2017	52.56	66.64	61.01	低度不安全
2018	49.02	65.65	59.00	中度不安全
2019	47.51	65.64	58.39	中度不安全
2020	52.97	61.58	57.13	中度不安全

由表7－1可得知：2010—2020年巴西对我国经济安全的总体风险影响处于从低度不安全到中度不安全变化态势，其中，2010—2017年处于以低度不安全状态为主的波动态势，而2018—2020年则降至中度不安全且呈缓慢下降态势。

7.2 中巴重点领域经济风险分析

本节进一步对中巴经济安全条件及分领域风险程度指数得分进行了计算，最终结果如表7－2所示。

表7－2　　中巴经济安全条件分领域风险程度指数计算结果（2010—2020年）

年份	对外贸易安全得分	实体产业安全得分	战略资源安全得分	财政金融安全得分	经济安全条件得分	经济安全条件等级
2010	26.66	59.70	64.47	88.71	62.75	低度不安全
2011	26.50	64.33	67.07	87.63	64.30	低度不安全
2012	27.49	62.67	51.49	87.94	60.98	低度不安全
2013	28.86	56.26	28.68	87.89	54.75	中度不安全
2014	31.62	56.85	26.41	86.83	54.71	中度不安全
2015	31.81	67.40	18.12	86.85	56.26	中度不安全
2016	33.04	67.95	15.73	86.97	56.23	中度不安全
2017	31.04	57.99	14.98	86.54	52.56	中度不安全
2018	24.29	54.25	10.57	85.92	49.02	中度不安全
2019	23.08	52.33	7.13	85.91	47.51	中度不安全
2020	14.91	59.59	32.08	85.65	52.97	中度不安全

根据表7－2计算结果，2010—2020年巴西对我国经济安全条件的风险影响呈缓慢下降态势，由低度不安全逐渐下降至中度不安全。从安全状态区间分析，2010—2013年处于低度不安全状态，2014—2020年处于中度不安全状态；从安全程度趋势分析，2010—2013年有缓慢下降态势，而2014—2020年则呈现以中度不安全为主的波动态势。进一步对造成中印经济安全条件分领域风险程度指数得分及背后原因进行如下分析：

7.2.1 对外贸易领域

本部分进一步对中巴对外贸易领域风险程度指数得分进行了计算，如表7－3所示。

表 7-3　　　中巴对外贸易领域风险程度指数得分（2010—2020 年）

年份	中方对巴西贸易综合依存度	中方对巴西出口加权集中度	中方对巴西进口加权集中度	巴西对华反倾销立案数占全球对华反倾销立案总数比重	对外贸易安全得分
2010	76.16	0.00	0.00	0.00	26.66
2011	75.70	0.00	0.00	0.00	26.50
2012	78.54	0.00	0.00	0.00	27.49
2013	82.45	0.00	0.00	0.00	28.86
2014	90.35	0.00	0.00	0.00	31.62
2015	90.87	0.00	0.00	0.00	31.81
2016	94.40	0.00	0.00	0.00	33.04
2017	88.69	0.00	0.00	0.00	31.04
2018	69.33	0.00	0.00	0.00	24.27
2019	65.95	0.00	0.00	0.00	23.08
2020	42.60	0.00	0.00	0.00	14.91

2010—2020 年巴西对我国对外贸易领域的风险影响处于重度不安全到危机状态，其中，2010—2016 年安全程度有缓慢上升态势，而 2017—2020 年则呈现不断下降态势，在 2020 年达到了近十年来的最低安全程度，对 2010—2020 年造成中巴对外贸易领域安全程度变化的影响原因作如下进一步分析：

首先，我国对巴西进、出口加权集中度均相对严重，并处于危机状态，这是造成中巴对外贸易领域安全程度下降的重要原因。巴西作为资源大国与我国有着紧密的贸易联系，能够弥补我国有色金属矿产、植物产品以及石油等自然资源领域需求缺口，而我国则可以向巴西输出电机电气设备、机械器具、有机化学产品等来弥补其工业生产不足的缺口；巴西作为我国在拉丁美洲的第一大贸易伙伴，两国之间产业结构存在较大互补性，容易导致两国对外贸易出现相互依赖与集中的风险。

其次，巴西对我国发起的贸易争端案件数较多，贸易摩擦较为频繁导致安全程度一直处于危机状态。我国作为自然资源丰富、劳动人口众多的发展中国家，在资源密集型产品和劳动密集型产品的出口方面相较于其他发展中国家存在比较优势，而这两者同样属于巴西的主要出口产品类型，出口产品类型的趋同导致了巴西频繁对我国发起贸易反倾销调查。另外，巴西本身的工业体系较为薄弱，本国的制造业难以与我国中低端制造业相竞争。我国机械设备的出口作为中巴贸易中的重要一环，巴西为了保护本国制造业从而增加了对我国发起的反倾销调查。

最后，我国对巴西贸易综合依存度的安全程度呈现先上升后下降的态势。2010—

2016 年我国对巴西贸易综合依存度由中度安全区间上升至极高度安全区间，2017—2020 年贸易综合依存度下降至中度不安全区间。随着中美贸易摩擦发酵，我国加强了同巴西等发展中国家的贸易联系，其中大豆作为我国针对美国的重要反制物，而巴西作为世界上重要的大豆生产国和主要出口国，我国将其作为美国的替代市场，进而加剧了我国对巴西的贸易综合依赖程度。

7.2.2 实体产业领域

本部分进一步对中巴实体产业领域风险程度指数得分进行了计算，如表 7－4 所示。

表 7－4　　中巴实体产业领域风险程度指数得分（2010—2020 年）

年份	七大关键产业外资企业市场占有率	巴西发明专利占中国发明专利授权量的比重	中国专利在国际专利授权中的比重	中国对巴西直接投资市场加权集中度	年利用巴商直接投资占 GDP 的综合比重	高新技术产品进口依赖度	实体产业安全得分
2010	20.93	67.27	100.00	0.00	99.27	71.67	59.70
2011	20.60	65.73	100.00	54.66	84.93	80.83	62.96
2012	20.80	68.12	100.00	20.48	97.17	69.74	60.76
2013	20.34	69.23	100.00	0.00	74.32	67.95	55.17
2014	20.47	69.56	100.00	0.00	77.61	74.64	56.85
2015	21.04	73.07	100.00	100.00	98.23	66.26	67.40
2016	21.05	71.95	100.00	93.82	95.85	72.89	67.45
2017	20.95	70.48	100.00	0.00	88.78	69.02	57.99
2018	20.70	67.72	100.00	0.00	83.29	53.64	54.25
2019	20.09	69.01	100.00	0.00	84.06	41.07	52.33
2020	20.00	71.92	100.00	0.00	89.85	28.65	51.59

2010—2020 年巴西对我国实体产业领域的风险影响处于低度不安全到中度不安全的波动状态，其中，2010 年、2013—2014 年、2017—2020 年处于中度不安全，2011—2012 年和 2015—2016 年处于低度不安全状态。对 2010—2020 年造成中巴实体产业领域安全程度变化的影响原因作如下分析：

第一，巴西对我国七大关键产业市场占有率非常低，并使得该领域呈现出中资企业市场业务因对外开放程度相对不足所导致的不安全状态，这是造成实体产业领域安全程度下降的重要原因。2010—2020 年巴西对我国七大关键产业领域的外资市场综合加权占有率的平均安全得分仅为 20.6 分，表现出对外开放程度相对不足所导致的被动不安全态势。国家经济安全是开放中的动态安全，而并非封闭状态下的被动安全，真正强国是在动态开放过程中主动提升中资企业市场国际竞争力的风险防御能力。

第二，我国海外直接投资对巴西的市场集中度处于从危机到极高度安全状态不稳定变化区间，这是造成期间实体产业领域安全程度下降的另一重要原因。受全球经济危机滞后效应的影响，2011 年我国减少了对巴西的直接投资，但随着经济的复苏，我国对巴西的直接投资额也重新呈现上升态势，于 2014 年达到了近十年来的峰值 7. 3 亿美元。但 2015—2016 年巴西经济出现历史性的衰退，一定程度上影响我国对巴西的直接投资。随着巴西经济的进一步复苏，我国对巴西的直接投资开始进一步回暖，但随着 2020 年疫情的暴发再次在一定程度上影响了我国对巴西的直接投资额。同时，我国实施“一带一路”倡议并加大了对沿线国家的海外投资力度，其中近十余年我国对巴西直接投资额总体呈现上升态势，未来一段时间中巴之间的投资合作与经贸集中度还将会持续。

第三，我国对巴西高新技术产品进口依赖逐渐加剧，由中高度安全状态下降至危机状态。其中，2010—2011 年由中度安全状态上升至高度安全状态，2012—2017 年处在中度安全状态和低度不安全状态范围内波动，2018—2020 年由中度不安全状态下滑至危机状态。巴西虽然不是我国高新技术产品的主要进口国，我国每年从巴西进口的产品主要为矿产品和农产品等初级产品，但是也会进口少量的高新技术产品，类别涵盖机电产品、光学、钟表及医疗器械等，进口金额总体呈现上升态势，并导致该领域的占比程度由高度安全下降到中度不安全态势。

第四，我国专利在国际专利授权量的比重方面，巴西对我国的影响程度主要处于极高度安全状态，对中巴实体产业领域安全程度起到了重要支撑作用。这主要得益于近十多年中国企业和科研院所不断加大研发投入与创新力度，使得我国在国际专利授权量中的比重不断上升，从 2010 年的 9. 06% 上升到 2020 年的 29. 27%，而期间巴西在国际专利授权量中的比重则从 2010 年的 2. 52% 下降至 2020 年的 1. 29%，两国比重的相对变化使得期间巴西对中国在该领域的影响程度不断下降并处于极高度安全状态。

第五，巴西发明专利占我国发明专利授权量的比重较低，主要表现为对巴发明专利占比相对不足，并维持在低度不安全到中度安全变化状态。其中，2010—2014 年、2018—2019 年处于低度不安全，2015—2017 年、2020 年处于中度安全状态。统计比较发现，2010—2020 年美国、日本和欧盟发明专利占我国发明专利授权总量的比重很高并处于危机状态，而俄罗斯、印度与巴西等国在我国发明专利授权量中的比重相对较低并维持低度不安全到高度安全状态。

第六，在利用巴西外商直接投资占我国 GDP 比重方面位于相对合理警限区间，处于中度安全到极高度安全波动态势，其中2013—2014年处于中度安全，其余年份处于高度到极高度安全波动态势。统计比较发现，近十余年来，我国对美国外商直接投资的依赖度逐渐下降并由2010年的危机状态逐渐上升到2020年的低度不安全状态，但对日本、欧盟与东盟外商直接投资的依赖度一直很高并处于危机状态。

7.2.3 战略资源领域

本部分进一步对中巴战略资源领域风险程度指数得分进行了计算，如表7-5所示。

表7-5 中巴战略资源领域风险程度指数得分（2010—2020年）

年份	石油进口依存度	天然气进口依存度	能源综合加权对外依存度	有色金属矿业对外依存度	粮食对外依存度	战略能源安全得分
2010	18.30	60.00	97.45	71.58	65.61	64.47
2011	48.26	60.00	86.63	66.04	69.60	67.07
2012	54.66	60.00	85.34	68.01	12.95	51.49
2013	67.74	60.00	81.50	0.00	0.00	28.68
2014	45.84	60.00	89.22	0.00	0.00	26.41
2015	0.00	60.00	83.25	0.00	0.00	18.12
2016	0.00	60.00	68.31	0.00	0.00	15.73
2017	0.00	60.00	63.64	0.00	0.00	14.98
2018	0.00	60.00	36.06	0.00	0.00	10.57
2019	0.00	60.00	14.56	0.00	0.00	7.13
2020	0.00	60.00	0.00	90.94	0.00	32.08

2010—2020年巴西对我国战略资源领域的风险影响处于低度不安全到危机的下降态势。其中，2010—2011年处于低度不安全状态，2012年处于中度不安全状态，2020年处于重度不安全状态，2013—2019年均处于危机状态。进一步对2010—2020年造成中巴战略资源领域安全程度变化的影响原因作如下分析：

第一，2010—2019年我国对巴西有色金属矿产资源进口依存度逐渐加剧，由中度安全状态降低至危机状态（除2020年因疫情等原因进口依存度出现下降外），这是造成期间中巴战略资源领域安全程度得分低下的重要原因之一。巴西拥有世界上丰富的有色金属矿产资源，是世界上重要的有色金属生产与贸易大国，巴西对本国的有色金属矿产资源进行了大量的开采与对外贸易，其中铁矿石作为我国的主要进口产品和巴西的主要出口产品，随着两国贸易联系的不断加深，我国每年向巴西进口大量铁矿石以满足国内消费需求，并对巴西有色金属矿产资源形成了严重进口依赖，虽然在2020年我国对巴西有色金属矿产的依赖程度有所下降，但考虑到巴西和我国长期互为对方重要的贸易伙伴，有色金属矿产又是我国重要的进口资源之一，仍应引起高度重视。

第二，我国对巴西石油进口依存度相对严重，呈现出低度不安全至危机状态的波动态势，其中2013年为低度不安全，2011—2012年和2014年处于中度不安全，其余时间段均处在危机状态。中巴两国石油贸易的互补性是造成中巴战略资源领域安全程度较低的另一重要原因。近年来我国对石油的消费量和进口量呈现指数倍激增，但我国主要的石油进口来源国集中于中东国家，我国石油需要解决来源国多元化的需求，而在巴西层面，随着巴西盐下油田的发现，其出口量和产量激增，急需寻求更大的买家，自然而然巴西成为我国石油供给过程中的重要角色。因此近年来，中巴关于石油的贸易额增速较快，在巴西对我国的出口中，2018年原油已经超过了铁矿石成了仅次于大豆的主要出口产品，可见中巴之间存在着资源与市场需求依赖。

第三，我国对巴西能源综合进口依存度越发严重并从极高度安全状态下滑至危机状态。其中，2010年处于极高度安全，2011—2015年处于高度安全，2016—2017年处于低度不安全，2018年处于重度不安全，2019—2020年处于危机状态。传统能源是指煤炭、石油和天然气，造成我国对巴西能源综合依存度相对严重主要在于石油，石油进口方面上面已述，而巴西不是我国煤炭进口的主要来源国。

第四，我国对巴西天然气进口相对不足并维持在低度不安全状态。2020年，我国液化天然气进口中，澳大利亚为最主要的进口国，占比达到43%，其次为卡塔尔、马来西亚、印度尼西亚、俄罗斯、美国。以上6个国家占所有进口量的85%。而巴西在天然气的产量和储量方面相较于上述主要进口国并不具备优势，2020年其天然气产量仅为239.3亿立方米，已探明天然气储量仅为0.35万亿立方米。由于巴西天然气产量和储量存在与其他国家的比较劣势，造成了我国对其天然气进口量相对很低。

第五，我国对巴西主要粮食进口依存度相对严重，导致其由低度不安全状态下滑至危机状态。其中，2010—2011年为低度不安全状态，其余时间段均为危机状态。近年来，我国与巴西的农产品合作贸易规模进一步加大，巴西已经代替美国成为我国第一大农产品进口来源国。其中，大豆和玉米之类的农产品在巴西农产品出口中占据着重要份额。而中国作为世界大豆的主要进口国，自巴西的大豆进口额由2010年71.3亿美元增长至2020年209.0亿美元，年均增长率达到14%。同时，受到中美贸易摩擦的影响使得原作为我国大豆第一大进口国的美国供应中国市场份额减少，继而扩大了我国对巴西的大豆等粮食的需求，进一步加剧了我国对巴西粮食作物的依赖程度及依赖风险。

7.2.4 财政金融领域

本部分进一步对中巴财政金融领域风险程度指数得分进行了计算，如表7－6所示。

表7－6 中巴财政金融领域风险程度指数得分（2010—2020年）

年份	巴资银行在华资产占中国银行业总资产比重	巴资金融机构对中国银行类机构的综合控股比率	外债总额占外汇储备比重	外债偿债率	短期外债占外汇储备比重	财政金融安全得分
2010	78.92	70.00	100.00	99.69	96.31	88.71
2011	73.04	70.00	100.00	99.66	95.59	87.63
2012	74.93	70.00	100.00	99.68	95.57	87.94
2013	74.84	70.00	100.00	99.68	95.42	87.89
2014	72.03	70.00	100.00	99.56	92.15	86.83
2015	70.56	70.00	100.00	99.26	93.87	86.85
2016	71.56	70.00	100.00	99.18	93.70	86.97
2017	71.59	70.00	100.00	99.15	91.32	86.54
2018	72.52	70.00	100.00	98.92	87.31	85.92
2019	72.16	70.00	100.00	98.77	87.71	85.91
2020	74.86	70.00	100.00	98.61	83.99	85.65

2010—2020年巴西对我国财政金融领域的风险影响处于高度安全状态且变化比较稳定，对中巴经济安全条件总得分起到了非常重要的支撑作用。进一步对2010—2020年造成中巴财政金融领域安全程度高且稳定的影响原因作如下分析：

首先，我国对巴西外债偿付能力方面，外债总额占外汇储备的比重和年度外债偿债率方面均一直处于极高度安全状态；同时对巴短期外债占外汇储备的比重也处于高度安全到极高度安全状态区间，对中巴财政金融领域安全程度形成了最重要的支撑。统计发现，近十多年来我国对世界主要国家的外债偿付能力方面均主要处于高度到极高度安全状态，这主要得益于我国近几十年来一直处于对外贸易顺差并积累了大量外汇储备，2020年我国外汇储备量为3.22万亿美元，总量遥居世界第一，有力抵御了来自国际金融市场的各种不确定性游资冲击威胁风险，维护了我国外汇市场与资本市场的安全稳定。从2018年起我国对巴西短期外债偿付能力方面从极高度安全略降至高度安全，这主要由于近些年中巴双方贸易额大幅度上升，我国对巴西进口形成了大量短期贸易性外债欠款，但该借款属于正常商业信用融资，并不会对中巴短期外债偿付产生较大风险。

其次，巴资金融机构对中国银行类机构的综合控股比率还很低，主要表现为中资金融机构对外开放程度相对不足并维持在中度安全状态，这是造成中巴财政金融领域安全程度得分下降的重要原因。统计数据发现，除欧盟部分国家在2010—2013年对中资金融机构控股比率较高外，其他如美国、日本、欧盟、东盟等对中资金融机构的综合控股比率均比较低，从而使得我国金融业因对外开放程度不足而总体维持在中度安全状态区间。从2019年3月30日起国务院修改政策并进一步放宽银行、证券、保险行业外资持股比例限制，放宽外资金融机构设立限制，扩大外资金融机构在华业务范围等，而我国金融业开放承诺也逐步转向负面清单模式，预计中资金融机构的外资持股比例将进一步上升，这有利于提升该领域安全程度。

最后，巴资银行在华资产占中国银行业总资产的比重相对很低，主要表现为我国本土银行机构市场业务对外开放程度相对不足的被动安全，并维持在中度不安全状态，这是造成中巴财政金融领域安全程度得分下降的另一重要原因。统计数据发现，近十多年来我国银行业中外资银行类机构在华资产占比一直很低（小于2%），比如2010年外资银行资产所占比重为1.83%，到2020年为1.18%，近些年比重呈现不断下降态势，这与我国承诺深入扩大金融业对外开放不相符，也与我国金融业走向国际化的趋势不相符，落实负面清单制并吸引更多优质外资金融机构参与到我国金融市场国际化建设中来，是提升本土金融机构国际竞争力与增强自身抵御国际金融市场风险冲击威胁能力的重要举措。

7.3 提升中巴经济安全的监管防范对策

中国和巴西作为世界最大的发展中国家之一和金砖国家，近些年两国之间经贸投资往来愈加密切，中方在一些重点领域对巴西进口依赖严重并可能影响到国家经济安全。本书基于国别经济安全条件与经济安全能力双逻辑维度框架，从六大经济安全领域重点选取了44项风险指标构建了中国经济安全风险测度指标体系，并依据国家经济安全指标依国别分解法构建了他国对中国经济安全风险影响的动态测度模型，对2010—2020年巴西对我国经济安全风险影响程度进行了一次全面动态测度分析，研究发现：2010—2020年巴西对我国经济安全的总体风险影响处于从低度不安全到中度不安全的变化态势，其中，2010—2017 年处于以低度不安全为主的波动态势，而 2018—2020 年则降至中度不安全且呈缓慢下降态势。2010—2020 年巴西对我国经济安全条件的影响主要处于低度不安全到中度不安全的缓慢下降态势。其中，在战略能源领域，我国对巴西有色金属矿产资源、石油与粮食产品进口依赖严重；在实体产业领域，中方在七大关键产业向巴西开放严重不足，对巴西高新技术产品进口依存度呈现上升态势；在对外贸易领域，中方对巴西进出口加权集中度高，且巴西对我国发起的反倾销案件数占比严重是造成相应领域安全程度下降的主要成因。

针对巴西对我国经济安全的总体影响程度及分领域背后的主要风险影响成因，本书就如何提升中巴国别经济安全程度提出了如下对策建议：

7.3.1 加强中国与巴西战略资源合作以保障战略资源稳定供应，并积极寻找海外市场替代以缓解对巴西进口依赖严重与过度集中的风险

通过前文分析，我国在有色金属矿产资源、石油、农产品等方面对巴西进口依赖严重，这是由于传统能源及矿产资源等存储量有限且全球分布极不均匀等。第一，我国需与巴西等主要资源供应国保持良好的国际政治关系以确保重要战略资源的稳定供应；第二，积极寻求海外市场产品替代以降低我国对巴西等少数国家进口或出口依赖严重问题；第三，通过“国内国际双循环”战略挖掘国内市场消费需求潜力以降低外部环境不确定下中方对巴西等少数国家贸易依存度较高且过度集中的风险；第四，要大力加强新型可再生能源的研发、推广与应用便利，提高国内能源生产与生活消费利用效率，以逐渐降低对传统能源的需求依赖。

7.3.2 正视巴西对中国发起的大量反倾销案件，积极妥善解决中巴之间贸易争端问题

前文分析发现，近十多年来巴西对华发起的贸易争端案件数量较多，两国之间的贸易摩擦较为频繁，主要原因在于我国与巴西两国在资本密集型与劳动密集型等产品结构上具有较大的相似性，许多低端轻工业出口产品如玩具、服装、纺织品等有一定重合性，导致两国之间的许多出口产品在国际市场当中存在较为激烈的竞争，针对此问题：第一，我国是巴西的第一大出口国与进口国，巴西也是我国在南美洲的重要进口国与金砖五国之一，同为发展中大国且彼此之间相互依赖严重，妥善处理两国在贸

易争端上的分歧是符合两国之间的根本利益事情，因此通过积极协商谈判而非升级对抗是解决之道。第二，针对巴西国内的大量专家人才熟悉国际贸易双边规则且具有丰富国际反倾销谈判的经验，我国作为世界最大发展中国家，也应学习巴西专家的国际争端谈判的规则与经验做法，并培育大量熟悉国际多边贸易规则和丰富谈判经验的专家学者，以在国际贸易争端谈判中为中方企业争取合理正常的权益。第三，针对巴西国内出现的不承认中国完全市场经济国家，以及对中国制度与文化差异的反华宣传势力，我国应在国际社会积极宣传中国在市场经济上的改革做法和取得的成就，反对以市场经济地位和制度文化背景差异为由而发起的无端反倾销制裁诉讼，同时中方也要在国际贸易中采取相应对等的制裁措施，以表明中方的决心诚意与维护中方的合法正当利益。第四，巴西等拉美国家对华发起的反倾销调查产品主要集中在技术含量不高的初级产品与廉价轻工业品等，要避免出口到拉美等地区的产品遭到调查，关键还是努力提升产品附加值与技术含量，同时保持产品的出口价格与出口数量的均衡发展，特别是与拉美国家本地品类相同或近似的产品。

7.3.3 进行国别政策性结构方向调整，以提升国别经济安全程度

前文分析发现，我国在七大关键产业对巴西企业主要表现为因开放程度严重不足所导致的不安全状态，同时发现，我国对东盟国家则表现为开放程度相对过度所导致的重度不安全到危机状态，我国在关键产业领域对外开放政策方面可考虑进行分国别政策结构方向调整，平衡国别之间开放程度差异过大现象，从而提升该领域的国别经济安全程度。同时我国银行业无论是在市场业务上还是在股权比例上对巴西等主要国家金融机构的开放程度都表现相对不足，并维持在低度到中度安全态势。因此，进一步深入开放包括本土银行业在内的金融业，从准入门槛、经营业务范围、参股控股比例等方面逐步放开标准，吸引更多优质国际金融机构进入我国境内开展经营业务，以提升本土金融机构的国际竞争力和主要城市的国际金融中心地位。

第8章　中欧经济安全风险程度动态测度分析

中国和欧盟同为世界最重要的经济体之一，双方贸易往来频繁，数额巨大且影响广泛，其中中方在一些重点领域对欧盟依赖严重并可能影响到国家经济安全。统计显示，2020年中国正式超越美国成为欧盟第一大贸易伙伴（进口第一，出口第三），欧盟也成为中国的第一大出口伙伴和第二大进口伙伴（仅次于东盟）。即使受到疫情影响，2020年中欧贸易额仍实现了3.5%的逆势增长，贸易总额达到5860.32亿欧元。欧盟是当今世界上最发达的区域经济集团，其成员多为OECD国家，在经济实力、科技实力、教育和文化实力等多个方面都处于世界领先地位。中国对欧盟进口主要集中在科技含量较高的工业制成品上，包括各种机械核心零部件，精密元件等。而对欧盟而言，中国的消费市场，以及廉价原材料、纺织品、家具玩具乃至部分机电都对其发展经济有重要支持作用。目前，中欧互为对方第一大贸易伙伴，双边贸易额占国际贸易总额的近1/3，中欧贸易关系的变化不仅对双方自身，乃至对整个世界经贸格局走势都会产生深刻影响。

2020年是中欧“全面战略伙伴关系”建立的第17年，也是《中欧全面投资协定》（CAI）、《中欧地理标志协定》如期完成谈判、签订的一年。前者有利于促进中欧双向直接投资，有利于市场准入承诺、公平竞争规则、可持续发展和争端解决等多方面问题解决，后者立足于加强中欧间的知识产权保护，促进中欧贸易从数量型向质量型的转变。两大协定的重要突破，足以显示出中欧贸易已经准备好开启一个崭新的，更高层次的阶段，表达了中欧双方对进一步深化合作，密切往来的殷切期盼。但另一方面，2021年11月中共中央政治局审议了《国家安全战略（2021—2025年）》，并强调要“统筹做好政治安全、经济安全、社会安全、科技安全、新型领域安全等重点领域、重点地区、重点方向国家安全工作”，在确保国家政治安全前提下，经济安全被放在非常突出的位置。当前国际政治经济格局加速演变，单边主义、霸权主义、贸易保护主义等不断抬头，中欧双方在推动合作的同时也在很多领域存在摩擦和争端。当前欧盟成员国之间的外交政策、对华经济利益出发点不同，欧盟内部在中国问题上始终未能达成较为稳定的共识，兼之美国与欧盟等北约成员国不仅在经济上，更在军事上将我国视为潜在战略竞争对手，甚至宣扬“中国威胁论”等论调，对中欧贸易的长期稳定发展造成不确定性风险影响，甚至直接威胁到我国经济安全。因此在中欧贸易发展新阶段从维护总体国家安全视角下来研究欧盟对我国经济安全风险影响程度及防范对策，对于当前形势及今后一段时期都具有非常重要的战略意义。

8.1 中欧经济安全风险指数测度评估分析

本节通过收集中欧经贸投资往来的相关风险度量指标数据，并根据前文所构建的中国经济安全风险测度指标体系和国别经济安全测度评估模型，对2010—2020年欧盟对我国经济安全风险影响程度进行了一次全面动态定量测度分析，最终计算结果如表8－1所示。

表8－1　中欧经济安全风险程度指数测算结果（2010—2020年）

年份	中欧经济安全条件得分	中欧经济安全能力得分	中欧经济安全总得分	经济安全等级
2010	57.29	57.48	57.40	中度不安全
2011	59.93	60.75	60.42	低度不安全
2012	62.15	64.00	63.26	低度不安全
2013	65.51	66.18	65.92	低度不安全
2014	66.41	67.40	67.00	低度不安全
2015	66.01	66.28	66.17	低度不安全
2016	67.75	66.04	66.72	低度不安全
2017	67.84	66.64	67.12	低度不安全
2018	69.20	65.65	67.07	低度不安全
2019	66.92	65.64	66.15	低度不安全
2020	64.94	61.58	62.92	低度不安全

由表8－1可以得知，欧盟对我国经济安全的总体风险影响处于低度不安全变化态势。从安全状态区间分析，2010年处于中度不安全状态，2011—2020年处于低度不安全状态；从安全程度变化趋势分析，2010—2015年处于从中度不安全到低度不安全的不断上升态势，而2015—2020年则处于低度不安全的波动态势。

8.2 中欧重点领域经济风险深度分析

本节进一步对中欧经济安全条件及分领域风险程度指数得分进行了计算，最终如表8－2所示。

表8－2　　中欧经济安全条件分领域风险程度指数计算结果（2010—2020年）

年份	对外贸易安全得分	实体产业安全得分	战略资源安全得分	财政金融安全得分	经济安全条件得分	经济安全条件等级
2010	51.60	32.13	48.30	92.24	57.29	中度不安全
2011	50.61	38.23	52.56	92.75	59.93	中度不安全
2012	52.88	40.31	57.91	92.98	62.15	低度不安全
2013	57.53	43.36	65.81	92.79	65.51	低度不安全
2014	57.45	43.47	72.35	91.35	66.41	低度不安全
2015	56.90	40.34	77.33	90.21	66.01	低度不安全
2016	58.16	46.73	76.73	89.16	67.75	低度不安全
2017	61.29	45.38	76.75	88.71	67.84	低度不安全
2018	59.81	53.20	74.34	88.03	69.20	低度不安全
2019	59.01	44.03	77.14	88.27	66.92	低度不安全
2020	63.16	35.63	74.52	89.04	64.94	低度不安全

根据表8－2可得知，2010—2020年欧盟对我国经济安全条件的风险影响主要处于低度不安全状态且安全程度呈缓慢波动上升态势，2010年经济安全条件得分为57.29分，2020年为64.94分，其中最高得分为2018年的69.20分，非常接近中度安全状态。从安全状态区间分析，2010—2011年处于中度不安全状态，2012—2020年处于低度不安全状态；从安全程度趋势分析，2010—2018年安全程度处于缓慢上升态势，但2019—2020年安全得分却有所下降。进一步对造成中欧经济安全条件的分领域风险程度得分及背后原因进行如下解读分析：

8.2.1 对外贸易领域

本部分进一步对中欧对外贸易领域风险程度指数得分进行了计算，如表8－3

所示。

表 8-3　　中欧对外贸易领域风险程度指数得分（2010—2020 年）

年份	中方对欧盟贸易综合依存度	中方对欧盟出口加权集中度	中方对欧盟进口加权集中度	欧盟对华反倾销立案数占全球对华反倾销立案总数比重（%）	对外贸易安全得分
2010	62.32	0.00	0.00	99.29	51.60
2011	65.61	0.00	0.00	92.16	50.61
2012	72.57	0.00	0.00	91.60	52.88
2013	82.35	0.00	0.00	95.70	57.53
2014	82.25	0.00	0.00	95.56	57.45
2015	87.43	0.00	0.00	87.67	56.90
2016	91.45	0.00	0.00	87.17	58.16
2017	89.61	0.00	0.00	99.75	61.29
2018	93.23	0.00	0.00	90.62	59.81
2019	91.12	0.00	0.00	90.40	59.01
2020	99.40	0.00	0.00	94.56	63.16

2010—2020 年欧盟对我国对外贸易领域的风险影响处于从中度不安全到低度不安全状态区间内的缓慢波动上升态势，其中，2017 年和 2020 年处于低度不安全状态，其余年份均处于中度不安全状态。对 2010—2020 年造成中欧对外贸易领域安全程度变化的影响原因进行如下分析：

首先，我国对欧洲进口或出口加权集中度均处于严重危机状态，这是造成对外贸易领域安全得分下降的重要原因。欧盟连续 17 年为我国第一大贸易伙伴，我国则连续 15 年为欧盟第二大贸易伙伴，并在 2020 年登顶第一。我国凭借自身劳动力优势，每年对欧盟出口大量物美价廉的机电产品、家具玩具等，同时向欧盟进口大量精密原件、电子产品等，我国对欧盟出口与进口市场加权集中度风险严重。具体到国家来看，我国从欧盟进口的前五大来源国依次是德国、法国、英国、意大利和荷兰，约占总量的 75%，出口则主要集中在德国、荷兰、英国。

其次，我国对欧盟综合贸易依存度相对合理并有较大提升，近年已经稳定在极高度安全状态，这是支撑中欧对外贸易领域安全程度得分的重要原因之一。中欧贸易开展较早，2010—2011 年由于我国 GDP 总量相对较少使得依存度处于低度不安全区间，随着中国经济总量的不断提升，虽然中欧贸易总额也不断提升且当量十足（2020 年为 5860.32 亿欧元），但相比双方在全球经济总量中的占比及影响力，中国对欧盟的贸易综合依存度仍处于相对合理区间范围，并已经处于高度到极高度安全状态。

最后，中欧贸易摩擦尤其是欧盟对华反倾销案件数量相对较少，这是支撑中欧对外贸易领域安全程度的另一重要原因。2010—2020 年欧盟对华发起的反倾销立案数占全球对华反倾销立案总数的比重相对贸易体量较轻，仅 3% 左右，安全得分处于高度到极高度安全状态。其中，仅 2015—2016 处于高度安全状态，其余年份都达到极高度安全状态。虽然贸易保护主义日益严重，并且欧盟对华反倾销立案数呈现不断上升态势，但是相对欧盟经济体量以及双方贸易总额，并没有对中欧贸易安全构成较大威胁。以 2020 年为例，欧盟对华发起的反倾销立案数为 3 起，占全球对华立案影响的 2.58%，处于相对合理区间；相比之下，2020 年俄罗斯、印度、巴西和东盟对华发起的反倾销立案数占比相对严重并处于危机状态。

8.2.2 实体产业领域

本部分进一步对中欧实体产业领域风险程度指数得分进行了计算，如表 8-4 所示。

表 8-4 中欧实体产业领域风险程度指数得分（2010—2020 年）

年份	七大关键产业外资企业市场占有率（%）	欧盟发明专利占中国发明专利授权量的比重（%）	中国专利在国际专利授权中的比重（%）	中国对欧盟直接投资市场加权集中度	年利用欧盟直接投资占 GDP 的综合比重（%）	高新技术产品进口依赖度	实体产业安全得分
2010	59.31	0.00	70.77	0.00	0.00	9.98	32.13
2011	54.85	0.00	95.32	0.00	0.00	28.86	38.23
2012	56.06	0.00	100.00	0.00	0.00	34.34	40.31
2013	64.28	0.00	100.00	0.00	0.00	37.98	43.36
2014	67.22	0.00	100.00	0.00	0.00	33.17	43.47
2015	71.04	0.00	100.00	0.00	0.00	6.44	40.34
2016	93.87	0.00	100.00	0.00	0.00	3.55	46.73
2017	87.05	0.00	100.00	0.00	0.00	7.94	45.38
2018	109.50	0.00	100.00	0.00	0.00	14.69	53.20
2019	86.16	0.00	100.00	0.00	0.00	1.12	44.03
2020	46.91	0.00	100.00	0.00	0.00	22.24	35.63

2010—2020 年欧盟对我国实体产业领域的风险影响处于重度不安全到中度不安全状态区间，其中，2010—2018 年安全程度处于略有波动的上升态势，2019—2020 年则呈现明显下降态势，2020 年直接跌回重度不安全区间。对 2010—2020 年造成中欧实

体产业领域安全程度变化的影响原因作如下进一步分析：

第一，欧盟发明专利占我国发明专利授权量的比重一直非常高并处于极端危机状态，这是造成中欧实体产业领域安全程度下降的重要原因之一。以2020年为例，2020年我国发明专利授权量总数为89436件，其中来自欧盟的专利授权量为21511件，仅次于日本的28955件，占全部授权量比重的24.05%。欧盟汇集了众多科技水平遥遥领先的西方发达国家，综合科研创新实力和专利申请及产权保护意识明显领先于其他国家或地区，而各项专利往往是构成企业核心竞争力的主要部分，尤其在世界各项产业都更加要求创新和独特的今天，会对企业中长期盈利和发展能力乃至对国家安全形成重要支撑，欧盟通过发明专利可能对我国部分产业，尤其是高精尖制造业及创新型产业造成的市场竞争挤压态势必须得到重视，充分保障中方企业有足够的空间来发展和取得自身核心竞争力，提升中长期国际竞争力。

第二，2010—2020年我国对欧盟海外直接投资过度集中并处于危机状态，这是造成中欧实体产业领域安全程度得分下降的又一重要原因。近些年我国积极实施引进来和走出去战略，随着我国综合国力提升和企业国际竞争力增强，大量企业走出国门从事跨国投资经营，欧盟是我国海外直接投资的主要集中地之一，具体又集中在英国（原成员）、法国和德国，三国占到中国对欧盟投资的50%—60%。我国对欧盟27国的直接投资余额截至2019年达到约2800亿美元，在3年里几乎翻了一番。虽然我国积极推动“一带一路”倡议，但对德法等欧盟区主要国家的投资也在持续增长。

第三，在年利用欧盟直接投资占GDP的综合比重方面，2010—2020年一直处于重度不安全到危机状态，这是造成中欧实体产业领域安全程度得分下降的重要原因。随着我国综合国力不断提升，工业产业国际化竞争力的增强，我国经济发展对外商直接投资的总体依赖程度逐渐下降，但呈现出对不同国家吸引利用外资不均衡现象。在过去的20年中，从欧盟流入我国的外商直接投资（FDI）累计已超过1400亿欧元，但就我国经济的规模和潜力而言，欧盟在我国的外国直接投资仍然相对较少。中欧全面投资协定（CAI）便在这一背景下应运而生，目的是确保欧盟投资者更好地进入我国，并确保他们在公平竞争环境中展开竞争，从而促进我国对欧盟的直接投资利用。

第四，我国对欧盟高新技术产品进口依赖严重，呈现出从危机到重度不安全又重回危机的波动态势，这是影响中美实体产业领域安全程度下降的又一重要原因。其中，2010—2014年从危机波动升至重度不安全状态，但在2015年断崖式下跌回危机状态，2018年和2020年有所回升，但一直未摆脱危机状态。正如前文所言，我国从欧盟进口的产品主要集中在精密原件、高端工业半成品等方面，比如德国的汽车和高端医疗器械，基本都属于高新技术产品，在特定高尖端领域形成了技术依赖。实际上，中欧贸易关系存在很强的互补性，欧盟从我国进口相对低端的产品，再出口高端产品给我国，甚至对高技术产品出口采取过歧视措施。

第五，欧盟对我国七大关键产业外资企业市场占有率波动较大，并使得该领域呈现出在中度不安全和极高度安全区间内波动状态，对实体产业领域安全程度得分起到了一定支撑作用。2010—2015 年从中度不安全逐渐提升至中度安全区间，2016—2019 年跃升至高度至极高度区间，但 2020 年又下降至中度不安全区间。总体来看，2010—2020 年欧盟对我国七大关键产业领域的外资市场综合加权占有率的平均安全得分达到 72 分左右，对应于中度安全状态。

第六，我国专利在国际专利授权量中的比重方面处于极高度安全状态，对中欧实体产业领域安全程度起到了重要且主要的支撑作用。这主要得益于近十多年我国企业和科研院所不断加大科研投入与创新力度，使得我国在国际专利授权量中的比重不断攀升，从 2010 年的 9.06% 上升到 2020 年的 29.27%，而欧盟在国际专利授权量中的比重从 2010 年的 21.73% 略降至 2020 年的 18.37%，两国比重的相对变化使得期间欧盟对我国国际专利授权量比重的影响程度不断下降并均处于极高度安全状态。

8.2.3 战略资源领域

本部分进一步对中欧战略资源领域风险程度指数得分进行了计算，如表 8－5 所示。

表 8－5　　中欧战略资源领域风险程度指数得分（2010—2020 年）

年份	石油进口依存度	天然气进口依存度	能源综合加权对外依存度	有色金属矿业对外依存度	粮食对外依存度	战略能源安全得分
2010	60.00	60.00	86.39	6.32	60.59	48.30
2011	60.00	60.00	92.50	17.27	60.60	52.56
2012	60.00	60.00	88.88	37.55	60.08	57.91
2013	60.00	60.00	85.54	64.79	60.94	65.81
2014	62.73	60.00	78.09	86.30	63.77	72.35
2015	64.39	60.00	71.42	87.86	81.47	77.33
2016	70.57	60.00	77.29	97.85	63.06	76.73
2017	77.16	60.00	77.95	96.09	61.02	76.75
2018	74.75	60.00	77.36	88.04	62.63	74.34
2019	83.91	60.00	83.59	84.97	66.84	77.14
2020	70.76	60.00	88.32	74.18	73.38	74.52

2010—2020 年欧盟对我国战略资源领域的风险影响处于从中度不安全到中度安全的安全程度波动上升态势，其中，2010—2012 年处于中度不安全，2013 年处于低度不安全，2014—2020 年处于中度安全区间。进一步对 2010—2020 年造成中欧战略资源领域安全程度变化的影响原因作如下分析：

第一，我国对欧盟石油进口依存度相对合理，处在低度不安全到中度安全状态，对中欧战略资源领域安全略起支撑作用。2010—2015 年我国对欧盟石油进口依存度相对较高并维持在低度不安全状态，2016—2019 年达到中度安全状态并呈现不断提升趋势，2020 年受疫情影响，安全程度下降。欧盟成员国产油量并不可观且本身能源消费量巨大，本身存在能源供需缺口且重要的能源需求（石油和天然气）只能靠进口来满足，石油更是占据欧盟能源进口的近 2/3。俄罗斯是欧盟最大天然气和原油供应国，但随着近年冲突的加剧，欧盟自身石油进口也受到一定限制。如 2022 年因俄乌冲突和欧美对俄罗斯能源进口制裁等导致欧盟成员国石油、天然气等能源价格大幅度上涨，能源短缺问题严重。中欧在石油等传统能源方面的相互进口依存度相对很低，更多表现为双方争夺海外石油等战略资源以及由此产生的地缘政治等问题。天然气方面，我国对欧盟几乎没有天然气贸易往来，主要表现为中方对欧盟潜在天然气进口利用不足，2010—2020 年我国对欧盟天然气进口依存度一直保持在国别低度不安全状态。

第二，我国对欧盟能源综合加权对外依存度处于高度安全到中度安全再回升至高度安全的波动态势。2010 年、2012—2013 年处于高度安全，2011 年短暂达到过极高度安全，2014—2018 年则在中度安全区间缓慢上升。合理的综合加权对外依存度对中欧战略资源领域安全起主要支撑作用。欧盟成员国普遍是能源进口国家，我国作为经济体量庞大且持续快速发展的大国，对于能源需求一向居高不下，双方同属世界市场基础能源的进口国，相互之间的能源贸易存在一定竞争与合作空间。2021 年，我国提出“碳中和、碳达峰”目标，推动国内能源结构转型，加强对新能源的开发利用，而欧洲在新能源方面也有较长的发展历史，双方能源领域后续的贸易格局可能发生改变。

第三，我国对欧盟有色金属矿产资源进口依存度呈大幅下降后略有上升态势，这是支撑中欧战略资源安全程度上升的重要原因。2010—2017 年我国对欧盟有色金属矿产资源进口依存度不断降低并直接从危机提升到极高度安全状态，而 2018—2020 年依存度有所提升，安全程度下降至中度安全态势。“十三五”期间我国有色金属进出口总额（不含黄金贸易额）年均增长 3.3%。其中，进口额年均增长 5.5%，出口额年均下降 1.3%。铜、铝是我国主要的有色金属进口产品，占有色金属进口总额的比重通常保持在 70% 左右，传统进口国包括印度、俄罗斯等国家。欧盟在有色金属方面，十分依赖于海外进口，其中的稀土资源几乎都是从中国进口，甚至于 2020 年年底成立了欧洲原材料联盟，尝试解决对中国稀土的过度依赖问题。

第四，我国对欧盟粮食产品进口依存度处于从低度不安全到高度安全再降至中度安全的状态，这是支撑中美战略资源领域安全程度得分的另一重要原因。其中，2010—2015 年处于从低度不安全飞速提升至高度安全的状态，2016—2017 年安全状态则有较为明显的下降，2018—2020 年又有所提升渐趋合理。欧盟大多数成员国都实现了粮食的自给自足，甚至有很多国家都是国际上的粮食出口国，只有卢森堡等规模较小的国家需要一定的粮食进口。而我国虽然是最大的粮食进口国，但在国际上的粮食进口主要集中在大豆、玉米、还有部分补充性食物上，大部分源自美国、加拿大、澳大利亚、泰国等国家，从欧盟进口很少。粮食是一种重要的战略资源，我国谨守耕地红线，保证口粮自给，主粮充足，有利于保护我国在粮食资源方面的国家安全。

8.2.4 财政金融领域

本部分进一步对中欧财政金融领域风险程度指数得分进行了计算，如表 8－6 所示。

表 8－6　　中欧财政金融领域风险程度指数得分（2010—2020 年）

年份	欧资银行在华资产占中国银行业总资产比重	欧资金融机构对中国银行类机构的综合控股比率	外债总额占外汇储备的比重	外债偿债率	短期外债占外汇储备的比重	财政金融安全得分
2010	95.39	74.30	100.00	99.56	95.70	92.24
2011	98.68	74.98	100.00	99.17	95.06	92.75
2012	99.60	75.15	100.00	99.25	95.25	92.98
2013	99.55	74.16	100.00	99.40	95.42	92.79
2014	98.50	71.94	100.00	99.42	91.24	91.35
2015	89.68	71.97	100.00	98.59	93.57	90.21
2016	86.96	70.00	100.00	97.95	93.42	89.16
2017	86.68	70.00	100.00	97.67	91.44	88.71
2018	83.02	70.00	100.00	97.93	90.65	88.03
2019	84.64	70.00	100.00	97.49	91.00	88.27
2020	88.22	70.00	100.00	97.85	91.74	89.04

2010—2020 年欧盟对我国财政金融领域的风险影响处于极高度到高度安全状态，安全程度只有轻微下降，对中欧经济安全总得分起到了最重要的支撑作用。其中，2010—2015 年处于极高度安全状态，2016—2020 年处于高度安全状态。进一步对

2010—2020 年造成中欧财政金融领域安全程度高且稳定的影响原因作如下分析：

首先，我国对欧盟外债偿付风险方面，包括外债总额占外汇储备的比重、当年还本付息额占外汇储备的比重以及短期外债占外汇储备的比重方面均处于极高度安全状态，对中欧财政金融领域安全程度形成了最重要的支撑。统计发现，近十多年来我国对世界主要国家的外债偿付能力方面均处于高度到极高度安全状态，这主要得益于我国近几十年来一直处于对外贸易顺差并积累了大量外汇储备，2020 年我国外汇储备量为 3.22 万亿美元，总量遥居世界第一，有力抵御了来自国际金融市场的各种不确定性游资冲击威胁风险，维护了我国外汇市场与资本市场的安全稳定。但另一方面，我国持有相当多的欧元外债，在英国脱欧时，欧元汇率的变动一度引发很多学者对我国欧元外债的关注和讨论，我国要在变动不断的国际金融市场中持有合理的外债规模。

其次，欧资银行在华资产占中国银行业总资产的比重相对其他国家（地区）较高，呈现出我国本土银行业市场业务对外开放程度相对充分的极高度、高度安全。统计数据发现，近 20 多年来我国银行业中外资银行在华资产所占比重一直很低（小于 2%），比如 2010 年外资银行在华资产所占比重为 1.83%，到 2020 年为 1.18%，近十余年比重呈现不断下降态势，其中欧资银行在这部分资产中的占比平均达到 43%，具体是英国（原成员国）、德国、法国等国在我国银行业有较多投资。但总体来看，外资银行在华的发展并不繁盛，我国银行业一直期望加深对内深入对外开放，还处在发展的前期阶段，要引导并吸引更多优质外资金融机构参与到我国金融市场国际化建设中来，为我国金融领域的进一步深化改革发挥建设作用。

最后，欧资金融机构对中国银行类机构的综合控股比率还很低，主要表现为中资金融机构对外开放程度相对不足的被动安全并维持在中度安全状态，这是造成中欧财政金融领域安全程度得分下降的主要原因。统计数据发现，欧盟部分国家在 2010—2013 年对中资银行类机构综合控股比率较高，2014—2020 年对中资银行类机构的综合控股比率均比较低，从而使得我国金融业因对外开放程度不足而被动维持在中度安全状态区间。虽然欧资银行相比其他外资银行在华资产占比相对较大，但相较于我国银行业的整体体量来看，所占比重仍然相对较低，如何提高我国银行业乃至整个金融市场领域的开放程度，仍是新时代的重要课题。2019 年 3 月 30 日起国务院修改政策并进一步放宽外资金融机构限制，扩大外资金融机构在华业务范围等，我国金融业开放承诺也逐步转向负面清单模式，预计中资金融机构的外资持股比例将进一步上升，这将有利于提升该领域的金融安全程度。

8.3 提升中欧经济安全的监管防范对策

中国和欧盟同为世界最重要的经济体之一，双方贸易往来频繁，数额巨大且影响广泛，一直是经贸领域的研究重点。本书基于中欧深化合作及进一步全方位保障国家安全背景，从六大经济安全领域重点选取了44项风险指标构建了中国经济安全风险测度指标体系，并依据国家经济安全指标依国别分解法构建了他国对中国经济安全风险影响的动态测度模型，对2010—2020年欧盟对我国经济安全风险影响程度进行了一次全面动态测度分析，研究发现：2010—2020年欧盟对我国经济安全风险影响程度主要处于低度不安全状态且安全程度呈缓慢波动上升态势。在对外贸易领域，2010—2020年我国对欧盟贸易综合依存度和欧盟对华发起反倾销立案数占比基本已经稳定在极高度安全状态，但我国对欧洲进口或出口加权集中度均处于严重危机状态；在实体产业领域，2010—2020年我国专利在国际专利授权量中的比重处在极高度安全状态，欧盟对我国七大关键产业外资企业市场占有率在中度不安全和极高度安全区间内波动，我国对欧盟高新技术产品进口依赖严重，年利用欧盟直接投资较少以及海外直接投资对欧盟集中度严重并均处于危机状态；在战略资源领域，中国对欧盟有色金属矿产资源进口依存度从危机提升到极高度安全状态而后下降至中度安全态势，对欧盟能源综合进口依存度从高度安全到中度安全再回升至高度安全，对欧盟粮食产品进口依存度则从低度不安全到高度安全再降至中度安全的状态，三者目前基本都处在中高度安全状态；在财政金融领域，2010—2020年我国对欧盟外债偿付风险和欧资银行在华资产占中国银行业总资产的比重都处于极高度安全状态，但欧资金融机构对我国银行类机构的综合控股比率相对较低，维持在中度安全状态。

针对欧盟对我国经济安全的总体风险影响及分领域背后的主要风险影响成因，本书就如何提升中欧经济安全程度提出了如下监管对策：

8.3.1 积极寻找替代市场以缓解对欧盟进出口依赖严重与过度集中的风险

前文分析发现，我国在贸易出口与进口、对外直接投资、引进利用外商直接投资等方面对欧盟存在依赖和集中相对严重的问题，而由于中欧经济结构既存在竞争性又存在较强互补性，以及欧盟内部巨大的市场消费需求等原因，中方需做好与欧盟保持长期竞争与合作的准备。第一，既要充分利用欧盟巨大的市场消费需求、外商投资资金以及高科技产品等不断发展壮大自身，又要与欧盟进行“蘑菇战术”与“运动战术”，以保持相对优势并抓住有利时机发展自己；第二，积极寻求其他海外市场产品替代以降低我国进、出口及引进外资方面对少数国家依赖严重问题；第三，通过“国内国际双循环”战略挖掘国内市场消费需求潜力，减少对海外市场整体的依赖，加强抵御风险能力；第四，针对我国对欧盟传统能源进口利用相对不足的问题，在博弈中寻求中欧能源合作潜力空间；第五，要大力加强新型可再生能源的研发、推广与应用便利，以逐步降低对传统能源的需求依赖。

8.3.2 不断增强中国在国际上的综合科技创新能力

前文分析发现，欧盟发明专利占我国发明专利授权量的比重过高并会对国内企业科技创新形成竞争挤压态势，我国在高精尖制造业、数控床、医疗器械等方面对欧盟高新技术产品形成的严重进口依赖，以及我国工业企业研发经费投入占比相比欧美发达国家相对较低情况。针对这些问题，首先，从制度体制上营造有利于激发创新的环境机制，充分激发市场创新活力，以解决我国面临的技术“卡脖子”问题；其次，通过政策引导、政府补贴、专利技术保护、上市条件便利等支持鼓励企业加大科研经费投入和创新产出，营造科技强国的良好社会氛围并鼓励高科技企业创造技术红利与环境红利；再次，研究与开发是一项从投入到产出效益高度风险不确定性但长期利国利民的活动，因此需从引进人才待遇保障、科研经费合理使用、职称晋升评价标准与业绩考核指标等方面营造宽容良性的氛围，使科研人才能沉心专注于科研攻关，避免科研管理短视化、机械化、形式化等情况发生；最后，科技创新是全人类的事业，鼓励加强与科技发达国家的国际科研合作交流，有比较借鉴才知不足与改进空间，充分利用国内外资源共同推进科技创新进步。

8.3.3 进行国别政策性结构方向调整，以提升国别经济安全程度

就如前文分析发现，虽然同为西方发达国家，欧盟与美国对我国外贸领域或其他合作领域的态度和作为都有较大差别，例如，我国在七大关键产业外资企业市场占有率方面，对美资企业主要表现为因中资企业市场业务开放程度不足所导致的不安全状态，同时本书也发现近年欧盟在我国七大关键产业外资企业市场占有率已经升至高度

至极高度区间，因此我国在关键产业对外开放政策方面可考虑进行更加针对性的政策结构方向调整。同时我国银行业无论是在市场业务规模上还是在股权比例上对美国、欧盟等主要国家金融机构的开放程度都相对不足，并维持在低度到中度安全态势。因此，进一步深入开放包括本土银行业在内的金融市场，从准入门槛、经营业务范围、参股控股比例等方面逐步放开标准，以吸引更多优质国际金融机构进入我国境内开展经营业务，以提升本土金融机构的国际竞争力和主要城市的国际金融中心地位。

第9章 中国—东盟经济安全风险程度动态测度分析

中国和东盟同为世界最重要的经济体之一，双方贸易往来频繁，数额巨大且影响广泛，其中中方在一些重点领域对东盟依赖严重并可能影响到国家经济安全。统计显示，2021年中国与东盟对外贸易总额为5.6744万亿元，其中出口总额为3.1255万亿元（排名第三，仅次于美国和欧盟），进口总额为2.5489万亿元（排名第一）。即使受到疫情影响，2020年中国与东盟贸易额仍实现了逆势增长，贸易总额达到4.7357万亿元（同比增长7%）。东盟是东南亚新兴市场国家区域经济集团，是世界上人口第三大的国家或地区（仅次于中国与印度），是世界上第五大经济体（仅次于欧盟、美国、中国与日本），是世界第四大进出口贸易地区，也是发展中国家吸收外商直接投资的主要地区之一。东盟国家目前在种植业、船舶与海洋制造业、国际旅游业等保持世界领先地位。当前，东盟不仅成为亚洲地区重要的力量，也是全球经济稳定的增长点和世界各主要国家投资与进出口的重点对象之一。近些年中国从东盟进口的主要商品为农产品、泰国香米、食品类、水产品类、集成电路及微电子组件、自动数据处理设备零件、初级形状的塑料、棕榈油、天然橡胶、液化天然气等，同时中国向东盟出口的主要产品集中在蔬菜类、电脑、电视、自动数据处理设备、手机等电子设备、纺织纱线、摩托车等。中国长期以来是东盟的第一大贸易伙伴，而东盟也成为中国最重要的贸易伙伴之一，随着《区域全面经济伙伴关系协定》（RCEP）核准生效后，区域内90%以上的货物贸易将最终实现零关税，预期中国与东盟的贸易额还将保持进一步增长。中国与东盟贸易关系的发展变化不仅对双方各自的利益，对于亚洲经济发展趋势乃至世界经贸格局走势都会产生重要的影响。

2010年1月，中国—东盟自由贸易区正式全面启动，中国与东盟的合作对话关系得到了进一步发展。2012年东盟发起了RCEP协议（Regional Comprehensive Economic Partnership），历时八年，目前已由中国、日本、韩国、澳大利亚、新西兰和东盟10国共同制定，该协议的生效对于进一步破除中国与东盟贸易壁垒限制，进一步深入中国与东盟主要国家的经济合作等具有重要的战略意义。2021 年 11 月，中共中央政治局审议了《国家安全战略（2021—2025 年）》，并强调要“统筹做好政治安全、经济安全、社会安全、科技安全、新型领域安全等重点领域、重点地区、重点方向国家安全工作”，在确保国家政治安全前提下，经济安全被放在非常突出的位置。当前国际政治经济格局加速演变，单边主义、霸权主义、贸易保护主义等不断抬头，我国与东盟双方在推动合作的同时也在很多领域存在摩擦和争端，包括南海领土争端、海域渔业与油气资源争端、台海问题、对外贸易反倾销诉讼等，加之美国不断在南海问题上干涉和挑起事端，并助长了一些域内外国家对南海问题的表态和干涉动作，这些都对我国与东盟贸易的长期稳定发展造成不确定性风险影响，甚至直接威胁到我国经济安全。因此，在我国与东盟贸易发展的新时期阶段，从维护总体国家安全视角下来研究东盟对我国经济安全风险影响程度及防范对策，对于当前形势及今后一段时期都具有非常重要的战略意义。

9.1 中国—东盟经济安全风险指数测度评估分析

本节通过收集中国与东盟经贸投资往来的相关风险度量指标数据，并根据前文所构建的我国经济安全风险测度指标体系和国别经济安全测度模型方法，对 2010—2020 年东盟对中国经济安全风险影响程度进行了一次全面动态定量测度分析，最终计算结果如表 9 - 1 所示。

表 9 - 1　中国—东盟经济安全风险程度指数测算结果（2010—2020 年）

年份	中国—东盟经济安全条件得分	中国—东盟经济安全能力得分	中国—东盟经济安全总得分	经济安全等级
2010	47.34	57.48	53.42	中度不安全
2011	44.65	60.75	54.31	中度不安全
2012	49.02	64.00	58.01	中度不安全
2013	46.70	66.18	58.39	中度不安全
2014	50.59	67.40	60.68	低度不安全
2015	49.83	66.28	59.70	中度不安全
2016	47.39	66.04	58.58	中度不安全
2017	51.13	66.64	60.44	低度不安全
2018	46.75	65.65	58.09	中度不安全
2019	42.22	65.64	56.27	中度不安全
2020	39.48	61.58	52.74	中度不安全

由表 9 - 1 可以得知，东盟对我国经济安全的总体风险影响主要处于中度不安全态势（除 2014 年为 60.7 分，2017 年为 60.4 分，均处于低度不安全），其中，2010—2014 年安全程度处于不断上升态势，而 2018—2020 年处于不断下降态势。2020 年由于受到全球新冠大流行的内外源风险冲击影响，我国国别经济安全程度相比 2019 年及之前年份总体出现了下降态势。

9.2 中国—东盟重点领域经济风险分析

本节进一步对中国—东盟经济安全条件及分领域风险程度指数得分进行了计算，最终结果如表 9 - 2 所示。

表 9 - 2 中国—东盟经济安全条件分领域风险程度指数计算结果（2010—2020 年）

年份	对外贸易安全得分	实体产业安全得分	战略资源安全得分	财政金融安全得分	经济安全条件得分	经济安全条件等级
2010	0.00	34.24	58.09	84.82	47.34	中度不安全
2011	0.00	36.34	54.86	75.91	44.65	中度不安全
2012	0.00	41.00	55.96	85.10	49.02	中度不安全
2013	0.45	31.60	54.95	87.14	46.70	中度不安全
2014	0.00	39.73	59.16	89.47	50.59	中度不安全
2015	0.00	34.57	59.36	91.97	49.83	中度不安全
2016	0.00	39.78	47.86	86.27	47.39	中度不安全
2017	9.55	48.91	46.83	83.93	51.13	中度不安全
2018	0.13	45.17	42.70	82.12	46.75	中度不安全
2019	2.79	30.79	39.95	81.46	42.22	中度不安全
2020	0.00	25.95	37.97	80.33	39.48	重度不安全

根据表 9 - 2 计算结果可知，2010—2020 年东盟对我国经济安全条件的风险影响处于从中度不安全到重度不安全的变化状态，其中，2010 年经济安全条件得分为 47.3 分，2020 年为 39.5 分，最高分为 2017 年的 51.1 分，对应中度不安全；从安全状态区间分析，2010—2019 年处于中度不安全，2020 年处于重度不安全状态；从安全程度趋势分析，2010—2020 年安全程度处于先上升后下降的波动发展态势。进一步对造成中国—东盟经济安全条件的分领域风险程度指数得分及背后原因进行如下分析：

9.2.1 在对外贸易领域

本部分进一步对中国—东盟对外贸易领域风险程度指数得分进行了计算，如表9－3所示。

表9－3 中国—东盟对外贸易领域风险程度指数得分（2010—2020年）

年份	中方对东盟贸易综合依存度	中方对东盟出口加权集中度	中方对东盟进口加权集中度	东盟对华反倾销立案数占全球对华反倾销立案总数比重	对外贸易安全得分
2010	0.00	0.00	0.00	0.00	0.00
2011	0.00	0.00	0.00	0.00	0.00
2012	0.00	0.00	0.00	0.00	0.00
2013	0.00	0.00	0.00	1.48	0.45
2014	0.00	0.00	0.00	0.00	0.00
2015	0.00	0.00	0.00	0.00	0.00
2016	0.00	0.00	0.00	0.00	0.00
2017	0.00	0.00	0.00	31.82	9.55
2018	0.00	0.00	0.00	0.44	0.13
2019	0.00	0.00	0.00	9.31	2.79
2020	0.00	0.00	0.00	0.00	0.00

2010—2020年东盟对我国对外贸易领域的风险影响始终处于危机状态。对2010—2020年造成中国—东盟对外贸易领域安全程度变化的影响原因作如下分析：

首先，我国对东盟无论是进口或出口均依赖过度并处于危机状态，这是造成我国与东盟对外贸易领域安全程度得分低下的重要原因。2020年，东盟成为中国第一大贸易伙伴，而中国已连续12年是东盟第一大贸易伙伴国。中国对越南、新加坡、马来西亚的出口贸易额在东盟十国中位居前三，中国对马来西亚、泰国、越南的进口贸易额在东盟十国中位居前三。中国每年向东盟出口大量电机、电气、音像设备及零附件、核反应堆、锅炉、机械器具及零件、钢铁制品等，同时中国每年从东盟进口大量矿物燃料、矿物油及其产品、沥青、橡胶及其制品、动植物油脂及其分解产品等，我国和东盟之间经济互补性强，彼此市场消费需求依赖严重，容易导致两国贸易之间产生相互依赖和集中的风险。此外，中国和东盟贸易额增速显著，使得其在中国贸易总量中的比重不断上升。

其次，中国对东盟贸易呈现国别性依赖过度并处于危机区间。这主要是近十余年我国和东盟贸易额增速显著，年平均增长率高达 8.87%，远高于我国贸易总额 4.79% 的年平均增长率，使得东盟在我国贸易总量中的比重不断上升，以及东盟经济总量和在世界的影响力不断上升所带来的相对变化结果。

最后，东盟对我国发起的贸易争端案件数相对较多，处于危机状态，这是我国和东盟对外贸易领域安全程度得分低下的重要原因。2010—2020 年东盟对华发起的反倾销立案数相比其他主要贸易国家相对较多。以 2020 年为例，美国对华发起的反倾销立案数为 13 起，日本为 1 起，俄罗斯为 5 起，印度为 29 起，巴西为 4 起，欧盟为 9 起，而东盟发起了 17 起。其中，作为我国在东盟的前三大贸易伙伴的越南、泰国各发起了 5 起，印度尼西亚发起了 5 起，马来西亚发起了 2 起。统计数据发现，2010—2020 年在我国七大贸易伙伴国（地区）中，印度、巴西与东盟对华发起的反倾销立案数占全球对华发起的反倾销立案总数的比重一直相对很高并处于危机状态。

9.2.2 在实体产业领域

本部分进一步对中国—东盟实体产业领域风险程度指数得分进行了计算，如表 9-4 所示。

表 9-4　中国—东盟实体产业领域风险程度指数得分（2010—2020 年）

年份	七大关键产业外资企业市场占有率	东盟发明专利占中国发明专利授权量的比重	中国专利在国际专利授权中的比重	中国对东盟直接投资市场加权集中度	年利用东盟外商直接投资占GDP的综合比重	高新技术产品进口依赖度	实体产业安全得分
2010	17.66	91.22	100.00	0.00	0.00	0.00	34.24
2011	21.87	98.18	100.00	0.00	0.00	0.00	36.34
2012	36.94	99.34	100.00	0.00	0.00	0.00	41.00
2013	7.81	93.84	100.00	0.00	0.00	0.00	31.60
2014	33.17	98.14	100.00	0.00	0.00	0.00	39.73
2015	16.15	97.68	100.00	0.00	0.00	0.00	34.57
2016	33.72	97.19	100.00	0.00	0.00	0.00	39.78
2017	65.86	92.96	100.00	0.00	0.00	0.00	48.91
2018	55.21	88.40	100.00	0.00	0.00	0.00	45.17
2019	7.49	87.83	100.00	0.00	0.00	0.00	30.79
2020	1.84	61.62	100.00	0.00	0.00	0.00	25.95

2010—2020 年东盟对我国实体产业领域的风险影响处于从危机到中度不安全变化状态，其中，2010—2017 年安全程度呈现波动上升态势，而 2018—2020 年呈现下降态

势。对2010—2020年造成我国和东盟实体产业领域安全程度变化的影响原因作如下进一步分析：

第一，我国海外直接投资对东盟市场依赖过度并一直处于危机状态，这是造成实体产业领域安全程度得分较低的首要原因。2010—2020年，我国海外直接投资对东盟市场的年平均增长率为2%，东盟一直是我国对外投资的主要地区（国家）之一，并且我国对东盟直接投资额基数大，如2020年对东盟直接投资额为137.8亿元，在我国七大贸易伙伴国（地区）中排名第一，导致我国近十几年来对东盟直接投资过于集中并处于危机状态。统计对比分析，近十余年我国对外直接投资主要集中地为美国、欧盟与东盟国家，以2020年为例，我国对美国直接投资额为60.2亿美元，对欧盟为91.7亿美元，对东盟为137.8亿美元，对俄罗斯为5.7亿美元，对日本仅为4.87亿美元。2010—2020年中国对美国、欧盟、东盟与俄罗斯主要表现为海外投资集中度相对严重所导致的危机状态，对印度与巴西在大部分年份集中度相对比较严重，而对日本则表现为不稳定变化状态。

第二，东盟外商直接投资占我国GDP的综合比重相对较高并一直处于危机状态，这是造成实体产业领域安全程度得分下降的重要原因。在东盟十国对我国的直接投资额中，新加坡位列第一，马来西亚位列第二，两者占据了东盟总投资额的90%以上。2010—2020年，我国年利用东盟外商直接投资额年平均增长率为2%，低于年利用外商直接投资总额的年平均增长率3.17%，因此其在我国年利用外商投资总额中的比重呈现缓慢下降态势。即便如此，由于东盟一直是我国引进外资的主要地区（国家）之一，并且年利用东盟直接投资额基数大，如2020年引进东盟直接投资额为77亿美元，在我国七大贸易伙伴国（地区）中排名第一，导致我国近十几年来经济发展对东盟外商直接投资过度依赖并处于危机状态。

第三，我国对东盟高新技术产品进口依赖过度并处于危机状态，这是造成实体产业领域安全程度得分低的又一重要原因。新加坡和越南是我国向东盟进口高新技术产品的主要国家。我国每年向新加坡进口大量先进高科技产品，涵盖光学、照相、电影、计量、检验、医疗或外科用仪器及设备、精密仪器及设备、有机化学品等，并在许多细分领域对新加坡高科技产品形成了严重依赖态势。2010—2020年，我国向越南进口的高新技术产品总额迅速增长，依赖程度日益严重。近十多年我国对东盟高新技术产品进口额所占比重呈现缓慢上升态势，由于一直以来对东盟高新技术产品进口绝对额基数大且随着东盟经济体量在世界中的占比与影响力的不断上升，目前东盟在该领域对我国的影响程度依然严重并处于危机状态。

第四，东盟对我国七大关键产业外资企业市场占有率处于从危机到低度不安全的变化态势。其中，2010—2011 年、2013 年和 2015 年、2019—2020 年处于危机状态，2012 年、2014 年和 2016 年处于重度不安全状态，2017 年处于低度不安全状态。计算对比发现，2010—2020 年我国七大关键产业市场对美国、俄罗斯、印度、巴西等企业主要表现为中资企业市场业务对外开放程度相对不足，对欧盟在 2010—2012 年表现为开放程度相对不足而在其余年份则相对适度，对于日本主要表现为上述部分年份开放相对过度，而 2010—2020 年对东盟则表现为市场业务开放程度严重过度所导致的危机状态。

第五，2010—2020 年东盟发明专利占我国发明专利授权量的比重相对较低，2010—2017 年处于极高度安全状态，2018—2020 年由高度安全降至低度不安全状态。近几十年来东盟发明专利在我国发明专利授权量中的绝对件数一直较低，如 2020 年东盟发明专利授权量为 1120 件，占我国授权总量的 1.25%，位列各国（地区）第四位，虽然近十余年我国发明专利授权总量在不断上升，东盟发明专利占我国授权量比重也呈现波动上升态势，但由于一直以来对东盟授权量基数小，目前尚未对我国创新专利申请形成竞争挤压态势，导致期间该领域安全程度相对较高。统计比较发现，2010—2020 年美国、日本和欧盟发明专利授权量占我国发明专利授权总量的比重相对很高并处于危机状态，而俄罗斯、印度与巴西等国在我国发明专利授权量中的比重相对较低并处于低度不安全到高度安全状态。

第六，我国专利在国际专利授权中的比重方面，东盟对我国的影响程度较轻并始终处于极高度安全状态。这主要得益于近十多年我国企业和科研院所不断加大研发投入与创新力度，使得我国在国际专利授权量中的比重不断上升，从 2010 年的 9.06% 上升到 2020 年的 29.27%，而同期东盟在国际专利授权量中的比重从 2010 年的 0.31% 上升至 2020 年的 0.44%，两国比重的相对变化使得期间东盟对我国在该领域的影响程度始终较小。

9.2.3 在战略资源领域

本部分进一步对中国—东盟战略资源领域风险程度指数得分进行了计算，如表 9－5 所示。

2010—2020 年东盟对我国战略资源领域的风险影响主要处于中度不安全到重度不安全的波动态势。其中，2012—2018 年处于中度不安全状态，2019—2020 年处于重度不安全状态。进一步对 2010—2020 年造成我国和东盟战略资源领域安全程度变化的影响原因作如下分析：

表 9-5 中国—东盟战略资源领域风险程度指数得分（2010—2020 年）

年份	石油进口依存度	天然气进口依存度	能源综合加权对外依存度	有色金属矿业对外依存度	粮食对外依存度	战略能源安全得分
2010	100.00	0.00	91.25	0.00	85.25	58.09
2011	97.50	0.00	87.83	0.00	84.02	54.86
2012	92.88	0.00	88.35	0.00	89.89	55.96
2013	85.62	0.00	89.11	0.00	89.96	54.95
2014	89.75	0.00	98.97	0.00	96.56	59.16
2015	91.33	0.00	93.46	0.00	99.32	59.36
2016	29.95	0.00	84.31	0.00	98.59	47.86
2017	31.23	0.00	81.49	0.00	95.99	46.83
2018	34.86	0.00	77.93	0.00	82.18	42.70
2019	18.65	0.00	72.30	0.00	84.65	39.95
2020	0.17	0.00	71.10	0.00	88.55	37.97

第一，我国对东盟天然气进口过度依赖且依赖度呈上升趋势并处于危机状态，这是造成中国和东盟战略资源领域安全程度得分低的重要原因。我国作为世界能源消费大国，每年也需向全球进口大量天然气资源。在东南亚地区，我国主要向马来西亚、印度尼西亚、缅甸进口天然气。

第二，我国对东盟有色金属矿产资源进口过度依赖并处于危机区间，这是造成我国和东盟战略资源领域安全程度得分低的重要原因。我国虽然矿产资源储量丰富，但部分有色金属矿产资源却严重依赖进口，如铁矿石、铜、锰、镍、硼，以及铬、钴、铂、钾盐、金刚石等，而我国有色金属矿产资源的全球供应保障体系更是落后于发达国家。东盟国家矿产资源丰富，我国每年需从东盟进口大量有色金属矿产资源。在东盟十国中，菲律宾和印度尼西亚分别是我国第一和第二大有色金属矿产资源进口国。虽然近十余年我国对东盟有色金属矿产资源进口依存度呈现出下降态势，但对东盟依然处于过度依赖状态。

第三，我国对东盟石油进口依存度由极高度安全波动下降至危机区间，其中，2010—2015 年安全程度在极高度安全和高度安全区间波动，2016—2020 年安全程度大幅下降，在危机区间和重度不安全区间波动。2016 年以来，我国向马来西亚进口的石油量呈现爆发式增长，这是造成我国和东盟战略资源领域安全程度下降的重要原因。

第四，我国对东盟传统能源进口利用集中度逐年提升，由极高度安全下降至中度安全状态。我国作为世界能源消费大国，每年也需向全球进口大量煤炭、石油与天然气资源，目前我国和东盟之间传统能源相互依赖程度较高，主要表现为东南亚是中日两国争取海外油气资源展开竞争博弈关系的重要地区之一。

第五，我国对东盟粮食进口依存度处于合理区间，并处于高度以上安全状态，对我国和东盟战略资源安全得分起到了重要的支撑作用。虽然我国粮食产量世界排名第一，但我国农业总体生产效率较低，城镇化过程中大量农村田地抛荒，且国内餐桌粮食浪费严重，每年仍需向全球进口大量粮食产品，尤其是我国对大豆的进口依赖程度非常高（2021 年约为 85.5%）。而我国每年向越南、老挝、缅甸等东盟国家进口大量优质大米等以满足国内多样化需求。因此，维系好我国和东盟之间贸易伙伴关系是保障我国粮食安全的重要一环。

9.2.4 在财政金融领域

本部分进一步对中国—东盟财政金融领域风险程度指数得分进行了计算，如表 9－6 所示。

表 9－6　　中国—东盟财政金融领域风险程度指数得分（2010—2020 年）

年份	东盟外资银行在华资产占中国银行业总资产比重	东盟外资金融机构对中国银行类机构的综合控股比率	外债总额占外汇储备比重	外债偿债率	短期外债占外汇储备比重	财政金融安全得分
2010	78.61	67.92	100.00	96.54	80.92	84.82
2011	81.91	30.10	100.00	97.05	78.42	75.91
2012	90.12	62.12	100.00	97.41	79.12	85.10
2013	93.67	68.82	100.00	97.77	77.96	87.14
2014	97.78	90.50	100.00	98.21	57.92	89.47
2015	94.25	95.59	100.00	95.79	70.58	91.97
2016	92.18	73.53	100.00	95.02	70.93	86.27
2017	90.76	70.00	100.00	96.46	62.47	83.93
2018	84.96	70.00	100.00	96.92	57.12	82.12
2019	77.69	70.50	100.00	96.50	59.64	81.46
2020	74.04	70.80	100.00	97.02	55.69	80.33

2010—2020 年东盟对我国财政金融领域的风险影响较轻并主要处于高度安全状态及以上，变化相对稳定（除 2011 年 75.9 分为中度安全），对我国和东盟经济安全条件总得分起到了非常重要的支撑作用。进一步对 2010—2020 年造成我国和东盟财政金融领域安全程度高且稳定的影响原因作如下分析：

首先，东盟金融机构对中国银行类机构的综合控股比率较低且呈波动下降趋势，主要处于低度不安全到极高度安全的反复变化状态（除 2011 年 30.1 分为重度不安全）。其中，2010—2015 年从低度不安全波动上升至极高度安全状态，2016—2020 年一直在中度安全区间波动，这主要是由于 2016 年后我国银行业对东盟开放程度大幅缩紧造成的。统计数据发现，除欧盟部分国家在 2010—2013 年对中资银行类机构控股比率较高外，其他如美国、日本、欧盟、东盟等对中资银行类机构的综合控股比率均比较低，从而使得我国金融业因对外开放程度相对不足而总体维持在中度不安全状态区间。从 2019 年 3 月 30 日起国务院修改政策并进一步放宽银行、证券、保险行业外资持股比例限制，放宽外资金融机构设立限制，扩大外资金融机构在华业务范围等，而我国金融业开放承诺也逐步转向负面清单模式，预计中资金融机构的外资持股比例将进一步上升，这将有利于提升该领域的安全程度。

其次，我国对东盟外债偿付能力方面，外债总额占外汇储备的比重和当年还本付息额占外汇储备的比重方面均一直处于极高度安全状态，对中国—东盟财政金融领域安全程度起到了最重要支撑作用，但是在对东盟短期外债占外汇储备的比重方面，其安全程度呈现高度安全到中度不安全区间的下降趋势。统计比较发现，近十余年我国对世界主要国家的外债偿付能力方面均处于高度到极高度安全状态，这主要得益于我国近几十年来一直处于对外贸易顺差，积累了大量外汇储备，2020 年我国外汇储备量为 3.22 万亿美元，总量遥居世界第一，有力抵御了来自国际金融市场的各种不确定性游资冲击威胁风险，并维护了我国外汇市场与资本市场的安全稳定。从 2010 年起我国对东盟短期外债偿付能力的安全程度由高度安全降至中度不安全状态，这主要由于近十几年我国和东盟双方贸易额大幅上升，我国对东盟进口形成了大量短期贸易性外债欠款，虽然该借款属于正常商业信用融资，但我国仍需警惕短期外债的违约风险。

最后，东盟外资银行在华资产占中国银行业总资产的比重逐年下降，对东盟资本由依赖过度转变为利用相对不足，并处于中度安全到极高度安全的反复变化态势。其中，2010—2014 年处于中度安全不断上升至极高度安全状态，2015—2020 年处于极高度安全不断下降至中度安全状态。数据显示，近十多年来我国银行业中外资银行类机构在华资产所占比重一直很低（小于 2%），比如 2010 年外资银行在华资产所占比重为 1.83%，到 2020 年为 1.18%，近些年比重呈现不断下降态势。统计对比发现，近十多年来我国银行业市场对外资开放程度呈现不均衡，其中对美国、俄罗斯、印度、巴西主要体现为开放程度相对不足所维持的低度不安全到中度安全态势，对日本、欧盟则处于相对合理的区间范围，而对东盟则呈现安全程度缓慢下降态势。因此，深入扩大包括银行业在内的金融业对外开放，落实负面清单制并吸引更多优质外资金融机构参与到我国金融市场国际化建设中来，是提升本土金融机构国际竞争力与增强自身抵御国际金融市场风险能力的重要举措。

9.3 提升中国—东盟经济安全的监管防范对策

中国和东盟互为第一大贸易伙伴，近些年中国和东盟经贸投资往来愈加密切，中方在一些重点领域对东盟进口依赖与集中严重并可能影响威胁到国家经济安全。本书基于国别经济安全条件与经济安全能力双逻辑维度，从六大经济安全领域重点选取了44 项风险指标构建了中国经济安全风险测度指标体系，并依据国家经济安全指标依国别分解法构建了他国对中国经济安全风险影响的动态测度模型，对 2010—2020 年东盟对我国经济安全风险影响程度进行了一次全面动态测度与原因解读，研究发现：东盟对我国经济安全条件的影响处于从中度不安全到重度不安全状态的反复变化态势。在对外贸易领域，中方对东盟贸易依存度、出口或进口加权集中度、东盟对华反倾销立案数占比均处于危机状态；在实体产业领域，中国专利在国际专利授权中的比重处于极高度安全状态，东盟对我国七大关键产业外资企业市场占有率处于危机到低度不安全的变化态势，东盟发明专利占我国发明专利授权量比重处于极高度安全到低度不安全状态的变化态势，我国对东盟直接投资市场加权集中度、中方年利用东盟外商直接投资依赖度、中方对东盟高新技术产品进口依赖度均处于危机状态；在战略资源领域，中方对东盟有色金属矿产资源进口依存度、天然气进口依存度均处于危机状态，石油进口依存度处于极高度安全到危机的变化状态，中方对东盟能源综合加权对外依存度处于极高度安全到中度安全的变化状态，优质粮食进口相对充足并均处于高度安全到极高度安全状态；在财政金融领域，中方对东盟短期外债之外的各类外债偿还能力均处于高度以上安全状态，短期外债占外汇储备的比重处于高度安全到中度不安全的变化状态，东盟外资银行在华资产占中国银行业总资产比重处于中度安全到极高度安全的反复变化状态，本土银行类机构对东盟外资金融机构股权开放度不断下降并处于低度不安全到极高度安全的反复变化状态。

针对东盟对我国经济安全的总体风险影响程度及分领域背后的主要风险影响成因，本书就如何提升中国—东盟国别经济安全程度提出了如下对策建议：

9.3.1 积极寻找海外市场替代以缓解对东盟进口依赖严重与过度集中的风险

通过前文分析，我国在对外贸易、利用外商直接投资、高新技术产品等方面对东盟依赖和集中相对严重，这是由于我国和东盟经济之间既存在竞争性又存在较强互补性，以及东盟地区内巨大市场消费需求潜力等。第一，中方需做好与东盟保持长期竞争与合作关系的准备，在国际竞争中争取挖掘东盟市场消费需求潜力，同时充分利用东盟外商投资资金以及高科技产品等不断发展壮大自身；第二，积极寻求海外市场产品替代以降低我国进出口及引进外资方面对东盟等少数国家依赖严重问题；第三，通过“国内国际双循环”战略挖掘国内市场消费需求潜力以降低外部环境不确定下对东盟等少数国家贸易出口过度集中的风险；第四，针对我国对东盟能源、粮食等进口利用相对充足的现状，在博弈中寻求我国和东盟能源合作潜力空间，创新我国和东盟能源企业合作盈利模式，以提升我国和东盟战略能源领域的安全程度；第五，要大力加强新型可再生能源的研发、推广与应用便利，以逐步降低对传统能源的需求依赖。

9.3.2 不断增强中国在国际上的综合科技创新能力

前文分析发现，近十多年来东盟发明专利对我国国内与国际发明专利申请授权量比重的竞争影响相对严重，且我国在许多特定领域对东盟高新技术产品进口依赖严重，加之我国工业企业研发经费投入占比相比欧美发达国家相对较低。首先，从制度体制上营造有利于激发创新的环境机制，充分激发市场创新活力，以解决我国面临的技术“卡脖子”问题；其次，通过政策引导、政府补贴、专利技术保护、上市条件便利等支持鼓励企业加大科研经费投入和科技创新产出，营造科技强国的良好社会氛围并鼓励高科技企业创造技术红利与环境红利；再次，研究与开发是一项从投入到产出效益高度风险不确定性但长期利国利民的活动，因此需从引进人才待遇保障、科研经费合理使用、职称晋升评价标准与业绩考核指标等方面营造宽容良性的氛围，使科研人才能沉心专注于科研攻关，避免科研管理短视化、机械化、形式化等情况发生；最后，科技创新是全人类的事业，鼓励加强中日等国际科研合作交流，有比较借鉴才知不足与改进空间，充分利用国内外资源共同推进科技创新进步。

9.3.3 进行国别政策性结构方向调整，以提升国别经济安全程度

前文分析发现，东盟对我国七大关键产业外资企业市场占有率相对较高，并在大部分年份处于危机状态，同时还发现我国七大关键产业对美国、俄罗斯、印度、巴西等国家企业则主要表现为中资企业市场业务开放程度相对不足所导致的被动不安全状态，因此，我国在七大关键产业对外开放政策方面可考虑进行分国别政策结构方向调整，平衡不同国家之间市场开放程度差异过大现象，从而提升该领域的国别经济安全程度。同时针对东盟外资金融机构对我国银行类机构的综合控股比率不断降低造成的低度不安全到极高度安全的反复变化状态，以及近几十年来我国银行业无论是在市场业务规模上还是在股权控制比例上对主要国家金融机构的开放程度都表现不足，因此，进一步深入开放包括本土银行业在内的金融业，从准入门槛、经营业务范围、参股控股比例等方面逐步放开标准，以吸引更多优质国际金融机构进入我国境内开展经营业务，以提升本土金融机构的国际竞争力和主要城市的国际金融中心地位。

第10章 中国总体经济安全风险程度动态测度分析

经济全球化时期如何保障国家经济安全是当今世界每个国家都面临的重大课题。面对复杂多变的国际政治经济形势，在经济新时期和第二个百年奋斗历史新征程中，党中央国务院一直着重强调维护国家总体安全的重要性，2022年10月《党的二十大报告》重点强调“国家安全是民族复兴的根基，社会稳定是国家强盛的前提，必须坚定不移贯彻总体国家安全观，把维护国家安全贯穿党和国家工作各方面全过程，确保国家安全和社会稳定”。经济安全作为国家安全的基础，如何完善国家经济安全监测预警体系，如何对国家总体经济安全程度进行及时定量监测预警分析，是新时期面临的重大现实问题。本书在前面章节对国际市场上主要国家（地区）对我国经济安全风险影响程度进行了测度分析基础上，对2010—2020年我国总体经济安全程度进行了一次全面定量的动态测度分析，进一步对各个分领域安全程度变化的原因进行了总结分析并提出了相应的监管对策。

10.1 中国经济安全条件指数测度结果与分析

本节对我国经济安全条件领域总指数得分进行了计算，结果如表10－1所示。

表10－1　　中国经济安全条件领域总指数得分计算结果（2010—2020年）

年份	对外贸易领域安全得分	实体产业领域安全得分	战略资源领域安全得分	财政金融领域安全得分	经济安全条件总得分	经济安全条件等级
2010	20.81	42.89	51.50	89.02	54.03	中度不安全
2011	16.54	51.46	50.83	88.38	55.43	中度不安全

续表

年份	对外贸易领域安全得分	实体产业领域安全得分	战略资源领域安全得分	财政金融领域安全得分	经济安全条件总得分	经济安全条件等级
2012	21.45	57.53	48.22	87.84	57.54	中度不安全
2013	25.54	58.38	46.88	87.35	58.20	中度不安全
2014	27.86	61.78	45.33	83.89	58.34	中度不安全
2015	29.97	61.85	44.84	84.15	58.76	中度不安全
2016	32.49	62.90	43.86	82.90	59.01	中度不安全
2017	40.11	63.42	41.76	81.63	59.89	中度不安全
2018	33.36	60.89	41.38	80.41	57.34	中度不安全
2019	35.47	62.70	41.19	80.44	58.27	中度不安全
2020	39.89	61.15	39.34	79.54	58.05	中度不安全

从表 10－1 计算结果可知，2010—2020 年我国经济安全条件领域总指数得分处于中度不安全区间的缓慢上升波动态势，其中，2010 年为最低得分 54.03 分，2017 年为最高得分 59.89 分，2020 年安全条件总得分为 58.05 分。进一步对我国经济安全条件的分领域风险指数进行了如下测算：

10.1.1 对外贸易领域

2010—2020 年我国对外贸易领域的安全程度处于从危机到重度不安全的缓慢上升发展态势。从安全条件变化区间分析，2010—2015 年处于从危机状态区间，2016—2020 年处于重度不安全变化状态区间；从安全条件变化趋势分析，2010—2017 年处于不断上升向好的发展态势，2018—2020 年处于重度不安全波动态势。从 2010—2020 年对外贸易领域具体风险影响原因分析：

首先，我国对外贸易出口加权集中度与进口加权集中度偏高，并一直处于危机状态，这是造成对外贸易领域安全程度下降的重要原因。一直以来，欧盟、美国、东盟和日本等都是我国的主要出口国家或地区，并导致中国出口加权集中程度很高。与此同时，美国、日本、韩国、中国香港、中国台湾等是近些年来我国主要进口国家或地区，并导致我国的进口加权集中程度较高。

其次，近十多年来我国对外贸易综合依存度由危机到低度不安全状态，这是导致期间对外贸易领域安全程度得分较低但处于不断上升态势的重要原因。2010 年我国对外贸易综合依存度为 55.8% 并处于危机状态，到 2020 年下降为 31.62% 并处于低度不安全状态。2010—2020 年我国对外贸易综合依存度处于不断下降的态势，一方面由于我国经济结构转型升级和发挥国际国内两个大循环的市场优势，减少了对主要发达国家进出口产品与市场依赖；另一方面，近十多年来我国 GDP 增速虽然总体处于不断下降态势，但 GDP 总量却处于不断上升的态势，因此综合导致对外贸易依存度安全程度得分不断上升。

最后，近十多年来国外对华反倾销立案数占全球反倾销立案总数的比重一直比较高，并处于危机到中度不安全变化状态。2008 年国外对华反倾销立案数所占比重为 35.78%，2020 年为 24.36% 并处于中度不安全状态，其中 2009 年为 35.94% 并为近些年的高点并处于危机状态。从各国对我国发起的反倾销调查案件数量的国别分析，印度、美国、欧盟、东盟、巴西位居前五位，如截至 2020 年底，印度共向中国发起的反倾销立案数为 257 件，美国为 183 件，欧盟为 144 件，东盟为 89 件，巴西为 102 件。值得注意的是，我国一些传统的贸易大国或地区，如美国、欧盟、东盟等一直是对华发起反倾销案件的大户，同时如巴西、印度等新兴市场国家，虽然彼此之间的贸易总量一般但反倾销案件数却非常高。但是我国的一些传统重要贸易伙伴，如日本、韩国等对华发起的反倾销案件却相对较低。

10.1.2 实体产业领域

2010—2020 年我国实体产业领域的安全程度处于从中度不安全到低度不安全的安全条件得分呈现先上升后缓慢波动变化态势。从安全条件变化区间分析，2010—2013 年处于中度不安全区间，2014—2020 年处于轻度不安全状态区间；从安全条件变化趋势分析，2010—2017 年处于不断上升向好的发展态势，2018—2020 年处于轻度不安全波动态势。从 2010—2020 年对外贸易领域具体风险影响原因分析：

第一，我国对外直接投资市场加权集中度得分一直处于危机状态，这是造成实体产业领域安全程度得分较低的首要原因。从我国对外直接投资的国别分析，东盟地区一直是我国海外直接投资的重要目的地，并占据我国海外直接投资金额较大比重，如 2018—2020 年所占比重分别为 9.57%、9.51% 和 8.96%。其次欧盟地区也一直是我国海外直接投资的重要目的地，2018—2020 年所占比重分别为 6.20%、7.81% 和 5.97%。而美国一直以来都是我国海外直接投资的重要目的地，2018—2020 年所占比重分别为 5.23%、2.78% 和 3.92%。2020 年中国对外直接投资流量排名前 10 的国家或地区分别为中国香港、开曼群岛、英属维尔京群岛、美国、新加坡、荷兰、印度尼西亚、瑞典、泰国和越南。2020 年中国对外投资排名前五的省份分别为广东省（235.3 亿美元，占比 27.7%）、上海市（125.5 亿美元，占比 14.8%）、浙江省

（107.4 亿美元，占比 12.7%）、江苏省（61.4 亿美元，占比 7.2%）、山东省（61.0 亿美元，占比 7.2%）。

第二，我国对外高新技术产品进口依赖严重并主要处于危机状态，这是造成实体产业领域安全程度得分较低的另一重要原因。首先，近十多年来我国对东盟地区高新技术产品进口依赖度逐渐上升并形成了重要依赖，如 2009 年我国对东盟地区国家高新技术进口依赖度为 3.57%，2020 年升到 5.31%；其次，我国近十多年来对接欧盟地区国家的高新技术产品进口依赖度一直比较严重并有缓慢下降态势，2009 年依赖度为 8.21%，2020 年为 6.4%；最后，我国近十多年来对美国高新技术产品进口依赖度一直比较大，如 2009 年为 2.38%，最高年份 2015 年为 3.25%，2020 年为 2.01%。因此，我国制造业要不断突破国外核心技术壁垒，不仅要成为制造业大国，更要成为制造业强国，才能高质量走出国门参与国际竞争。

第三，我国七大关键产业外资企业市场占有率一直比较高并主要处于从危机到低度不安全的不断上升态势，这是影响实体产业领域安全程度变化的又一重要原因。2010 年我国七大关键产业外资企业市场占有率为 36.95%，2020 年为 30.21%。其中，欧盟国家对我国七大关键产业外资企业市场占有率一般比较高，且近十多年有不断上升态势，如 2010 年市场占有率为 6.44%，2019 年为 12.02%，2020 年受疫情影响下降为 4.86%，近十年平均值为 10% 左右；日本对我国七大关键产业外资企业市场占有率也比较高，近十年平均值为 7.04%；东盟地区对我国市场占有率同样比较高且近十多年有缓慢上升态势，近十年平均值为 4.84% 左右，2020 年上升到 6.33%。美国近十多年来对我国七大关键产业外资企业市场占有率平均值为 2.15%。七大关键产业代表着我国制造业的基础与未来发展方向，警惕外资以各种方式对我国主要实体产业领域进行市场渗透控制，并不断提升我国各领域关键企业发展壮大自身参与国际竞争，以维护我国产业经济安全。

第四，国外发明专利占我国发明专利授权量的比重从危机状态到高度安全状态，对提升实体产业领域经济安全起到了重要支撑作用。近 20 年来国外发明专利占中国发明专利授权量的比重呈现不断下降态势，从 2002 年 72% 下降到 2021 年的 15.81% 并有力提升了该领域的经济安全程度。其中，日本、欧盟与美国一直是我国国外发明专利授权的主体，2010—2020 年日本申请发明专利占我国授权量比重从 43.17% 逐渐下降为 32.8%，但仍为第一授权量国家；2010—2020 年欧盟发明专利授权量比重相对比较稳定，平均值为 24.23%；美国发明专利授权量比重有缓慢上升态势，从 2010 年的 19.85% 上升到 2020 年的 23.57%，最高年份为 2018 年的 26.59%，需要引起警惕。值得注意的是，我国与东盟国家双边贸易额及对外投资额比较大，但东盟国家申请我国发明专利授权量比重却相对较低，近十年的平均值为0.54%，这与东盟国家（除新加坡外）目前整体欠发达相关，但鉴于东盟巨大的海外资源与市场，以及承接发达国家产业转移等，仍然是我国重要的贸易伙伴。

第五，我国专利在国际专利授权量中的比重处于不断上升的态势，安全程度从重度不安全上升到高度安全状态，对我国实体产业领域经济安全形成了重要支撑。2002年我国发明专利在国际上的授权量仅为1.12%，到2020年已经上升为29.27%。这与我国近20多年来科研院校注重科研创新并不断参与国际合作交流，以及制造业企业不断激发创新活动做大做强并积极参与国际市场竞争相关，也是我国综合国力不断上升的重要体现。近20年来美国国际发明专利授权量所占比重缓慢下降，从2002年的25.45%下降到2020年的18.49%，但美国仍然是世界上最重要的创新强国。近20年日本国际发明专利授权量所占比重也呈缓慢下降态势，从2002年的31.07%下降到2020年的16.83%，但日本仍然是东亚地区的发达国家与科技创新强国；欧盟国际发明专利授权量所占比重亦呈缓慢下降态势，从2002年的26.3%下降到2020年的18.37%，欧盟主要成员国作为老牌发达资本主义国家，一直以来都是欧洲及世界重要创新中心与经济强国。

第六，近十多年我国年利用外商直接投资占GDP的综合比重较低且呈缓慢下降态势，使得该领域一直处于高度到极高度安全状态，对我国实体产业领域安全程度形成了有力支撑。近十多年来，随着我国经济实力与综合国力上升，我国由加入WTO之前的主要以引进外资为主，转变为引进来与走出去相结合，尤其是近十多来我国积极加大走出来的步伐，对外直接投资额呈现不断上升的态势，2002年中国对外直接投资额为27亿美元，到2016年上升到1961.5亿美元，近些年由于新冠疫情及中美贸易战影响有所下降，但也维持在高位，如2020年中国对外直接投资额为1537.1亿美元（占全国对外投资份额的20.2%）。相比之下，近十多年虽然我国引进外商直接投资绝对额一直在上升，但占GDP的比重却在不断下降，由2008年的2.01%下降到2020年的0.98%，而且近些年主要表现为利用外资不足而导致安全程度有所下降的状态。

10.1.3 战略资源领域

2010—2020年我国战略资源领域的安全程度处于从中度不安全到重度不安全的安全条件得分呈不断下降的变化态势。从安全条件变化区间分析，2010—2019年处于从中度不安全状态区间，2020年处于重度不安全状态区间；从安全条件变化趋势分析，2010—2020年处于不断下降的发展态势。从2010—2020年我国战略资源领域具体风险影响原因分析：

第一，我国有色金属矿产资源对外依存度一直居高不下并处于危机状态，这是造成我国战略资源领域安全程度得分下降的重要原因。2006 年我国有色金属对外依存度为 82.6%，到 2020 年已经上升到 275%。当今时代，有色金属矿产资源作为重要上游原材料资源，广泛应用于航空航天、电子通信、陶瓷、动力电池、高端芯片等诸多重要战略产业发展领域，我国虽然地大物博，矿产资源种类丰富，但近些年随着我国经济的快速增长、人口基数庞大和人们消费需求的不断提高，对上游矿产资源的需求和下游产品的需求也大量提升，客观上造成了许多领域矿产资源供需紧张，而且我国对铬、钴、铂、钾盐、金刚石、铁矿石等有色金属矿产严重依赖国外进口，比如应用领域比较广泛的铁矿石，我国近 70%依赖国外进口供给。而且随着我国经济继续向好和产业结构不断升级，未来一段时间我国对国外有色金属的高依赖程度仍将持续。

第二，我国石油进口依存度一直比较严重，并处于危机状态，这是造成中国战略资源领域安全程度得分下降的又一重要原因。1996 年我国原油进口依存度仅为 1.26%，随着我国经济的快速发展对石油消费的需求增长，到 2000 年我国石油进口依存度上升为 26.74%，到 2010 年进一步上升为 52.94%，到 2020 年已经上升到 80.76%。我国虽然是石油生产大国，但更是石油消费大国，而且随着我国经济的发展和消费水平的提高，我国石油供需矛盾愈发紧张，大量石油消费需要依赖国外进口，截至 2020 年，沙特阿拉伯、俄罗斯、伊拉克、巴西、安哥拉是我国前五大石油进口来源国。石油是工业经济的血液，是重要的传统化石燃料，虽然我国提出双碳远景目标，但是在短期内新型能源还难以替代传统石油等能源的重要地位，尤其是 2021 年底俄乌战争爆发，导致包括欧洲在内的全球能源供给紧张和石油等传统能源价格大幅度上涨，当前我国仍然处于经济持续稳定发展和工业经济转型升级的重要战略机遇期，未来一段时间，对石油的消费需求仍将维持高位，对石油进口的严重依赖程度依然难以有效缓解。

第三，近十年来我国天然气进口依存度处于从高度安全到中度不安全的安全程度总体不断下降的态势。2010 年我国天然气进口依存度为 9.4%，到 2020 年已经上升到 31.9%，其中 2019 年为 34.2%。天然气虽然在我国能源消费结构中所占的比重不高（10%以内），但近十年来天然气消费量占比却呈现不断上升的态势，从 2010 年的 4.42%上升到 2020 年的 10%，其中，我国天然气主要从东盟的马来西亚、印度尼西亚和缅甸，以及从俄罗斯进口，其中 2020 年我国对俄罗斯天然气进口依存度上升到了 2.84%，这是我国管道天然气的主要来源渠道。

第四，近十年来我国粮食进口依存度相对较低并处于高度到极高度安全状态，对我国战略资源安全领域的安全程度得分起到了重要支撑作用。2008 年我国粮食对外依存度为 6.56%，到 2020 年上升到 17.2%，依存度呈现波动上升的态势，需要引起对我国粮食安全的警惕。从我国粮食进口主要国家来源分析，巴西、美国以及东盟国家是我国粮食进口的主要来源国，我国大豆、玉米等粮食作物对外进口依赖严重，其中巴西、阿根廷、美国、加拿大和俄罗斯是我国大豆主要进口国，目前巴西成为我国大豆主要进口来源国，由于巴西气候条件适宜种植大豆，中国每年向巴西进口大量大豆，2021 年我国从巴西进口大豆数量达到了 5815 万吨，占我国大豆进口市场总份额的 60.2% 并排名第一，从美国进口 3231.2 万吨并排名第二，两国合计占据了 93.73%。我国玉米的主要进口国家有美国、乌克兰和澳大利亚等。我国一直以来重视老百姓的吃饭问题，一直强调要牢牢守住 18 亿亩的耕地红线，但近十多年来由于城市化与城镇化的加速推进，大量年轻人进城务工安家，大量农村耕地面临抛荒闲置，农村目前只剩下老人小孩等现实问题，且我国各地地形复杂，传统低效耕作方式依然大量存在，如何利用现代高科技技术提高现代农业耕作效应，如何将饭碗牢牢端在中国人自己手里，是中央政府一直关心的重要议题。

10.1.4 财政金融领域

2010—2020 年我国财政金融领域安全程度处于从高度安全到中度安全的安全程度缓慢下降态势，其中，2010 年财政金融领域安全得分为 89.02 分，到 2020 年下降到 79.5 分。从安全状态区间分析，2010—2019 年处于高度安全区间，2020 年处于中度安全区间；从安全程度变化趋势分析，2010—2020 年安全程度呈现缓慢下降态势。

第一，外资金融机构对中国银行类机构的综合控股比率安全程度一直处于中度安全区间且有缓慢下降态势，这是造成财政金融领域安全程度得分下降的首要原因。新中国成立以后我国第一家外资银行是 1981 年成立的南洋商业银行深圳分行，随着我国改革开放的窗口越来越大，大量外资银行进入我国国内成立独资或分支银行机构，然而至今 40 多年过去了，外资银行在我国银行业中，无论是总资产占比、从业人数占比、营业收入占比，还是综合控股比率都还比较低下，其中 2010 年外资金融机构对中国银行类机构的综合控股比率为 2.88%，到 2020 年下降到 0.16%，这虽然维持了该领域的绝对国家金融安全，但相对安全程度却不高，因为国家金融安全是动态开放中的安全，是以主动寻求提升安全防御能力为主，而非封闭状态下被动安全，因此外资金融机构对中国银行类机构的综合控股比率并非越低或越高越好，而是存在一个合理的安全区间，过低或过高都会有损我国金融安全。从近十来年该领域的表现分析，我国本土银行业的开放程度并没有提升反而相对开放程度收缩了，这显然不利于我国积极走出国门，提升动态开放中的国家金融安全能力。

第二，外资银行在华资产占中国银行业总资产比重处于从高度安全到中度安全的安全程度不断下降态势，外资银行资产占比从 2010 年的 1.5%（高度安全）下降到 2020 年的 1.18%（中度安全）。如上所述，改革开放 40 多年来，外资银行资产占我国银行业总资产比重一直较低（小于 2%），且近十年来该比重有不断下降态势，这虽然维持了该领域国家绝对金融安全，但相对金融安全程度却不足，这与我国积极开放国门引进外资竞争不相符，也与我国建设金融强国主动提升金融风险防范能力不相符。因此，如何深入金融业对外开放，包括在准入门槛、经营业务范围、监管法律法规等方面制定符合国情与时代趋势的政策，仍然是当前与未来一段时间面临的主要议题。

第三，外债总额占外汇储备的比重和当年还本付息额占外汇储备的比重处于极高度安全状态，并对我国财政金融领域安全程度提升起到了非常重要的支撑作用。近 30 多年来，我国积极发展对外贸易，尤其是加入 WTO 以后我国对外贸易总额呈现快速增长态势，而且连年呈现贸易顺差，为我国积累了大量外汇储备。1979 年全国仅有 8.4 亿美元外汇储备，到 1990 年上升到 110 亿美元，2000 年又上升到 1656 亿美元，2010 年已经上升到 2.8 万亿美元，截至 2021 年底为 3.25 万亿美元，总量遥居全球各国第一。我国庞大的外汇储备总额为我国抵御外来各种金融风险冲击，维持外汇市场和资本市场稳定提供了有力的支撑，其中在各主要外债偿还指标上表现为总体外债偿还能力与年度外债偿还能力非常强，有力维持了我国金融市场的稳定与金融安全。如何利用好这庞大的外汇储备资产，防止因美元超发所导致的资产贬值，以及如何助力海外投资，以提升我国企业在国际上的竞争力，是当前面临的重要议题。

第四，短期外债占外汇储备的比重处于高度安全到中度不安全的安全程度不断下降态势，这是造成财政金融领域安全程度下降的一重要原因。2010 年我国短期外债占外汇储备的比重为 13.2% 并处于高度安全状态，到 2020 年该比率上升为 40.9% 并处于中度不安全状态。我国短期外债主要来源于短期贸易性欠款，2010 年我国短期外债余额为 3757 亿美元，占我国外债总额的 68.4%，到 2020 年短期外债余额为 13156.4 亿美元，占外债总额的比重下降到 54.8%，虽然短期外债占外债总额的比重出现了下降，但占外汇储备的比重却呈现不断上升态势，对该领域的金融安全形成了短期的威胁与挑战，并需要引起警惕，但对我国总体上与中长期的外债偿还风险影响程度较低。

10.2 中国经济安全能力指数测度结果与分析

本节进一步对支撑我国经济安全能力领域总指数及分领域指数得分进行了测算，结果如表10－2所示。

表10－2　　中国经济安全能力领域总指数得分计算结果（2010—2020年）

年份	宏观经济领域风险	财政金融领域风险	实体产业领域风险	战略资源领域风险	经济社会领域风险	经济安全能力总得分	经济安全能力等级
2010	64.71	73.15	53.48	55.74	35.08	57.48	中度不安全
2011	64.43	77.62	56.81	60.23	37.99	60.75	低度不安全
2012	81.57	78.34	55.00	63.74	40.62	64.00	低度不安全
2013	81.89	81.95	59.47	67.04	37.21	66.18	低度不安全
2014	83.35	81.86	58.52	70.14	41.31	67.40	低度不安全
2015	82.06	75.43	59.40	72.13	41.63	66.28	低度不安全
2016	81.51	73.19	61.95	71.78	40.56	66.04	低度不安全
2017	82.40	73.46	61.19	74.04	41.46	66.64	低度不安全
2018	81.50	72.17	59.76	76.66	37.05	65.65	低度不安全
2019	72.37	72.03	63.31	78.82	36.90	65.64	低度不安全
2020	48.64	67.10	64.02	80.82	36.37	61.58	低度不安全

从表10－2计算结果可得知，2010—2020年我国经济安全能力处于从中度不安全到低度不安全的安全程度缓慢上升态势。其中，2010年经济安全能力总得分为57.5分，2020年受新冠疫情影响总得分为61.6分，最高分为2014年的67.4分。从我国经济安全能力分领域风险影响成因分析发现：

10.2.1 宏观经济领域

2010—2020年我国宏观经济领域的安全程度处于从低度不安全到高度安全，再到中度不安全的变化态势。从安全状态区间分析，2010—2011年处于低度不安全，2012—2018年处于高度安全，2019年处于中度安全，而2020年则显著下降到中度不安全。从安全程度趋势分析，2010—2013年处于不断上升发展态势，2014—2018年保持高度安全状态，而2018—2020年出现明显下降态势。从宏观经济领域的具体风险影响原因分析，发现：

首先，2010—2020年社会真实失业率居高不下，并处于重度不安全到危机状态，这是造成宏观经济领域风险上升的主要原因，尤其是2020年受新冠疫情大流行的冲击影响，大量工厂减产或停产，大量工人待业或失业，严重冲击了中国宏观经济领域的稳定运行。

其次，GDP增长率在个别年份的风险冲击效应，2010—2019年中国GDP增长率保持在合理运行区间并处于中度安全到极高度安全状态，但是2020年中国GDP增长率仅为2.35%，处于中度不安全状态，虽然2020年中国是全球主要经济体中唯一保持正增长的国家，但是相比历年，2020年GDP增速出现了明显快速下降并反映了中国宏观经济在面临内外疫情等强冲击下所存在的强韧性和脆弱性一面。

最后，通货膨胀率在个别年份的风险冲击效应，在2010—2020年中国居民消费价格指数位于合理变化区间并处于高度到极高度安全状态，但是2011年居民CPI上升到5.4%，相对2010年（2.2%）出现明显上涨过快现象，并导致当年该子领域处于中度不安全状态。

10.2.2 财政金融领域

2010—2020年我国财政金融领域处于从低度不安全到高度安全的安全程度先上升再缓慢下降态势。从安全状态区间分析，2010—2012年和2015—2019年处于中度安全，2013—2014年处于高度安全，2020年处于低度不安全状态。从安全程度趋势分析，2010—2014年处于缓慢上升态势，2015—2020年则处于缓慢下降态势。从财政金融领域的具体风险影响原因分析，发现：

首先，对财政金融领域金融安全程度形成支撑作用的方面主要表现在，2010—2020年我国商业银行总体不良贷款率与资本充足率均保持在较高水平并处于极高度安全状态，我国国债负担率一直控制在较合理区间水平并处于高度到极高度安全状态，2010—2014年我国商业银行总体盈利能力和政府财政赤字率处于中度到高度安全状态。

其次，对财政金融领域金融安全程度造成削弱作用的方面主要表现在，2010—2020年我国政府国债债务率居高不下并处于中度不安全到危机状态，2015—2020年我国公共财政赤字率不断攀升并处于危机状态，2010—2020年我国商业银行总体流动性水平欠佳并处于低度不安全到中度安全的安全程度缓慢上升态势，2015—2020年我国商业银行盈利能力总体处于低度不安全到中度不安全的安全程度不断下降态势。

10.2.3 实体产业领域

2010—2020年我国实体产业领域处于从中度不安全到低度不安全的安全程度缓慢上升态势。从安全状态区间分析，2010—2015年处于中度不安全，2016—2020年处于低度不安全状态。从安全程度趋势分析，2010—2020年处于缓慢上升的变化态势。从实体产业领域的具体影响原因分析，发现：

首先，造成实体产业领域风险上升的重要原因之一，是我国工业企业总体研发费用投入占比与欧美主要国家相比较低。2010—2020年我国规模以上工业企业总体研发费用占营业收入的比重处于从危机到重度不安全状态，但安全程度有缓慢上升态势，表明近些年我国工业企业在国际市场的总体创新能力较低，但正在不断重视加大研发投入力度并努力提升企业国际创新水平。

其次，造成实体产业领域风险上升的另一重要原因，是我国工业企业总体盈利能力与成长性逐渐降低。2005—2020年我国规模以上工业企业总体盈利能力处于中度安全到中度不安全的安全程度不断下降态势，特别是2019—2020年规模以上工业企业盈利水平出现明显下降。2010—2020年我国规模以上工业企业的成长性处于从极高度安全到中度不安全的安全程度快速下降态势，其中，从2005—2011年的快速成长，到2012—2014年的稳定成长，再到2015—2020年的增长停滞状态，表明随着中美贸易摩擦持续深入，工业企业市场竞争环境不断加剧，以及近两年全球新冠疫情大流行等内外不利因素叠加冲击影响等，我国大部分工业企业在盈利能力与成长性方面变得更加艰难缓慢。

最后，对我国实体产业领域安全程度形成支撑作用的重要原因之一，是近些年我国工业企业无论是规模体量还是总体国际化竞争水平都处于不断上升的态势。2010—2020年我国工业企业无论是营业收入还是利润规模在世界500强中的企业数量及占比均呈现不断上升态势，从2010年的中度不安全已经上升到2020年的高度安全状态。这表明近些年随着我国不断推进产业结构转型升级和工业企业绿色创新驱动等，我国工业企业的综合国际竞争力水平得到显著提升。此外，我国工业企业的资产负债率总体保持在合理区间范围且总体比较稳定，使得规模以上工业企业财务杠杆水平一直处于高度安全的良好态势，这是形成支撑作用的另一原因。

10.2.4 战略能源领域

2010—2020 年我国战略能源领域处于从中度不安全到高度安全的安全程度稳步上升态势。从安全状态区间分析，2010 年处于中度不安全，2011—2013 年处于低度不安全，2014—2019 年处于中度安全，2020 年处于高度安全状态。从安全程度趋势分析，2010—2020 年安全程度处于稳步上升发展态势。从战略能源领域的具体风险影响原因分析，发现：

第一，2010—2020 年我国无论是人均能源生产量还是人均有色金属矿产资源生产量均处于不断上升态势，其中，人均能源生产量处于从中度不安全到低度不安全的安全程度缓慢上升态势，而人均有色金属矿产资源生产量处于从中度不安全到极高度安全的安全程度快速上升态势。

第二，2010—2020 年我国新型清洁能源在能源消费结构中的比重不断上升，并处于从中度不安全到低度不安全的安全程度不断上升发展态势。近些年随着我国对绿水青山环保重视和对传统“三高”企业的整顿治理等，煤炭在传统能源消费结构中的比重逐渐下降，而天然气以及水电、核能、光伏、风能等新型清洁能源的消费结构占比则逐渐上升，随着我国实施“碳达峰碳中和”远景行动方案，预计在不远未来我国清洁能源的消费结构占比还将进一步提升。

第三，2010—2020 年我国单位 GDP 能耗逐步降低，并呈现从重度不安全到中度安全的安全程度不断上升态势。近些年我国不断推进传统产业结构转型升级，不断加大对环保治理力度和不断推动企业绿色创新等，我国工业企业能源综合利用效率得到了较好提升。

第四，当今世界粮食已经上升为一种战略资源，粮食不仅用于生活口粮以及战争储备粮，而且是畜牧口粮和重要的工业原料。我国作为人口第一大国，2010—2020 年人均粮食产量处于从中度安全到极高度安全的安全程度不断上升态势，对我国战略能源领域安全形成了重要支撑作用。我国作为粮食生产与消费大国，近些年来中央一直强调保障粮食安全的重要性，由于人多地少缺水等问题一直存在，我国粮食供需长期面临紧平衡和结构性供需紧张，尤其在大豆和玉米等存在严重供需缺口，随着我国鼓励农民工返乡创业、农业机械现代化水平提升以及粮食亩产科技含量提升等，我国粮食供需结构紧张问题预期将会得到有效缓解。

10.2.5 经济社会领域

2010—2020 年我国经济社会领域处于从重度不安全到中度不安全的安全程度低水平变化态势。从安全状态区间分析，2010—2011 年、2013 年和 2018—2020 年均处于重度不安全，2012 年和 2014—2017 年处于中度不安全状态。从安全程度趋势分析，2010—2020 年处于重度不安全到中度不安全的变化态势。从经济社会领域的具体风险影响原因分析，发现：

首先，我国城乡居民收入差距和城镇贫富收入差距过大是导致经济社会领域风险程度大的重要原因，2010—2020 年城乡居民收入差距处于重度不安全到危机状态，而城镇贫富收入差距也处于中度不安全到危机状态，其中城乡居民收入差距有逐步缩小的态势，但是城镇贫富收入差距则呈逐渐扩大之势。

其次，从我国人有房才有家的传统观念出发，城镇房价收入比过高是造成经济社会领域风险大的另一重要原因。2010—2020 年全国城镇平均房价收入比过高并一直处于重度不安全到危机状态。比如 2010 年城镇房价收入比为 7.8 倍，到 2020 年已经上升到了 9.1 倍，早已超出了国际上公认的 7 倍危险警戒线。

最后，对经济社会领域安全程度起到一定支撑作用的是政府社会保障与就业支出在全国公共财政支出中的占比处于稳步上升态势，2010—2020 年处于从中度不安全到中度安全的安全程度不断上升态势。社会保障与就业支出作为政府安定社会民心的最后兜底保障，对于经济的社会稳定起到了非常重要作用，在“十三五”时期，我国在社会保障支出的具体项目方面均不断提高支出金额，社会保障与就业支出占全国公共财政支出的比重从 2010 年的 10.94% 提升到 2020 年的 13.27%，随着该比重的进一步提升，安全程度将会继续巩固提高。

10.3 中国经济安全风险程度总指数测度评估结果与分析

根据前文对中国经济安全条件指数得分与经济安全能力指数得分的计算结果，通过第 2 章第 3 节的中国经济安全风险综合评估模型，可以计算得到中国经济安全风险程度总指数得分，最终结果如下表 10 – 3 所示。

表 10－3　　中国经济安全风险程度总指数得分计算结果（2010—2020 年）

年份	中国经济安全条件指数得分	中国经济安全能力指数得分	中国经济安全总指数得分
2010	54.03	57.48	56.10
2011	55.43	60.75	58.62
2012	57.54	64.00	61.42
2013	58.20	66.18	62.99
2014	58.34	67.40	63.77
2015	58.76	66.28	63.27
2016	59.01	66.04	63.23
2017	59.89	66.64	63.94
2018	57.34	65.65	62.33
2019	58.27	65.64	62.69
2020	58.05	61.58	60.17

表 10－3 相对应的时间序列趋势图如图 10－1 所示。

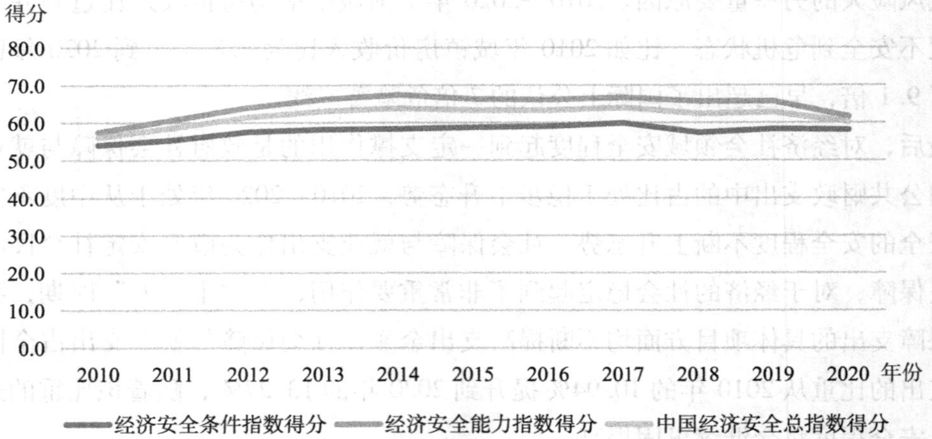

图 10－1　中国经济安全总指数得分趋势变化图（2010—2020 年）

从表 10－3 可得知，2010—2020 年我国经济安全风险总体处于从中度不安全到低度不安全的区间变化态势，其中，最低分为 2010 年的 56.1 分，最高分为 2017 年的 63.9 分，2020 年为 60.2 分，位于低度不安全。从安全程度区间分析，2010—2011 年位于中度不安全状态，2012—2020 年位于低度不安全状态；从安全程度变化趋势分析，2010—2017 年处于缓慢上升态势，2018—2020 年处于缓慢下降态势。从总体安全程度变化原因分析，无论是安全条件，还是安全能力指数得分，2017 年均处于近十来年的最高值，2010—2017 年安全条件与安全能力均处于缓慢上升态势，而 2018—2020

年均处于缓慢下降态势。相比之下，我国经济安全条件指数得分相对低于我国经济安全能力指数得分，2010—2020年我国经济安全条件指数得分主要处于中度不安全状态区间，而期间我国经济安全能力指数得分主要处于低度不安全状态区间（除2010年处于中度不安全状态）。由于安全条件指数得分变化的具体原因和安全能力指数得分变化的具体原因，在本章第一节和第二节已较详细论述，在此不再累述。

10.4 提升中国经济安全程度的监管防范对策

10.4.1 提升中国对外贸易领域安全程度的监管对策

（1）提升中国对外贸易综合依存度领域安全程度对策

前文分析发现，近十多年来我国对外贸易综合依存度处于从危机到中度不安全变化状态，这是导致期间该领域安全程度较低但安全得分处于不断上升态势的重要原因。2010—2021年我国对外贸易综合依存度由2010年的55.8%下降到2021年的34.12%，但仍然处于中度不安全状态。改革开放40多年来，我国已经发展成为开放型大国经济体，并与世界上近150个国家建立了稳定的贸易与投资联系，特别是与世界主要国家经济体建立了长期稳定的经贸关系。在经济全球化时代，我国经济已经深入融入世界经济发展大潮流中，尤其是我国东部沿海省份存在大量外向型加工制造企业，大量产品出口到他国并对国外市场形成了严重依赖，同时也受到国际市场各国政治经济等各种不确定性风险冲击影响。针对我国当前对外贸易依赖仍然比较严重的情况：

一是坚持对外开放不动摇，积极利用国际消费市场来发展自己。在经济全球化时代，封闭与掩饰只会带来闭塞和落后，开放交流与比较才能发现自身不足并带来进步。我国作为世界第二大经济体与世界制造业中心，已经深度参与到国际产业链的分工与合作当中，其中许多产品备受国际企业与消费者喜爱，大量产品需要依靠国际市场消费才能实现价值，才能带来更多就业，才能稳定与发展国内经济，而发展经济是解决我国当前与今后一段时间社会各种矛盾的关键。因此，需要坚持对外开放政策不动摇，但是在出口退税优惠政策等方面可以进行产业政策优惠差别，以鼓励我国大量外向型企业产品质量不断升级，更好地提升出口产品的国际竞争力。

二是通过国内国际双循环政策，发掘国内市场消费潜力。我国作为具有14亿人口的大国和中产阶级超过1亿多人口的发展中新兴经济体，国内市场消费潜力依然巨大。尤其是中国改革开放以来实施的地区非均衡发展政策，导致东中西部地区发展很不平衡，城乡发展水平差异较大，这些条件都有利于吸引不同产品质量、不同价格区间、不同技术水平的产品并带动国内巨大消费需求。而电商经济与自媒体兴起，则有利于将全国各地的特色产品售往全国各地，而我国相对发达的交通网络和物流业的快速发展则为挖掘国内市场消费潜力创造了非常便利的条件。因此，在全球疫情大流行，以及俄乌战争等带来的不利影响环境下，我国一方面要积极瞄准国际市场热点消费需求并加大出口力度，另一方面要充分挖掘国内市场消费需求潜力，充分带动国内市场消费需求，通过国内国际双循环政策促进经济保持平稳向前发展。

三是避免各地方唯GDP增长的粗犷驱动模式，更加关注GDP的内涵质量与产业国际竞争力。改革开放前30年，我国许多地方出现了唯GDP的粗放型经济驱动模式，简单的高投入、高消耗、高污染型经济增长方式，以牺牲资源、污染环境和破坏生态等短视行为来追求GDP总量的快速增长，而忽略了为了追求GDP增长背后的成本代价。甚至一些地方盲目上马一些政绩工程、面子项目、重复建设等，而没有结合当地经济特色培育形成一批具有技术含量与竞争力水平的优势产业，随着人口、资源与环境约束愈发趋严导致当地经济增长后劲不足，产业竞争力缺乏，甚至环境污染，生态破坏等并给当地经济发展陷入不利被动局面。因此，在改革开放后30年，我国经济结构面临调整与转型升级，包括依据中央的“创新、协调、绿色、开放、共享”的理念，培育一批具有国际竞争力的产业并形成对地方经济的持续支持与就业拉动效应。

（2）提升中国对外贸易集中度领域安全程度对策

前文分析发现，我国对外贸易出口与进口加权集中度偏高，并一直处于危机状态，这是造成对外贸易领域安全程度下降的重要原因。而一直以来，欧盟、美国、东盟与日本等都是我国主要出口国家（地区），而美国、日本、韩国、中国台湾等一直以来都是我国主要进口国家（地区），针对我国进出口贸易国家（地区）集中度较高的情况：

一是积极保持与世界主要国家的经贸往来，充分利用国外资源来发展本国经济。分析发现，近40多年来，与我国保持经贸往来的国家主要还是集中在欧美日韩，以及东盟与部分新兴发展中国家，尤其是欧美日韩等国，作为代表世界经济发展水平高且掌握着主要关键技术的国家（地区），与我国许多产业之间存在产业链深度融合与互补依赖性，是我国重要的资源、关键技术产品进口来源国，也是产品出口消费的主要国家。由于世界经济发展的极不平衡性，而目前这些国家（地区）在当前及未来一段时期仍然是我国进出口与对外投资的主要目的地。同时这些欧美资企业也是我国跨国企业国际市场竞争的主要对象。因此，一方面我国依然要积极保持与欧美等主要国家（地区）的经贸往来，包括引进消化吸收关键核心技术等，以不断发展壮大自己；另一方面，我国企业要积极面对来自欧美国家企业的国际市场竞争，在合作中竞争、在竞争中合作是大国之间企业的生存之道。

二是积极拓展国际进出口来源渠道，多元化贸易来源地，以分散中国贸易进出口加权集中度过高的风险。针对我国进出口市场加权集中度过高的情况，通过开展进口博览会等形式想方设法拓展出口市场与进口来源的渠道，在重要战略资源、重点高技术产品等减少对少数国家的过度严重依赖，以避免因少数国家对华的刻意打压制裁而使我国面临较大经济不确定性风险。同时要积极拓展贸易出口市场，通过“一带一路”、RCEP 协议等积极挖掘海外消费市场，打开不同国家或地区的海外销售渠道，降低出口市场过度集中的风险。

三是力争占据产业链高端，避免因“两头在外”而受制于他国。我国长期以来的粗放型经济增长模式，重数量轻质量、重加工制造轻设计研发，导致许多重要产业领域的关键核心技术与品牌受制于国外，同时销售主动权亦掌握在国外企业手中，而中方企业只能赚取产品增加值中较少比例部分。而支撑我国经济 40 年快速成长的代价是，大量务工人员只能拿到很低的工资与较差的生产生活条件，以及牺牲国内大量资源和环境。改革开放的今天，我国已经充分意识到问题的严重性，并力争促进产业结构转型升级，鼓励具有条件的中方企业加大研发创新力度，积极创造中国人自己的品牌，将产业链中产品增加值中的大部分收入掌握在自己手中。

（3）提升中国贸易争端领域安全程度对策

前面分析发现，近十多年来国外对华反倾销立案数占全球反倾销立案总数的比重一直较高，并处于危机到中度不安全状态。从 2008 年的 35.78% 下降到 2020 年的 23.36%，但仍然处于中度不安全状态。从国别分析，印度、美国、欧盟、东盟与巴西对我国发起的反倾销案件数位居前五位，是导致我国出现国际贸易争端的主要来源国，针对国外对华不断发起的贸易争端案件情况：

一是积极向国际组织表述合理诉求，拿起国际法律武器维护中方的切身利益。针对欧美等国家对华发起的反倾销案件，在充分了解反倾销原由基础上，对于国外无理打压中方正当出口产品的行为，以商务部与外交部为代表的中方机构要向国际仲裁组织等表达中方合理的利益诉求，并充分利用国际法律法规与国际贸易规则来维护中方企业合理的利益诉求。一方面，中方出口企业要了解基本国际贸易规则和以往出现的反倾销事件中的常见原因情况，并积极做好应对的准备；另一方面，我国要大量培养懂得国际贸易与投资规则，知晓国际法律法规，并善于在国际贸易争端事件中涡旋争取利益的国际高端人才，以帮助我国企业更好的从事贸易与投资活动。

二是对于美方等动用国家力量打压制裁中方企业的行为，中方要积极以国家力量进行对等回应。自2018年特朗普政府发起对华贸易摩擦以来，美方不惜利用国家的力量强制要求美方企业限制对华出口高新技术产品，以及实施一轮又一轮的关税制裁活动，导致中方企业损失严重。针对美国利用国家力量的打压制裁行为，我国政府要积极揭露美方的无理用心，并将事实公之于众。同时，我国也要对美国对华出口的主要产品进行对等的相应制裁，以让美方付出代价。打铁还需自身硬，必要时候动用国家的力量攻关重要关键核心技术，以充分摆脱对美国等部分高科技产品的进口依赖。

三是积极进行产业结构转型升级，不断提升中方出口产品的核心竞争力。国外对华发起的贸易制裁案件中，尤其以反倾销案件居多，而这些产品的特征是产品同质化程度高，技术含量水平较低，出口产品定价较低等，因此国外对这些产品的关税限制与贸易制裁并不会影响该国正常的生产与生活需求。而如果中方出口的是具有核心竞争力、国际替代产品很少而且国外依赖严重的产品，则制裁将势必会影响到该国企业的核心利益。因此，我国要坚决促进产业结构转型升级，加大出口产品的科技含量与市场竞争力，既能较好避免被他国制裁的风险，也能较大程度获取产品增值收益。

10.4.2 提升中国实体产业领域安全程度的监管对策

（1）提升中国对外直接投资领域安全程度对策

前文分析发现，我国对外直接投资领域市场加权集中度得分一直处于危机状态，这是造成实体产业领域安全程度下降的重要原因。虽然近十来年我国坚持引进来与走出去相结合，但从对外投资的目的地分析，主要集中于东盟、欧盟以及美国等重点国家（地区），投资地域集中风险相对较大，容易受到东道国产业与投资政策及市场的不确定影响。因此，首先，我国坚定支持国内具备国际竞争力的优秀企业“走出去”，积极拓展海外投资市场，优化投资地域布局，避免海外投资资金地域集中扎堆的地缘风险。其次，商业部和外交部等为我国海外企业积极提供海外国家投资环境便利，及时发布海外国家投资风险预警，为中方企业及时了解所投资国家的政治、经济、文化、社会风险等提供信息便利支持。再次，通过东盟自由贸易区、“一带一路”投资战略引领等建立国家乃至国际区域层面的商业贸易协调沟通平台，为我国企业在海外投资，尤其是相对集中的国家或区域提供投资环境便利并降低相应的地缘政治风险。最后，我国跨国投资企业也需积极了解评估海外投资国家之间的政治、经济等现实与潜在风险，以及各地区的引资政策、税收优惠政策以及市场发展潜力等，集团公司各海外分支机构之间进行业务与财务优化布局，以降低集团公司的综合风险并实现综合利润最大化。

（2）提升中国高新技术产品领域安全程度对策

我国高新技术产品进口依赖度严重并主要处于危机状态，这是造成实体产业领域安全程度得分较低的另一重要原因。近十多年来我国高新技术产品进口依赖度不断上升，从2009年的3.57%上升到2020年的5.31%，其中我国对东盟、欧盟、日本、美国等进口依赖严重。尤其是自特朗普政府上台以来，对我国实施一轮又一轮的贸易关税制裁和核心技术产品封锁等，使得包括华为技术、中兴通讯、北方华创等公司在内的我国高科技企业核心技术受制于国外之手的弊端不断凸显。针对我国许多领域关键核心技术进口依赖严重和集中等问题：

一是加大我国关键核心技术科技研发力度，这是破解美国等对华技术产品进口封锁的最终解决之道。关键核心技术未能掌握在自己手里并受制于他人，使得我国在许多战略性关键产业领域，如半导体、航空航天、基础医疗、新材料新能源、高端装备、生物技术等，很难走向国际市场与国外高科技企业展开有效国际竞争。同时国内外市场投资者对于没有真正掌握关键核心技术的中资科技企业，也不愿意或不敢投入长期投资资金进行长期价值投资，并容易导致该类上市公司的股价出现大起大落，难以像苹果、微软、亚马逊、高通公司等国外的高科技企业一样走长牛行情。

二是从国家体制机制上鼓励企业加大研发投入力度，同时鼓励支持年轻人敢于创新，并营造自由创新的良好社会氛围。虽然近些年国家一直鼓励大众创业、万众创新，但是由于年轻人顾虑于住房、教育、医疗、养老等现实社会问题，尤其是近三年新冠疫情的不断反复，导致年轻人普遍求稳，大量优秀的具有创新活力的人才都想通过公考等进入体制内，而不愿意去企业等积极创新发展，这对于我国的战略创新事业无疑是巨大的损失。同时国内大量高校与科研院所等，年轻人面临薪资待遇低、职称晋升标准高、配偶就业难、子女入学难等现实问题，导致目前年轻人“内卷”现象严重，致使许多年轻科研人员不能安心潜心于科学研究。短平快的科研评价模式与高校追求短期政绩化的考评导向，导致目前国内科研工作者普遍追求短平快的科研成果，而重大科研创新成果一般都需要长期潜心于某个专业领域才会有所收获。因此，营造社会自由宽松的创新氛围是一个系统性改革过程，而不仅仅是喊喊口号的事情，如果没能较好解决年轻人普遍关心的实际问题，是很难真正激起大的创新热情。

三是资本市场注册制之后，仍然要加大对高科技上市企业的监管，让真正掌握核心技术的高科技企业奔跑。我国证券市场设立创业板和科创板，本意是鼓励大量中小高科技企业能通过上市融资以更好发展，尤其是 2018 年 11 月 5 日科创板的成立和 2020 年 8 月 24 日创业板试点注册制并于 2022 年 1 月 1 日全面实施，更是放宽了许多上市条件来吸引更多具备条件的高科技企业上市融资成长。然而，自从科创板成立以来，发现大量的上市公司出现高位减持、套现与上市后业绩变脸的现象，尤其是一些高科技上市企业以高市盈率上市后，股价很快就出现不断下跌，甚至有些上市公司上市第一天就面临破发情况，之后股价不断创出新低，投资者损失惨重。虽然我国资本市场投机氛围较浓，但是具有业绩支撑和良好发展前景的企业依然受到市场价值投资者的青睐，然而目前我国高科技类上市公司中，真正掌握国际关键核心技术并具有良好业绩前景的公司少之又少，而通过包装自己上市套现者居多，因此证监会等监管机构要加大对上市前公司财务数据信息真实性的核查，并在上市之后对公司经营运作行为加大监管力度，让真正优秀的高科技公司脱颖而出，并营造科技引领市场高质量发展环境氛围。

（3）提升中国七大关键产业外资企业市场占有率安全程度对策

前文分析发现，我国七大关键产业外资企业市场占有率一直较高并处于从危机到低度不安全态势，这是影响我国实体产业领域安全程度下降的又一重要原因。外资企业市场占有率从 2010 年的 36.95% 下降到 2020 年的 30.21%。而且从国别分析，外资企业对国内七大关键产业的市场占有情况呈现出两极分化的局面，欧盟、日本和东盟对我国七大关键产业外资企业市场占有率较高，而其他国家则相对较低。七大关键产业是涉及我国能源、原材料、铁路、航空航天等基础交通运输、基础制造装备等国计民生和国民经济命脉的行业，针对这些行业目前外资企业总体市场占有率较高的情况：一是增强国有或国控龙头企业对七大关键产业股权控制率，以防止关键产业旁落外资之手。目前我国国民经济传统关键产业基本上都是国有控股企业处于龙头垄断性地位，这有利于增强国有经济对国民经济的控制力，维护国家经济安全。但需要警惕，随着时代发展与技术进步，一些代表未来发展方向的新型关键行业，如交通信息平台服务产业、网商平台产业、绿色新能源产业、现代农业种子产业等代表信息化和大数据趋势的产业及其中的重点企业，有可能直接或间接被外资企业控股。然而过犹不及，对于一些需要通过国际竞争来促进自身更好发展的产业，则可以适当引进外资进行参股，或引进优质外资机构投资者来帮助自身更好的发展，则更有利于提升我国关键产业的国际化竞争力。

二是分国别优化外资企业对七大关键产业的市场占有率，以提升该领域的国别经济安全程度。前文分析发现，对于我国七大关键产业，东盟、日本等国家（地区）的外资企业市场占有率较高并处于危机或低度不安全状态，而对于美国、俄罗斯等目前主要表现为市场占有率相对不足所导致的被动不安全状态。因此，同样是外资企业对我国七大关键产业的市场占有，但不同国家之间的市场占有结构却呈现出不均衡，对于外资企业市场占有率较高的国家需要进行控制并降低其相对占有水平，而对于外资企业市场占有率较低的国家则可考虑适当放宽市场业务限制并引进竞争激励，即通过国别政策调节等方式优化不同国家之间的市场占有水平，从而在降低该领域外资企业市场总体占有率情况下，优化提升国别经济安全程度。

三是积极鼓励关键产业的重点企业提升产品技术水平，走出国门参与国际竞争，在竞争中提升对市场的占有水平。防守的最好方式是进攻，有守有攻，在进攻中提升自身能力。对于七大关键产业领域的重点企业，一方面要积极创新以提升产品技术含量与业务服务水平，以吸引广大国内外消费者的市场需求；另一方面，不仅要保持住国内的主要市场份额，还要积极走出国门，与国外同行业的优秀企业同台竞争，在竞争过程中不断促进自身成长，并争取更多国外市场份额，为我国工业强国战略打下坚实的基础。

10.4.3 提升中国战略资源领域安全程度的监管对策

（1）提升中国有色金属矿产资源领域安全程度对策

前文定量分析发现，2010—2020 年我国有色金属矿产资源对外依存度一直居高不下，并处于危机状态，这是造成我国战略资源领域安全程度下降的重要原因。其中前文国别分析发现，我国在有色金属矿产资源进口方面，对东盟国家的进口依赖程度最严重，其次为巴西、印度、俄罗斯以及美国等。由于有色金属矿产资源属于不可再生资源，全球总储量有限且分布极不均匀，而我国在铜矿、铁矿石等诸多有色金属矿产资源领域发现国内储量不足并严重依赖进口，而近些年由于全球新冠疫情大流行影响，以及全球政治不断割裂与多极化加剧，矿产企业开采与生产受阻，海运价格不断上升，导致全球主要矿产资源供需矛盾加剧和全球主要矿产品价格不断上涨，在这种情况下如何提升我国有色金属矿产资源领域的安全程度？

一是在供给端，加大我国国内矿产资源的勘探开发力度，发掘国内矿产资源开发的潜力空间，以缓解主要矿产品对外依赖严重的态势。近十多年来，我国非油气地质勘查投资大幅减少，与 2012 年的峰值 510 亿元相比，减少了近 70%。其中，水文地质、环境地质与地质灾害调查、地质科技和地质资料服务等非传统地质工作占比越来越大，约占 40%。真正用于找矿的资金越来减少，使得地勘队伍人才大量流失，后备找矿力量不足，矿产资源接替堪忧，国内矿产品供应面临较大风险，导致我国企业只能被迫高价寻求海外进口并形成依赖。与进口相比，地质勘查投资相对较小，加大国内找矿力度可以用“最小的经济代价”保障国内矿产品的供应。过去十年，我国五大类矿产品进口额与地质勘查投资差距一直都比较大，两者的比值为17—41倍。十年间，我国五大类矿产品进口额合计26万亿元，其中油气进口额合计16万亿元。在这五大类矿产品中，除了油气受资源禀赋限制外，煤炭是我国优势矿产，铁矿和铜矿也具有很大资源潜力，国内产量有很大提升空间。

二是在需求端，促进有色矿产进口多元化以降低国别集中度，并建立长期稳定的矿产资源供应商业关系。前文分析发现，我国在铁矿石、金刚石、铬、钴、铂、钾盐等部分有色金属矿产进口依赖严重，同时在铁矿石、铜、锰、镍、硼、铅、锌等也部分依赖进口补给国内需求。其中有色金属矿产资源主要集中存储于某个或某几个国家，比如我国钴的储量仅占全球总储量的1%，而全球一半以上的储量集中在刚果；又如我国金刚石的储量非常少，而全球金刚石储量主要集中于澳大利亚（6.5亿克拉）和扎伊尔（5.5亿克拉）等。针对我国储量稀少而全球储量集中的有色金属矿产资源，首先，建立稳定的政治关系和长期稳定商业关系，是保证我国工业企业能够获得稳定原材料供给的重要保证；其次，对于部分有色金属全球储量分布比较广泛，可考虑进行进口来源多元化，以降低集中采购的风险和降低采购成本；最后，建立国家之间与国际的对话协商机制，以确定原材料供应稳定和运输通道相对安全。

三是利用期货市场等预测全球有色金属矿产资源价格走势，提前应对价格上涨对原材料成本端带来的压力。经济与金融市场一体化时代，全球主要大宗商品价格联动并影响到全球矿产资源企业的采购与销售，而中国作为全球最大的工业经济体，对全球主要矿产资源的进口量与消费需求量巨大，而全球有色金属矿产资源价格的上升将直接影响到我国工业企业的成本与利润空间。一方面，要利用期货市场等来预测主要矿产资源价格走势，做好采购及销售价格波动应对和风险对冲，以确保工业企业有色金属矿产资源的采购供应与采购成本稳定，以及资源类企业的销售利润空间；另一方面，针对部分有色矿产资源全球供给紧张与价格上升的态势，工业企业可尝试进行部分工业原材料品种替代与技术创新升级，比如新能源电池由传统的铅酸电池，到现在流行的锂电池，再到新一代的钠离子电池与氢能源燃料电池等。

（2）提升中国石油资源领域安全程度对策

前文分析发现，2010—2020年我国石油进口依存度一直比较严重，并处于危机状态，这是造成我国战略资源领域安全程度下降的另一重要原因。1996—2021年我国石油进口依存度不断上升，从1996年的1.26%上升到2021年的72%，近十多年来我国经济发展对石油的需求严重依赖进口，而且来源地主要集中于中东、北非、俄罗斯等。

而2020年全球新冠疫情大流行加剧了全球石油供应紧张并导致石油价格攀升，而2021年底俄乌冲突爆发，则直接加剧了欧洲能源供应紧张局面，并导致石油、天然气等价格急剧上升的局面。针对我国面临的石油进口依赖严重问题：

一是促进能源进口多元化，以降低我国石油进口地域过度集中风险。石油作为全球工业的血液，为世界主要国家竞相争夺的对象。在我国石油自给能力不能有效突破之下，我国石油进口安全问题显得尤为重要。针对近十多年来我国石油进口国家与地区比较集中的情况，首先要想方设法促进石油进口多元化，并确保与增强国家之间的政治互信与商业合作执行力度。否则如俄乌冲击以来，俄罗斯减少对欧盟成员国的石油与天然气供应，则欧盟成员国立马陷入能源危机的不利局面。此外，除进口国别渠道多元化外，进口商业主体亦应多元化。伴随我国成品油批发市场日趋开放，大量民企获得成品油批发资格，但是原油进口仍掌控于大型国企之手。原油贸易主体的单一化，限制了我国原油现货和期货市场发展，不利于争取国际原油定价权。急需赋予民营企业原油进口权，扩大其进口配额，促进有效竞争。

二是建立能源供应与海上运输安全的国际协调机制，以确保我国石油供应与海运安全。我国作为石油消费工业大国，可考虑建立能源协商制度，在现有分散协商基础上，建立主要耗能国年度峰会和轮值主席国制度，共建国际能源议事平台。同时，海运安全也十分重要。从我国原油进口主要来源地来看，60%以上原油来自中东和非洲五国，进口通道单一。尤其中东、非洲政治局势动荡，局部冲突频繁发生。而且无论中东还是非洲进口，大多采用海上运输，但是，马六甲海峡安全隐患突出，使得石油进口面临较大运输风险。目前，可参考中美战略与经济对话机制，与欧盟正式建立对话机制，就能源供给与海运安全进行战略性对话和协商。类似地，亦可与俄罗斯、伊拉克等国建立能源供需对话机制，共同协商处理我国能源供给来源与运输问题。

三是加快能源类产品价格形成改革。我国现行能源价格机制弊端颇多。第一，价格形成机制不合理，长期由政府制定或管制，难以有效反映真实供求，抑制其资源配置功能。第二，价格构成机制不合理，未能反映能源生产过程中的资源补偿成本、环境污染成本和安全生产成本，过低的价格降低了开发利用效率，造成极大浪费。第三，价格约束机制不合理，多是成本加利润，未对企业形成成本约束，反而促使企业变相提高成本进而提升价格，形成“成本—价格”螺旋上升的惯性。第四，价格协调机制不合理，煤价放开与电价管制之间的矛盾、煤油气比价失调等，严重影响能源行业的协调发展。从价格形成机制看，一要逐步完善能源价格构成，使价格能够反映真实成本；二要建立健全成本约束机制，加强垄断行业成本控制；三要强化能源之间的价格协调。

（3）提升中国天然气资源领域安全程度对策

前文分析发现，2010—2020 年我国天然气资源进口依存度处于从高度安全到中度不安全的安全程度不断下降态势。2010—2020 年我国天然气对外进口依存度从 9.4% 上升到 31.9%，并预计该依存度还将继续上升。我国天然气主要从东盟地区的马来西亚、印尼和缅甸进口液化天然气，澳大利亚进口液化天然气，以及从俄罗斯进口管道天然气，并呈现进口来源集中的态势。针对我国国内天然气产量不足，而消费量不断上升的供给缺口紧张和进口依存程度越来越高的态势：首先，从供给端，我国要继续加大天然气勘探开采力度，加大开采资源投入与专业人才投入，以缓解国内不断增长的天然气消费需求。其次，从需求端，俄罗斯作为能源储量大国，我国继续保持与俄罗斯的全面战略伙伴关系，并加大与俄罗斯的能源企业长期合作的力度，以确保中俄东线与西线天然气管道能保持长期稳定的供应；同时加大液化天然气进口来源多元化，包括向东盟、澳洲、中东、北美等地区多渠道进口液化天然气，以缓慢国内液化天然气进口相对集中问题；同时通过市场价格调节、政府引导与媒体宣传等，倡导消费者在全球能源供应紧张的环境下形成合理消费、节约消费的良好生活习惯，以缓解供需缺口矛盾。最后，大力发展其他清洁能源与绿色替代能源，如太阳能、地热能、氢气能源等，以解决我国中长期能源结构转型与供需缺口矛盾问题。

10.4.4 提升中国财政金融领域安全程度的监管对策

（1）提升外资金融机构对中国银行类机构的综合控股比率与市场占有率领域安全程度对策

前面分析发现，近十多年来外资金融机构对中国银行类机构的综合控股比率安全程度处于中度安全区间且有缓慢下降态势，而外资银行在华资产占中国银行业总资产比重处在从高度安全到中度安全的不断下降态势。从 2010 到 2020 年，外资金融机构对中国银行类机构的综合控股比率从 2.88% 下降到 0.16%，并处于开放程度相对不足而维持的中度安全态势，而 2010—2020 年外资银行类机构对中资银行机构的资产业务市场占比从 1.5% 下降到 1.18% 并处于因开放程度不足而维持在中度安全状态。针对中国银行业乃至金融业对外资金融机构开放不足所维持的中低度金融安全态势：

一是坚持扩大金融领域对外开放，积极引进更多优质外资金融机构来华参与竞争。近十多年来，我国金融市场上的外资金融机构，无论是控股比率还是经营业务规模占比不仅没有提升，反而越来越低，这与中国倡导的深入扩大金融市场对外开放的方向不相符，也与我国金融业急需提升国际化竞争力的时代发展趋势不相符。深究其中的原因，主要在于我国对金融业的管制程度严格，而外资金融机构在华开展投资业务的权限受到很大限制。金融业作为关系到国计民生与国民经济安全的重要产业，一味地对外资的管控限制虽然保护了国内金融业的绝对安全，但却不利于提升我国金融业的相对安全，目前仅维持在中度安全态势。为此，国务院金融委员会于2019年7月20日宣布了推进中国金融业扩大对外开放的11条政策措施①，金融业对外开放时点前移，准入限制放宽，对于深入开放中国金融市场，积极引进外资金融机构参与国内市场竞争具有实质性利好的现实意义。当前的主要工作是确保改革的每一项政策措施真正落实完善。中国作为世界第二大经济体与金融大国，国内金融市场投融资需求潜力巨大，尤其需要国际金融机构与国际投资者了解中国金融市场的情况与中国大量优质企业的发展情况，从而吸引更多优质的金融机构在华开展各类国际业务，同时需要大量有实力的中长期投资机构与投资者投资中方优质的上市企业，共享中方企业发展成果，并助力我国本土企业与金融机构加快融入国际金融市场竞争中来。

二是完善我国资本市场基础设施，加强我国资本市场违规监管与处罚力度，促进资本市场稳步成长。我国金融市场能否真正吸引国际金融机构与世界各地的投资者，不仅在于我国金融业的对外开放程度条件，更在于我国资本市场能否真正吸引到优质国内外企业来华上市融资交易。纵观近百年来美国金融业称雄全球，与美国资本市场的开放发达程度密不可分。完善的资本市场交易机制与法律法规，以及对上市公司财务造假舞弊的处罚力度，都让投资者认可美国资本市场企业的质量。而目前我国资本市场成立30多年来（成立时间已经不算短，且有欧美发达资本市场运作的经验教训作为前提），上市公司财务造假成风，市场投机风气浓厚，上证综合指数等经常大起大落，资本市场“牛短熊长”局面至今没有改观，近十多年来上证综合指数仍然徘徊在3000点左右，经常出现业绩优秀的公司与业绩很差的公司泥沙俱下，国际中长期稳定基金投资者望而却步，导致国内大量优秀的企业难以吸引到国际稳定投资资金与中长期稳定投资者。因此，首先要完善我国资本市场的基础设施，包括构建多层次资本市场，稳定推进完善资本市场交易规则，健全细化资本市场监管法律法规，完善上市公司信息披露机制和质量透明度等；其次，要加强对我国资本市场上各类违规行为的监管与处罚力度，当前我国资本市场上出现的各类违规行为，出现的重要原因在于非法所得与被抓受到的处罚成本之间的不匹配，非法收益甚至远大于违规成本，导致许多上市企业和关联人员不惜以身试险，导致出现各类财务造假、内幕交易、操纵市场、老鼠仓盛行，以及各类投资诈骗等。只有加大资本市场的违规惩处力度，制定让各类

① 金融业开放11条措施，具体参见 http://www.gov.cn/guowuyuan/2019-07/20/content_5412220.htm。

市场主体不敢违规、不能违规、不想违规的制度机制，才能从根本上促进我国资本市场更加健康地向前发展。

三是坚持人民币国际化战略，扩大人民币交易伙伴国，完善人民币国际化配套设施。人民币国际化战略，既关系到中国汇率市场的安全稳定，关系到国际投资者参与中国金融市场的便利，更关系到中国企业更好走出国门并提升国际市场竞争力，这是影响中国制造业与中国金融业能否从做大到做强的关键环节。如何更好推进人民币国际化战略，一方面要进一步扩大通过人民币进行业务结算的伙伴国家数量范围，争取更多潜在国家参与到通过人民币直接结算中来，以不断扩大人民币贸易结算的额度占比；另一方面，要不断完善人民币国际化配套机制，包括宣传推广完善人民币跨境支付结算系统（CIPS），人民币跨境收付信息服务系统（RCPMIS）、人民币清算机构安排等配套设施，鼓励中国银行等具有国际化业务优势的银行类机构扩大业务网点经营范围，丰富人民币标价与结算的投资品类，同时大力培育更多国际化结算与投资经验的人才队伍。

（2）提升中国短期外债偿还压力风险较大的对策

前文分析发现，目前我国总体外债偿还能力与年度外债偿还能力等均处于极高度安全状态，这主要得益于我国庞大规模的外汇储备的支撑作用。然而近十多年来，我国短期外债占外汇储备的比重处于从高度安全到中度不安全的不断下降态势，对中国财政金融领域的安全程度形成了一定的下降压力。通过分析发现，我国近十余年来短期外债占比上升，主要是由于短期国际贸易往来的欠款所形成的，对我国总体外债偿还能力不会形成较大影响，但是会对我国短期外债偿还形成一定的压力，针对此种情况：

一是积极促进我国对外贸易，充分利用国际商业信用融资等发展中国经济。在我国对外贸易过程中所产生的应付账款，或预收账款等属于正常的商业信用融资，由于有正常的实体业务支撑，一般该类外汇欠款不会产生较大的商业信用风险，而且我国有庞大的外汇储备作为支撑，总体上外汇偿还处于可控范围。同时，从商业视角，本国企业占用对方企业大量的商业信用资金，一定程度上体现了中方企业在产业链中的话语权相对较强，有利于中方企业利用国外商业信用融资来发展自己，有利于促进中方企业的更好发展。因此，在保持短期外债占比处于可控安全范围前提下，积极鼓励中方企业积极进行国际贸易往来，从历史经验分析，依然有利于我国经济更好向前发展。

二是做好短期外债偿还的财务准备，避免短期偿债压力较大引发局部金融风险。短期外债一般具有偿还时间短、传染性强与爆发力大等特征，一旦短期偿债压力过大，也会成为引发金融危机的导火索。因此，世界主要学者历来重视对一国短期外债风险的监测预警，而我国由于资本账户相对管制，且主要银行机构均为国有控股，加之具有强大的外汇储备作为支撑，一般国内发生全面性金融危机的可能性较小，但需要警惕因短期外债规模过大所导致的部分产业或部分地区爆发局部性金融危机的情况。因此，对于我国重点产业、重点贸易地区等重点龙头企业的债务风险情况要进行及时监测与风险预警，以保持我国重要行业企业和银行类机构的金融安全。

三是积极推进人民币双向业务结算，增强人民币作为国际货币的信用自主权。美国强大的经济支撑和美元作为国际主要储备货币，使得美国可以大量印刷美元货币进行国际投资和大量发行美国国债来融通全球资金发展自己，并通过一轮轮量化宽松的货币政策和美联储加息等运作手段来收割全球财富。中国要提升国际融资的信心和胆量，关键在于人民币能否成为重要的国际储备货币，能否用于偿还国际债务。如果可以，则国际货币信用自主权掌握在自己手中，这将大大有利于中国企业融通国际资金来发展自己。因此，在积极发展对外贸易的同时，大力促进人民币双向业务结算，以不断增强人民币的国际影响力，为早日成为世界主要储备货币奠定前期基础。

（3）提升中国内债偿还风险的对策

前面分析发现，近十多年来我国国债负担率一直较低并处于极高度安全范围，但是我国的国债债务率和财政赤字率却相对严重，而且目前我国大部分省份国债债务率都处于危机状态，其中相当一部分债务来自隐形债务。社保基金缺口、金融系统历史债务以及地方融资平台新增债务是隐性债务的主要来源，且其潜在风险已经向显性转化。隐性债务的不确定性是对中央财政的头号威胁，因其与生俱来的信息不透明，无法准确判断其规模结构以及何时显现。隐性债务危机一旦爆发，中央财政可能疲于应付，严重威胁我国经济发展。应建立国家债务防控体系，从源头上对隐性债务的产生机制进行规范。我国财政隐性债务的产生与我国的经济决策、运营体制密切相关。长期以来，国家一直扮演国民经济大股东和社会大管家角色，一旦国民经济出现缺口，国家财政不得不作为最后买单者。清理我国隐性债务，长期必须改革国家经济决策机制和经营管理体制；短期建立基于最低生活保障的兼济型个人保障体制、基于股份制改革背景下的国有企业自负盈亏机制至关重要。

附录1：重要度量指标安全得分的计算方法与过程介绍

附录1.1　各国对华反倾销立案数占全球对华反倾销立案数比重

以2020年为例，计算各主要国家反倾销立案数/全球对华反倾销立案总数的安全得分：2020年国外对华反倾销立案数占全球对华反倾销立案数比重＝（2020年美国对华反倾销立案数＋2020年日本对华反倾销立案数＋2020年俄罗斯对华反倾销立案数＋2020年印度对华反倾销立案数＋……）/2020年全球对华反倾销立案总数，计算过程如下：

第一步：从WTO网站下载全球各国之间反倾销立案数据，1995—2020年的数据如附表1－1所示。

附表1－1　全球对中国发起的反倾销立案总数及占比（1995—2020年）

年份	全球各国反倾销立案总数（起）	全球对华反倾销立案总数（起）	全球对华反倾销立案数占全球反倾销立案总数的比重（%）
1995	160	20	12.50
1996	226	43	19.03
1997	247	33	13.36
1998	264	27	10.23
1999	357	42	11.76
2000	296	43	14.53
2001	372	55	14.78

续表

年份	全球各国反倾销立案总数（起）	全球对华反倾销立案总数（起）	全球对华反倾销立案数占全球反倾销立案总数的比重（%）
2002	311	50	16.08
2003	234	53	22.65
2004	221	49	22.17
2005	199	54	27.14
2006	203	73	35.96
2007	165	61	36.97
2008	218	78	35.78
2009	217	78	35.94
2010	173	44	25.43
2011	165	51	30.91
2012	208	60	28.85
2013	287	76	26.48
2014	236	63	26.69
2015	229	70	30.57
2016	298	93	31.21
2017	249	55	22.09
2018	202	60	29.70
2019	214	62	28.97
2020	349	85	24.36
总计	6300	1478	23.46

第二步：获取主要国家每年对中国发起的反倾销立案数，及其占当年全球对华反倾销立案总数中的比重，2010—2020年数据如附表1-2所示。

附表1-2 各国对华反倾销立案数占当年全球对华反倾销立案总数比重（2010—2020年） （%）

年份	美国	日本	俄罗斯	印度	巴西	欧盟	东盟
2010	12.38	0.41	1.35	17.39	6.90	9.74	6.02
2011	12.38	0.41	1.35	17.39	6.90	9.74	6.02
2012	12.38	0.41	1.35	17.39	6.90	9.74	6.02
2013	12.38	0.41	1.35	17.39	6.90	9.74	6.02
2014	12.38	0.41	1.35	17.39	6.90	9.74	6.02
2015	12.38	0.41	1.35	17.39	6.90	9.74	6.02
2016	12.38	0.41	1.35	17.39	6.90	9.74	6.02
2017	12.38	0.41	1.35	17.39	6.90	9.74	6.02

续表

年份	美国	日本	俄罗斯	印度	巴西	欧盟	东盟
2018	12.38	0.41	1.35	17.39	6.90	9.74	6.02
2019	12.38	0.41	1.35	17.39	6.90	9.74	6.02
2020	15.29	1.18	5.88	34.12	4.71	10.59	20.00

说明：由于WTO网站仅公布每年各国对华反倾销立案的汇总数据，难以获取各国每年新增加的立案数据，因此本书以各国累计对华反倾销案件数量占全球累计对华反倾销立案数量的比重作为2010—2020年的近似替代。东盟各年对华反倾销立案总数等于东盟各国对华反倾销立案数之和，欧盟同理。

第三步，计算各国GDP占世界GDP总量（除中国外）的比重，2010—2020年数据如附表1-3所示。

附表1-3　主要国家GDP占除中国以外世界GDP的比重　（%）

年份	美国GDP所占比重	日本GDP所占比重	俄罗斯GDP所占比重	印度GDP所占比重	巴西GDP所占比重	欧盟GDP所占比重	东盟GDP所占比重
2010	24.96	9.59	2.54	2.79	3.68	24.20	3.33
2011	23.57	9.45	3.10	2.77	3.97	23.87	3.50
2012	24.31	9.41	3.31	2.74	3.70	21.96	3.66
2013	24.77	7.69	3.38	2.74	3.65	22.57	3.72
2014	25.40	7.10	2.98	2.96	3.56	22.66	3.68
2015	28.42	6.93	2.12	3.28	2.81	21.11	3.86
2016	28.76	7.68	1.96	3.52	2.75	21.30	3.99
2017	28.32	7.14	2.28	3.84	2.99	21.35	4.06
2018	28.45	6.95	2.29	3.73	2.65	22.04	4.14
2019	29.23	7.02	2.30	3.91	2.56	21.38	4.34
2020	29.92	7.11	2.12	3.75	2.06	21.83	4.29

第四步：根据该指标年度警限区间，并以各国GDP所占比重作为各国警限动态调整参数，计算每年各国对中国在该领域经济安全影响程度的安全得分，2010—2020年数据如附表1-4所示。

附表1-4　各国对华反倾销立案数占全球对华反倾销立案总数的安全得分（2010—2020年）

年份	美国得分	日本得分	俄罗斯得分	印度得分	巴西得分	欧盟得分	东盟得分
2010	92.14	100.00	89.32	0.00	0.00	99.29	0.00
2011	81.30	100.00	89.57	0.00	0.00	92.16	0.00

续表

年份	美国得分	日本得分	俄罗斯得分	印度得分	巴西得分	欧盟得分	东盟得分
2012	85.92	100.00	94.66	0.00	0.00	91.60	0.00
2013	90.29	100.00	98.22	0.00	0.00	95.70	1.48
2014	90.97	100.00	93.69	0.00	0.00	95.56	0.00
2015	90.05	100.00	71.60	0.00	0.00	87.67	0.00
2016	89.69	100.00	65.32	0.00	0.00	87.17	0.00
2017	100.00	100.00	90.69	0.00	0.00	99.75	31.82
2018	91.22	100.00	77.29	0.00	0.00	90.62	0.44
2019	93.18	100.00	78.89	0.00	0.00	90.40	9.31
2020	92.65	100.00	0.00	0.00	0.00	94.56	0.00

对于附表1－4中各国各年份得分结果，在此以2020年美国得分为例：该指标的安全警限与危机警限分别为10%和30%，则根据公式：

$$\begin{array}{c}\text{2020 年美国在该领域对中国}\\ \text{经济安全的影响程度指数得分}\end{array} = \frac{30\% \times 29.92\% - 3.72\%}{30\% \times 29.92\% - 10\% \times 29.92\%} \times 60 + 40 = 92.65\ \text{分},$$

美国其他年份计算过程同理。

附录1.2 七大关键产业外资企业（国别）市场占有率

中国七大关键产业是关系到国计民生并影响威胁到国家经济命脉安全的七大产业，具体是指石油和天然气开采业、石油、煤炭及其他燃料加工业、化学原料和化学制品制造业、通用设备制造业、专用设备制造业、铁路、船舶、航空航天和其他、计算机、通信和其他电子设备（顾海兵和段琪斐等，2015）。七大关键产业外资企业市场占有率＝A产业外资企业市场占有率×A产业营业收入所占比重＋B产业外资企业市场占有率×B产业营业收入所占比重＋……以2020年为例，具体计算过程如下：

第一步，计算中国七大关键产业外资企业市场占有率，具体计算过程如附表1－5所示。

附表 1 -5　　中国七大关键产业外资企业市场占有率计算过程（2020 年）

七大关键产业	总资产（亿元）	各产业总资产占比（%）	总营业收入（亿元）	外资和港澳台资企业营业收入（亿元）	外资和港澳台资企业营业收入占总营业收入比重（%）	七大关键产业外资与港澳台资企业市场加权占比（%）
石油和天然气开采业	21560. 8	5. 79	6674	1140. 7	17. 09	0. 99
石油、煤炭及其他燃料加工业	36206. 6	9. 72	41632. 4	3801. 15	9. 13	0. 89
化学原料和化学制品制造业	77657. 5	20. 85	63117. 4	14527. 48	23. 02	4. 80
通用设备制造业	47912. 8	12. 87	40065. 7	12243. 62	30. 56	3. 93
专用设备制造业	46804. 2	12. 57	32726. 5	6767. 46	20. 68	2. 60
铁路、船舶、航空航天和其他	16414. 6	4. 41	11465. 8	2164. 04	18. 87	0. 83
计算机、通信和其他电子设备	125841. 2	33. 79	120992. 1	57880. 78	47. 84	16. 17
七大关键产业合计	372397. 7		316673. 9			30. 21

数据来源：《中国统计年鉴》（2021 年）。上表中对于石油和天然气开采业：5. 79% =21560. 8/372397. 7；17. 09% = 1140. 7/6674；0. 99% =17. 09% ×5. 79%，其他产业计算过程类似。

第二步，计算各国在七大关键产业外资企业市场占有率。

（1）计算中国制造业中引进外资的数额以及制造业中分国家引进外资的数额，如附表 1 -6 所示。

附表 1 -6　　中国制造业中引进外资金额及分国家引进金额（2010—2020 年）　　（亿美元）

年份	全国制造业总计	美国	日本	俄罗斯	印度	巴西	欧盟	东盟
2010	495. 90	10. 56	26. 54	0. 07	0. 1	0. 11	31. 92	18. 12
2011	521. 00	8. 29	41. 14	0. 06	0. 08	0. 09	30. 22	20. 09
2012	488. 70	9. 09	47. 79	0. 06	0. 09	0. 12	30. 69	20. 29
2013	455. 50	9. 87	45. 88	0. 04	0. 05	0. 05	37. 35	23. 96
2014	399. 40	8. 30	28. 11	0. 08	0. 10	0. 06	35. 76	18. 08
2015	395. 40	7. 31	20. 77	0. 03	0. 16	0. 10	37. 44	21. 98
2016	354. 90	8. 35	20. 12	0. 15	0. 10	0. 09	50. 58	18. 74
2017	335. 10	9. 34	19. 43	0. 05	0. 32	0. 08	42. 40	13. 74
2018	411. 70	9. 25	26. 63	0. 11	0. 10	0. 06	66. 33	17. 38
2019	353. 70	8. 65	25. 83	0. 11	0. 05	0. 01	42. 52	22. 49
2020	347. 50	7. 41	23. 60	0. 00	0. 00	0. 00	16. 90	21. 98

数据来源：《中国统计年鉴》（2011—2021 年）、《中国外商投资报告》（2013—2020 年）。

（2）计算中国制造业各国投入的外资所占比重，如附表1-7所示。

附表1-7 各国投入到中国制造业金额占国外投入到中国制造业总金额占比（2010—2020年） （%）

年份	美国	日本	俄罗斯	印度	巴西	欧盟	东盟
2010	2.13	5.35	0.01	0.02	0.02	6.44	3.65
2011	1.59	7.90	0.01	0.02	0.02	5.80	3.86
2012	1.86	9.78	0.01	0.02	0.02	6.28	4.15
2013	2.17	10.07	0.01	0.01	0.01	8.20	5.26
2014	2.08	7.04	0.02	0.03	0.01	8.95	4.53
2015	1.85	5.25	0.01	0.04	0.03	9.47	5.56
2016	2.35	5.67	0.04	0.03	0.03	14.25	5.28
2017	2.79	5.80	0.01	0.09	0.03	12.66	4.10
2018	2.25	6.47	0.03	0.02	0.02	16.11	4.22
2019	2.45	7.30	0.03	0.01	0.00	12.02	6.36
2020	2.13	6.79	0.00	0.00	0.00	4.86	6.33

第三步，计算中国七大产业外资企业市场占有率以及各国外资企业市场占有率，如附表1-8所示。

附表1-8 主要国家外资在中国七大关键产业外资企业市场占有率以及各国外资企业市场占比（2010—2020年） （%）

年份	中国七大产业外资企业市场占有率	美国	日本	俄罗斯	印度	巴西	欧盟	东盟
2010	36.95	0.79	1.98	0.01	0.01	0.01	2.38	1.35
2011	35.85	0.57	2.83	0.00	0.01	0.01	2.08	1.38
2012	31.52	0.59	3.08	0.00	0.01	0.01	1.98	1.31
2013	30.47	0.66	3.07	0.00	0.00	0.00	2.50	1.60
2014	29.87	0.62	2.10	0.01	0.01	0.00	2.67	1.35
2015	28.45	0.53	1.49	0.00	0.01	0.01	2.69	1.58
2016	27.60	0.65	1.56	0.01	0.01	0.01	3.93	1.46
2017	28.27	0.79	1.64	0.00	0.03	0.01	3.58	1.16
2018	30.62	0.69	1.98	0.01	0.01	0.00	4.93	1.29
2019	29.42	0.72	2.15	0.01	0.00	0.00	3.54	1.87
2020	30.21	0.64	2.05	0.00	0.00	0.00	1.47	1.91

注：美国2020年七大产业外资企业市场占有率 = 美国所占比重 × 中国七大产业外资企业市场占有率 = 2.13% × 30.21% = 0.64%，其他同理。由于受数据获取限制，目前国内没有专门针对七大关键产业的引进各国外资与企业销售收入的相关的数据统计，七大关键产业主要集中在制造业且占据制造业较大市场份额，因此本书以中国制造业中各国外资企业投入所占比重 × 中国七大关键产业外资企业市场占有率来近似替代七大关键产业中各国外资企业市场占有率。

第四步，计算各国 GDP 占世界 GDP 总量（除中国外）的比重，如附表 1－9 所示。

附表 1－9　　主要国家 GDP 占除中国以外世界 GDP 的比重（2010—2020 年）　　（%）

年份	美国 GDP 所占比重	日本 GDP 所占比重	俄罗斯 GDP 所占比重	印度 GDP 所占比重	巴西 GDP 所占比重	欧盟 GDP 所占比重	东盟 GDP 所占比重
2010	24.96	9.59	2.54	2.79	3.68	24.20	3.33
2011	23.57	9.45	3.10	2.77	3.97	23.87	3.50
2012	24.31	9.41	3.31	2.74	3.70	21.96	3.66
2013	24.77	7.69	3.38	2.74	3.65	22.57	3.72
2014	25.40	7.10	2.98	2.96	3.56	22.66	3.68
2015	28.42	6.93	2.12	3.28	2.81	21.11	3.86
2016	28.76	7.68	1.96	3.52	2.75	21.30	3.99
2017	28.32	7.14	2.28	3.84	2.99	21.35	4.06
2018	28.45	6.95	2.29	3.73	2.65	22.04	4.14
2019	29.23	7.02	2.30	3.91	2.56	21.38	4.34
2020	29.92	7.11	2.12	3.75	2.06	21.83	4.29

第五步，根据该指标年度警限区间，并以各国 GDP 所占比重作为各国警限动态调整参数，计算每年各国对中国在该领域经济安全影响程度的安全得分，如附表 1－10 所示。

附表 1－10　　主要国家（地区）对中国七大关键产业外资企业市场占有率安全程度得分（2010—2020 年）

年份	美国得分	日本得分	俄罗斯得分	印度得分	巴西得分	欧盟得分	东盟得分
2010	32.61	97.46	20.82	21.05	20.93	59.31	17.66
2011	29.68	60.22	20.55	20.84	20.60	54.85	21.87
2012	29.65	49.00	20.47	20.83	20.80	56.06	36.94
2013	30.66	20.43	20.35	20.53	20.34	64.28	7.81
2014	29.77	61.51	20.82	21.03	20.47	67.22	33.17
2015	27.40	93.73	20.36	21.42	21.04	71.04	16.15
2016	29.03	98.47	22.33	20.92	21.05	93.87	33.72
2017	31.14	88.20	20.71	22.77	20.95	87.05	65.86
2018	29.68	66.08	21.48	20.76	20.70	109.50	55.21
2019	29.84	57.63	21.56	20.44	20.09	86.16	7.49
2020	28.61	64.59	20.00	20.00	20.00	46.91	1.84

附录1.3 中国发明专利在国际发明专利授权量中的比重

中国专利在国际专利授权量中的比重 = 某年中国专利授权量/某年世界知识产权组织（WIPO）专利授权总量，该比重越大，表明中国科技创新实力在国际上的表现越强。由于某年 WIPO 对于专利的授权量是一定的，因此如美国专利授权量所占比重越高，则相应地中国专利授权量所占比重越相对越低（因受到美国企业等发明创新的竞争挤压，相应的中国企业国际市场创新竞争力就相应受到削弱，假设美国对其他国家的影响是相同的），因此参考其他学者的做法，本书以各国发明专利授权量所占比重近似衡量各国在该领域对中国发明专利授权量的影响程度。该指标对中国的国别经济安全影响程度得分计算过程如下：

第一步，收集世界主要国家（地区）国际发明专利授权量件数，如附表 1 - 11 所示。

附表 1 - 11　世界主要国家（地区）国际发明专利授权量件数（1992—2020 年）　（件）

年份	中国	欧盟	东盟	美国	日本	俄罗斯	印度	巴西
1992	1386	37404	85	52451	79002	4767	285	255
1993	2635	36381	60	57063	77535	8941	334	378
1994	1777	89951	78	97801	119889	16275	502	671
1995	1677	86841	87	99014	140707	21204	493	701
1996	1516	130046	171	108858	233996	16821	441	405
1997	1688	124621	119	105498	176904	26012	626	241
1998	1817	133726	105	128414	183557	19680	683	649
1999	3310	141336	194	138757	193091	15745	790	756
2000	6446	129763	360	136678	167099	14830	584	310
2001	5722	136811	281	139505	168088	14222	817	921
2002	6348	148678	335	143851	175650	15594	1044	911
2003	11984	171197	1080	151990	183299	21137	1236	302
2004	18967	166635	1178	147566	188775	20344	1617	255
2005	21575	158951	1247	139445	187892	20819	2283	535
2006	26356	175528	1587	158871	220193	20441	2826	593
2007	33502	171384	2072	150118	235082	20489	4292	350

续表

年份	中国	欧盟	东盟	美国	日本	俄罗斯	印度	巴西
2008	48919	181188	2152	150074	240694	24156	3935	629
2009	68500	186921	2208	158165	255548	28068	3186	732
2010	84813	203467	2887	190875	286846	23633	3135	806
2011	118128	202597	3002	202069	304668	22179	2881	947
2012	152096	218807	3236	229118	343525	24400	3584	1027
2013	154472	230640	3344	244183	340230	23358	4353	1243
2014	176351	233453	3717	254697	297040	26049	5014	1314
2015	279509	244212	4164	257091	271165	24996	5822	1384
2016	322523	278755	4872	277141	289250	24229	6699	1465
2017	352576	282301	4667	285846	286014	24809	7523	1628
2018	377306	293731	5620	289079	284068	23627	8350	1976
2019	399862	308550	6322	309611	283923	23381	10803	1853
2020	485158	304497	7375	306437	278931	21311	13069	2859

数据来源：世界知识产权组织网站（WIPO）。

第二步，统计世界主要国家（地区）国际发明专利占国际发明专利授权总量比重，如附表 1 - 12 所示。

附表 1 - 12　　世界主要国家（地区）发明专利占国际发明专利授权量比重（1992—2020 年）　　（%）

年份	中国专利占比	美国专利占比	日本专利占比	俄罗斯专利占比	印度专利占比	巴西专利占比	欧盟专利占比	东盟专利占比
1992	0.75	28.21	42.48	2.56	0.15	0.14	20.11	0.05
1993	1.34	29.09	39.52	4.56	0.17	0.19	18.55	0.03
1994	0.49	27.21	33.36	4.53	0.14	0.19	25.03	0.02
1995	0.44	25.99	36.94	5.57	0.13	0.18	22.80	0.02
1996	0.29	20.48	44.02	3.16	0.08	0.08	24.47	0.03
1997	0.35	21.70	36.39	5.35	0.13	0.05	25.63	0.02
1998	0.34	23.79	34.00	3.65	0.13	0.12	24.77	0.02
1999	0.58	24.25	33.74	2.75	0.14	0.13	24.70	0.03
2000	1.25	26.42	32.30	2.87	0.11	0.06	25.09	0.07
2001	1.07	26.14	31.49	2.66	0.15	0.17	25.63	0.05
2002	1.12	25.45	31.07	2.76	0.18	0.16	26.30	0.06
2003	1.91	24.20	29.19	3.37	0.20	0.05	27.26	0.17
2004	3.03	23.60	30.19	3.25	0.26	0.04	26.65	0.19

续表

年份	中国专利占比	美国专利占比	日本专利占比	俄罗斯专利占比	印度专利占比	巴西专利占比	欧盟专利占比	东盟专利占比
2005	3.38	21.84	29.43	3.26	0.36	0.08	24.90	0.20
2006	3.48	20.97	29.06	2.70	0.37	0.08	23.17	0.21
2007	4.33	19.39	30.36	2.65	0.55	0.05	22.13	0.27
2008	6.22	19.09	30.61	3.07	0.50	0.08	23.04	0.27
2009	8.28	19.13	30.90	3.39	0.39	0.09	22.60	0.27
2010	9.06	20.39	30.64	2.52	0.33	0.09	21.73	0.31
2011	11.57	19.79	29.83	2.17	0.28	0.09	19.84	0.29
2012	13.13	19.78	29.65	2.11	0.31	0.09	18.89	0.28
2013	12.94	20.46	28.51	1.96	0.36	0.10	19.33	0.28
2014	14.74	21.29	24.83	2.18	0.42	0.11	19.51	0.31
2015	22.05	20.28	21.39	1.97	0.46	0.11	19.27	0.33
2016	22.97	19.74	20.60	1.73	0.48	0.10	19.85	0.35
2017	24.13	19.56	19.58	1.70	0.51	0.11	19.32	0.32
2018	25.16	19.27	18.94	1.58	0.56	0.13	19.58	0.37
2019	25.45	19.70	18.07	1.49	0.69	0.12	19.64	0.40
2020	29.27	18.49	16.83	1.29	0.79	0.17	18.37	0.44

第三步，计算各国发明专利授权量对中国的影响，如附表1-13所示。

附表1-13　主要国家对中国国际专利授权量占比的影响程度系数（1992—2020年）

年份	中国专利授权量占比（%）	世界专利总量/中国专利授权量	美国对中国的影响系数	日本对中国的影响系数	俄罗斯对中国的影响系数	印度对中国的影响系数	巴西对中国的影响系数	欧盟对中国的影响系数	东盟对中国的影响系数
1992	0.75	134.17	37.84	57.00	3.44	0.21	0.18	26.99	0.06
1993	1.34	74.45	21.66	29.43	3.39	0.13	0.14	13.81	0.02
1994	0.49	202.25	55.04	67.47	9.16	0.28	0.38	50.62	0.04
1995	0.44	227.16	59.04	83.90	12.64	0.29	0.42	51.78	0.05
1996	0.29	350.63	71.81	154.35	11.10	0.29	0.27	85.78	0.11
1997	0.35	288.02	62.50	104.80	15.41	0.37	0.14	73.83	0.07
1998	0.34	297.13	70.67	101.02	10.83	0.38	0.36	73.60	0.06
1999	0.58	172.87	41.92	58.34	4.76	0.24	0.23	42.70	0.06
2000	1.25	80.25	21.20	25.92	2.30	0.09	0.05	20.13	0.06
2001	1.07	93.28	24.38	29.38	2.49	0.14	0.16	23.91	0.05
2002	1.12	89.06	22.66	27.67	2.46	0.16	0.14	23.42	0.05

续表

年份	中国专利授权量占比（%）	世界专利总量/中国专利授权量	美国对中国的影响系数	日本对中国的影响系数	俄罗斯对中国的影响系数	印度对中国的影响系数	巴西对中国的影响系数	欧盟对中国的影响系数	东盟对中国的影响系数
2003	1.91	52.41	12.68	15.30	1.76	0.10	0.03	14.29	0.09
2004	3.03	32.97	7.78	9.95	1.07	0.09	0.01	8.79	0.06
2005	3.38	29.59	6.46	8.71	0.96	0.11	0.02	7.37	0.06
2006	3.48	28.74	6.03	8.35	0.78	0.11	0.02	6.66	0.06
2007	4.33	23.11	4.48	7.02	0.61	0.13	0.01	5.12	0.06
2008	6.22	16.07	3.07	4.92	0.49	0.08	0.01	3.70	0.04
2009	8.28	12.07	2.31	3.73	0.41	0.05	0.01	2.73	0.03
2010	9.06	11.04	2.25	3.38	0.28	0.04	0.01	2.40	0.03
2011	11.57	8.65	1.71	2.58	0.19	0.02	0.01	1.72	0.03
2012	13.13	7.62	1.51	2.26	0.16	0.02	0.01	1.44	0.02
2013	12.94	7.73	1.58	2.20	0.15	0.03	0.01	1.49	0.02
2014	14.74	6.78	1.44	1.68	0.15	0.03	0.01	1.32	0.02
2015	22.05	4.53	0.92	0.97	0.09	0.02	0.00	0.87	0.01
2016	22.97	4.35	0.86	0.90	0.08	0.02	0.00	0.86	0.02
2017	24.13	4.14	0.81	0.81	0.07	0.02	0.00	0.80	0.01
2018	25.16	3.98	0.77	0.75	0.06	0.02	0.01	0.78	0.01
2019	25.45	3.93	0.77	0.71	0.06	0.03	0.00	0.77	0.02
2020	29.27	3.42	0.63	0.57	0.04	0.03	0.01	0.63	0.02

注：中国国际专利授权量占比 = 世界专利授权总量/中国专利授权量 = （美国专利授权量 + 日本专利授权量 + ……）/中国专利授权量，因此美国专利授权量占比 × （世界专利授权量/中国专利授权量）就近似表示在该领域美国对中国的影响程度系数，其他国家同理。以 2020 年为例，3.42 = 1/29.27%，0.63 = 18.49% ×3.42。

第四步，计算各国 GDP 占世界 GDP 总量（除中国外）的比重，如附表 1 – 14 所示。

附表 1 – 14　主要国家 GDP 占除中国以外世界 GDP 的比重（2000—2020 年）　（%）

年份	美国 GDP 所占比重	日本 GDP 所占比重	俄罗斯 GDP 所占比重	印度 GDP 所占比重	巴西 GDP 所占比重	欧盟 GDP 所占比重	东盟 GDP 所占比重
2000	31.60	15.32	0.80	1.44	2.02	22.38	1.89
2001	32.96	13.63	0.95	1.51	1.74	23.01	1.84
2002	32.89	12.58	1.04	1.55	1.53	24.21	1.99
2003	30.73	12.12	1.15	1.63	1.50	26.58	1.99
2004	29.13	11.67	1.41	1.69	1.60	27.19	1.99

续表

年份	美国GDP所占比重	日本GDP所占比重	俄罗斯GDP所占比重	印度GDP所占比重	巴西GDP所占比重	欧盟GDP所占比重	东盟GDP所占比重
2005	28.81	10.68	1.69	1.81	1.97	26.31	2.08
2006	28.33	9.44	2.03	1.93	2.27	26.05	2.31
2007	26.51	8.40	2.38	2.23	2.56	26.99	2.48
2008	24.89	8.64	2.81	2.03	2.87	27.47	2.65
2009	26.11	9.56	2.21	2.43	3.01	26.58	2.84
2010	24.96	9.59	2.54	2.79	3.68	24.20	3.33
2011	23.57	9.45	3.10	2.77	3.97	23.87	3.50
2012	24.31	9.41	3.31	2.74	3.70	21.96	3.66
2013	24.77	7.69	3.38	2.74	3.65	22.57	3.72
2014	25.40	7.10	2.98	2.96	3.56	22.66	3.68
2015	28.42	6.93	2.12	3.28	2.81	21.11	3.86
2016	28.76	7.68	1.96	3.52	2.75	21.30	3.99
2017	28.32	7.14	2.28	3.84	2.99	21.35	4.06
2018	28.45	6.95	2.29	3.73	2.65	22.04	4.14
2019	29.23	7.02	2.30	3.91	2.56	21.38	4.34
2020	29.92	7.11	2.12	3.75	2.06	21.83	4.29

第五步，根据该指标年度警限区间，并以各国GDP所占比重作为各国警限动态调整参数，计算每年各国对中国在该领域经济安全影响程度的安全得分，如附表1-15所示。

附表1-15 主要国家对中国国际发明专利授权量占比的影响程度安全得分（2000—2020年）

年份	美国得分	日本得分	俄罗斯得分	印度得分	巴西得分	欧盟得分	东盟得分
2000	0.00	0.00	0.00	100.00	100.00	0.00	100.00
2001	0.00	0.00	0.00	74.98	76.82	0.00	100.00
2002	0.00	0.00	0.00	64.39	75.42	0.00	100.00
2003	0.00	0.00	0.00	100.00	100.00	0.00	100.00
2004	0.00	0.00	0.00	100.00	100.00	0.00	100.00
2005	0.00	0.00	0.00	100.00	100.00	0.00	100.00
2006	0.00	0.00	0.00	100.00	100.00	0.00	100.00
2007	7.86	0.00	0.00	100.00	100.00	0.00	100.00
2008	49.04	0.00	1.79	100.00	100.00	38.61	100.00
2009	80.39	0.00	0.00	100.00	100.00	67.58	100.00
2010	78.81	0.00	61.17	100.00	100.00	70.77	100.00

续表

年份	美国得分	日本得分	俄罗斯得分	印度得分	巴西得分	欧盟得分	东盟得分
2011	94.67	0.00	100.00	100.00	100.00	95.32	100.00
2012	100.00	0.00	100.00	100.00	100.00	100.00	100.00
2013	100.00	0.00	100.00	100.00	100.00	100.00	100.00
2014	100.00	0.00	100.00	100.00	100.00	100.00	100.00
2015	100.00	33.91	100.00	100.00	100.00	100.00	100.00
2016	100.00	54.82	100.00	100.00	100.00	100.00	100.00
2017	100.00	57.78	100.00	100.00	100.00	100.00	100.00
2018	100.00	62.51	100.00	100.00	100.00	100.00	100.00
2019	100.00	68.96	100.00	100.00	100.00	100.00	100.00
2020	100.00	87.19	100.00	100.00	100.00	100.00	100.00

附录 1.4　高新技术产品（国别）进口依赖度

高新技术产品进口依赖度 = 某年中国高新技术产品进口金额/某年中国进口贸易总金额 = 某年（中国从美国进口高新技术产品金额 + 中国从日本进口高新技术产品金额 + 中国从俄罗斯进口高新技术产品金额 + ……）/某年中国进口贸易总金额。该比重越高，则表示中国高新技术产品对海外进口依赖程度越高。某国对中国高新技术产品进口依赖度的影响程度安全得分计算过程如下：

第一步，计算中国高新技术产品进口依赖度，如附表 1 – 16 所示。

附表 1 – 16　　中国高新技术产品进口依赖度（2009—2020 年）

年份	高新技术产品进口金额（亿美元）	中国进口贸易总金额（亿美元）	中国高新技术产品进口依赖度（%）
2009	3101.09	10059.23	30.83
2010	4127.43	13962.47	29.56
2011	4632.25	17434.84	26.57
2012	5069.02	18184.05	27.88
2013	5576.45	19499.89	28.60
2014	5522.91	19592.35	28.19
2015	5516.94	16795.64	32.85

续表

年份	高新技术产品进口金额（亿美元）	中国进口贸易总金额（亿美元）	中国高新技术产品进口依赖度（%）
2016	5267.87	15879.26	33.17
2017	5848.56	18437.93	31.72
2018	6708.76	21357.48	31.41
2019	6370.91	20784.09	30.65
2020	6850.87	20659.60	33.16

数据来源：《中国统计年鉴》（2010—2021年）。

第二步，计算中国进口各国高新技术产品金额及各国所占比重。

（1）统计中国进口各国高新技术产品金额，如附表1－17所示。

附表1－17　中国高新技术产品进口额（分国别进口，按HS进口商品分类）　（亿美元）

年份	从美国进口	从日本进口	从俄罗斯进口	从印度进口	从巴西进口	从欧盟进口	从东盟进口	中国高新技术产品进口总额
2009	374.27	417.07	58.81	175.89	84.80	1289.44	560.09	4836.69
2010	472.36	550.09	114.32	213.04	137.98	1728.35	676.05	6493.70
2011	515.43	631.98	159.69	255.65	164.13	1854.67	889.94	7428.46
2012	565.29	667.96	187.47	239.74	180.48	1610.90	949.00	7742.39
2013	757.29	703.94	188.91	232.57	191.44	1676.26	1022.05	8329.00
2014	815.11	719.51	195.09	240.36	175.26	1823.09	1111.17	8493.71
2015	805.92	654.71	126.13	267.74	127.35	1733.58	1189.20	8080.33
2016	722.19	621.50	160.20	310.92	107.93	1696.41	1079.82	7746.50
2017	793.06	658.08	191.73	374.46	143.57	1907.14	1207.79	8583.99
2018	847.30	704.02	222.49	409.85	176.18	2129.79	1375.95	9687.47
2019	720.84	682.17	227.19	384.00	189.41	2220.11	1579.21	9166.54
2020	587.07	599.47	223.49	314.36	167.21	1869.91	1551.47	9643.72

注：由于从海关总署难以获取专门针对某国（如美国）的高新技术产品进口数量及金额的统计，为了分离出中国高新技术产品进口金额当中从某国（如美国）的进口金额是多少，本书根据海外商品进口的HS分类，并根据《高新技术产品分类目录（2006）》中关于高新技术产品商品的分类标准，从HS商品分类中筛选出属于高新技术产品的商品类别，具体包括药品；核反应堆、锅炉、机械器具及零件；电机、电气、音像设备及其零附件；铁道车辆、轨道装置、信号设备、车辆及其零件，附件，但铁道及电车道车辆除外；航空器、航天器及其零件；船舶及浮动结构体、光学、照相、医疗等设备及零附件；武器、弹药及其零件、附件。

（2）计算中国高新技术产品中各国所占的比重，如附表1－18所示。

附表1－18　中国高新技术产品进口金额中各主要国家所占比重（2009—2020年）　（%）

年份	美国占比	日本占比	俄罗斯占比	印度占比	巴西占比	欧盟占比	东盟占比
2009	7.74	8.62	1.22	3.64	1.75	26.66	11.58
2010	7.27	8.47	1.76	3.28	2.12	26.62	10.41
2011	6.94	8.51	2.15	3.44	2.21	24.97	11.98
2012	7.30	8.63	2.42	3.10	2.33	20.81	12.26
2013	9.09	8.45	2.27	2.79	2.30	20.13	12.27
2014	9.60	8.47	2.30	2.83	2.06	21.46	13.08
2015	9.97	8.10	1.56	3.31	1.58	21.45	14.72
2016	9.32	8.02	2.07	4.01	1.39	21.90	13.94
2017	9.24	7.67	2.23	4.36	1.67	22.22	14.07
2018	8.75	7.27	2.30	4.23	1.82	21.98	14.20
2019	7.86	7.44	2.48	4.19	2.07	24.22	17.23
2020	6.08	6.21	2.32	3.26	1.73	19.38	16.08

（3）计算中国对主要国家高新技术产品进口依赖度，如附表1－19所示。

附表1－19　中国对世界主要国家（地区）高新技术产品进口依存度（2009—2020年）　（%）

年份	中国高新技术产品进口依赖度	对美国依赖度	对日本依赖度	对俄罗斯依赖度	对印度依赖度	对巴西依赖度	对欧盟依赖度	对东盟依赖度
2009	30.83	2.39	2.66	0.37	1.12	0.54	8.22	3.57
2010	29.56	2.15	2.50	0.52	0.97	0.63	7.87	3.08
2011	26.57	1.84	2.26	0.57	0.91	0.59	6.63	3.18
2012	27.88	2.04	2.40	0.67	0.86	0.65	5.80	3.42
2013	28.60	2.60	2.42	0.65	0.80	0.66	5.76	3.51
2014	28.19	2.71	2.39	0.65	0.80	0.58	6.05	3.69
2015	32.85	3.28	2.66	0.51	1.09	0.52	7.05	4.83
2016	33.17	3.09	2.66	0.69	1.33	0.46	7.26	4.62
2017	31.72	2.93	2.43	0.71	1.38	0.53	7.05	4.46
2018	31.41	2.75	2.28	0.72	1.33	0.57	6.91	4.46
2019	30.65	2.41	2.28	0.76	1.28	0.63	7.42	5.28
2020	33.16	2.02	2.06	0.77	1.08	0.57	6.43	5.33

注：中国对美国高新技术产品进口依赖度＝中国高新技术产品进口依赖度×美国占比，其他国家同理。

第三步，计算各国GDP占世界GDP总量（除中国外）的比重，如附表1－20所示。

附表 1-20 主要国家（地区）GDP 占世界 GDP 总量（除中国外）的比重（2009—2020 年）

（%）

年份	美国 GDP 所占比重	日本 GDP 所占比重	俄罗斯 GDP 所占比重	印度 GDP 所占比重	巴西 GDP 所占比重	欧盟 GDP 所占比重	东盟 GDP 所占比重
2009	26.11	9.56	2.21	2.43	3.01	26.58	2.84
2010	24.96	9.59	2.54	2.79	3.68	24.20	3.33
2011	23.57	9.45	3.10	2.77	3.97	23.87	3.50
2012	24.31	9.41	3.31	2.74	3.70	21.96	3.66
2013	24.77	7.69	3.38	2.74	3.65	22.57	3.72
2014	25.40	7.10	2.98	2.96	3.56	22.66	3.68
2015	28.42	6.93	2.12	3.28	2.81	21.11	3.86
2016	28.76	7.68	1.96	3.52	2.75	21.30	3.99
2017	28.32	7.14	2.28	3.84	2.99	21.35	4.06
2018	28.45	6.95	2.29	3.73	2.65	22.04	4.14
2019	29.23	7.02	2.30	3.91	2.56	21.38	4.34
2020	29.92	7.11	2.12	3.75	2.06	21.83	4.29

第四步，根据该指标年度警限区间，并以各国 GDP 所占比重作为各国警限动态调整参数，计算每年各国对中国在该领域经济安全影响程度的安全得分，如附表 1-21 所示。

附表 1-21 主要国家对中国国际发明专利授权量占比的影响程度安全得分（2000—2020 年）

年份	美国得分	日本得分	俄罗斯得分	印度得分	巴西得分	欧盟得分	东盟得分
2009	96.54	28.76	72.14	0.00	68.24	16.33	0.00
2010	94.47	35.51	57.99	0.92	71.67	9.98	0.00
2011	91.28	44.37	66.38	7.73	80.83	28.86	0.00
2012	93.50	37.79	58.52	14.11	69.74	34.34	0.00
2013	98.01	14.32	63.31	23.43	67.95	37.98	0.00
2014	97.41	5.43	53.23	32.04	74.64	33.17	0.00
2015	93.89	0.00	43.47	7.19	66.26	6.44	0.00
2016	96.98	1.31	0.00	0.00	72.89	3.55	0.00
2017	98.60	3.85	15.75	0.00	69.02	7.94	0.00
2018	98.63	8.66	13.85	0.00	53.64	14.69	0.00
2019	92.99	10.05	7.94	8.79	41.07	1.12	0.00
2020	86.98	24.08	0.00	24.70	28.65	22.24	0.00

附录1.5　外资银行在华资产（国别）占中国银行业总资产比重

外资银行在华资产占中国银行业总资产比重＝外资银行在华资产总计/中国银行业总资产＝（美资银行在华资产＋日资银行在华资产＋俄资银行在华资产＋……）/中国银行业总资产。该指标是中性指标，指标观测值并非越大越好或越小越好，而是存在一定的合理警限区间，如果指标观测值很大，则外资银行对国内本土商业银行的市场竞争挤压态势越严重，市场主动权容易受制于人，显然越不利于本土银行业金融安全，而如果指标观测值很小，则外资银行对国内本土商业银行的市场竞争挑战太弱，容易助长本土商业银行形成垄断势力并降低金融产品质量与服务效率，不利于刺激提升本土商业银行的国际化竞争力。

各国外资银行在华资产占中国银行业总资产的安全得分计算过程如下：

附表1－22　外资银行在华资产占中国银行业总资产比重（2003—2020年）

年份	中国银行业总资产（万亿元）	在华外资银行总资产（万亿元）	外资银行在华资产占中国银行业总资产比重（%）
2003	27.66	0.42	1.50
2004	31.60	0.58	1.84
2005	37.47	0.72	1.91
2006	43.95	0.93	2.11
2007	53.12	1.25	2.36
2008	63.15	1.34	2.13
2009	79.51	1.35	1.70
2010	95.31	1.74	1.83
2011	113.29	2.15	1.90
2012	133.62	2.38	1.78
2013	151.35	2.56	1.69
2014	172.34	2.79	1.62
2015	199.35	2.68	1.34
2016	232.25	2.93	1.26
2017	252.40	3.24	1.29

续表

年份	中国银行业总资产（万亿元）	在华外资银行总资产（万亿元）	外资银行在华资产占中国银行业总资产比重（%）
2018	268.24	3.35	1.25
2019	290.00	3.48	1.20
2020	319.74	3.78	1.18

数据来源：中国银保监会年报、Wind数据库。

第一步，统计各国在华外资银行名单，如附表1－23所示。

附表1－23　在华外资银行名单（截至2021年底）

在华外资银行名单	所属国家	在华外资银行名单	所属国家
巴西银行	巴西	山口银行	日本
俄罗斯储蓄银行	俄罗斯	百五银行	日本
俄罗斯开发与对外经济银行	俄罗斯	广岛银行	日本
俄罗斯外贸银行	俄罗斯	伊予银行	日本
俄罗斯中央银行	俄罗斯	七十七银行	日本
天然气工业银行	俄罗斯	大垣共立银行	日本
欧洲金融莫斯科人民银行	俄罗斯	北洋银行	日本
工业通讯银行	俄罗斯	里索那银行	日本
美国纽约梅隆银行	美国	三菱东京日联银行	日本
道富银行	美国	横滨银行	日本
摩根大通银行	美国	陆奥银行	日本
花旗银行	美国	农林中央金库	日本
富国银行	美国	三井住友信托银行	日本
美国浦瑞兴银行	美国	肥后银行	日本
北美信托银行	美国	三菱信托银行	日本
摩根士丹利国际银行	美国	CHUGOKU（中国）银行	日本
国泰银行	美国	八十二银行	日本
美国银行	美国	群马银行	日本
建东银行	美国	滋贺银行	日本
华美银行	美国	南都银行	日本
美国硅谷银行	美国	常阳银行	日本
浦发硅谷银行	美国（合资）	商工中金银行	日本
第四银行	日本	山阴合同银行	日本
北陆银行	日本	京都银行	日本
十六银行	日本	千叶银行	日本

续表

在华外资银行名单	所属国家	在华外资银行名单	所属国家
静冈银行	日本	巴登—符腾堡州银行	德国
北国银行	日本	地金银行	德国
西日本银行	日本	黑森—图林根州银行	德国
福冈银行	日本	法国外贸银行	法国
名古屋银行	日本	法国巴黎银行	法国
美纳都银行	日本	法国工商银行	法国
国际协力银行	日本	里昂信贷银行	法国
信金中央金库	日本	法国兴业银行	法国
池田泉州银行	日本	东方汇理银行	法国
北海道银行	日本	爱德蒙得洛希尔银行	法国
蓝天银行	日本	标致雪铁龙融资银行	法国
百十四银行	日本	欧诺银行	法国
三井住友银行	日本	荷兰合作银行	荷兰
瑞穗银行	日本	安智银行	荷兰
旁遮普国家银行	印度	荷兰银行	荷兰
印度银行	印度	欧洲信贷银行	荷兰
卡纳拉银行	印度	北欧联合银行	瑞典
巴鲁达银行	印度	瑞典银行	瑞典
印度联合银行	印度	瑞典商业银行	瑞典
印度国家银行	印度	北欧斯安银行	瑞典
印度工业信贷投资银行	印度	塞浦路斯银行	塞浦路斯
同心银行	印度	西班牙桑坦德银行	西班牙
欧盟国家		西班牙对外银行	西班牙
比利时联合银行	比利时	萨瓦德尔银行	西班牙
贝伦贝格银行	德国	西班牙人民银行	西班牙
迈世勒银行	德国	西班牙商业银行	西班牙
北德意志州银行	德国	班西亚银行	西班牙
德意志银行	德国	西雅那银行	意大利
德国商业银行	德国	裕信银行	意大利
巴伐利亚州银行	德国	意大利人民银行	意大利
德国中央合作银行	德国	意联银行	意大利

续表

在华外资银行名单	所属国家	在华外资银行名单	所属国家
意大利联合圣保罗银行	意大利	马来亚银行	马来西亚
巴克莱银行	英国	泰国汇商银行	泰国
苏格兰皇家银行	英国	盘谷银行	泰国
渣打银行	英国	开泰银行	泰国
英国工银标准银行	英国	泰京银行	泰国
东盟国家		正信银行	泰国
首都银行	菲律宾	华侨银行	新加坡
新联商业银行	菲律宾	大华银行	新加坡
丰隆银行	马来西亚	星展银行	新加坡
联昌银行	马来西亚	曼底利银行	印度尼西亚

数据来源：《外资银行在华发展研究报告 2.0》。

第二步，统计各国在华外资银行总资产及所占比重，由于目前中国银保监会以及中国银行业协会都无法提供外资银行在华资产的分国家的财务数据，本书采取估算法，这里以美国为例介绍计算方法，如附表 1－24、附表 1－25 所示。

附表 1－24　　　　美资银行在华总资产的估算过程（2010—2020 年）

在华美资银行名称	2020 年	2019 年	2018 年	2017 年	2016 年	2015 年	2014 年	2013 年	2012 年	2011 年	2010 年
摩根大通银行(亿元)	613.0	472.6	528.5	433.6	496.9	391.5	420.9	434.6	332.5	297.8	294.5
花旗银行（中国）(亿元)	1968.5	1778.5	1742.0	1595.4	1730.5	1633.3	1576.3	1527.5	1523.3	1273.9	1326.1
摩根士丹利国际银行（亿元）	23.5	23.1	22.1	20.4	26.4	32.4	27.8	27.7	37.2	56.7	59.2
华美银行（亿元）	106.9	105.4	116.4	83.9	68.5	53.8	47.7	44.2	45.7	51.9	62.7
浦发硅谷银行(亿元)	209.2	170.4	126.5	71.2	44.4	26.1	17.5	13.6	10.8	11.9	15.8
5 家银行在华资产合计（亿元）	2921.0	2550.0	2535.4	2204.5	2366.7	2137.1	2090.2	2047.5	1949.6	1692.2	1758.3
汇率	6.542	7.013	6.885	6.594	6.918	6.448	6.124	6.116	6.290	6.328	6.652
5 家银行在全球总资产合计（亿元）	58755.5	47487.0	45329.0	44214.6	42846.2	40367.8	42633.6	41589.9	40148.6	38730.3	36148.8
5 家银行在华资产占 5 家银行在全球资产比重（%）	0.76	0.77	0.81	0.76	0.80	0.82	0.80	0.80	0.77	0.69	0.73

在华美资银行名称	2020 年	2019 年	2018 年	2017 年	2016 年	2015 年	2014 年	2013 年	2012 年	2011 年	2010 年
在华美资银行在全球总资产（亿元）	108712.2	91145.3	87703.9	86844.4	84275.5	80109.9	81016.7	76340.6	73812.9	70850.8	67104.1
美资银行在华总资产（亿元）	826.1	697.9	712.5	656.6	672.9	657.8	648.6	614.5	569.8	489.2	490.7

注：研究团队目前仅能收集到 5 家美资银行在华的财务数据，数据来源于 Bankscope，因此以 5 家美资银行在华资产来估算所有在华美资银行总资产。在上表中，假设 5 家美资银行在华总资产/5 家美资银行在全球总资产 = 所有美资银行在华总资产/所有在华美资银行在全球的总资产。由于在华美资银行在全球的总资产等财务数据相对容易获取，因此依据上假设则可计算出所有美资银行在华总资产，其他国家在华银行总资产的计算方法同理。

附表 1－25　各国外资银行在华资产总额及占外资银行在华总资产比重（2010—2020 年）

（亿美元，%）

国家/年份	2010	2011	2012	2013	2014	2015	2016	2017	2018	2019	2020
美国	490.72	489.19	569.85	614.51	648.61	657.76	672.88	656.64	712.48	697.92	826.11
日本	761.31	834.56	875.06	873.14	975.14	995.08	965.13	1096.41	1121.46	1131.66	1401.56
俄罗斯	5.02	4.16	4.47	3.11	4.66	1.18	7.05	2.45	5.66	6.01	6.09
印度	3.48	2.34	3.53	1.38	1.78	3.21	3.32	3.08	2.25	2.25	2.61
巴西	135.88	106.23	128.98	118.41	95.41	58.84	80.62	82.71	71.83	70.08	63.39
欧盟	1493.57	1441.61	1385.36	1746.51	1841.18	1452.33	1445.75	1635.12	1482.76	1634.35	2257.61
东盟	431.98	508.64	450.98	441.64	376.15	306.57	322.87	358.94	302.00	237.92	220.74
外资银行在华总资产	2619.41	3403.08	3784.42	4190.32	4559.42	4157.83	4233.18	4919.17	4858.47	4967.06	5780.69
各国银行在华总资产所占比重											
美国	18.73	14.38	15.06	14.67	14.23	15.82	15.90	13.35	14.66	14.05	14.29
日本	29.06	24.52	23.12	20.84	21.39	23.93	22.80	22.29	23.08	22.78	24.25
俄罗斯	0.03	0.03	0.03	0.02	0.03	0.01	0.06	0.02	0.04	0.04	0.04
印度	0.05	0.04	0.05	0.02	0.02	0.04	0.04	0.03	0.02	0.02	0.02
巴西	2.85	2.04	2.33	2.40	1.98	1.65	1.89	2.02	1.99	1.94	1.94
欧盟	57.02	42.36	36.61	41.68	40.38	34.93	34.15	33.24	30.52	32.90	39.05
东盟	16.49	14.95	11.92	10.54	8.25	7.37	7.63	7.30	6.22	4.79	3.82
合计	99	98.31	89.11	90.16	86.29	83.76	82.46	78.25	76.54	76.53	83.42

第三步，计算各国银行在华资产占中国银行业总资产比重，如附表 1－26 所示。

附表 1-26 世界主要国家（地区）在华资产占中国银行业总资产比重（2010—2020 年） （%）

年份	外资银行在华资产/我国银行业总资产	美国	日本	俄罗斯	印度	巴西	欧盟	东盟	主要国家（地区）合计
2010	1.83	0.34	0.53	0.00	0.00	0.05	1.04	0.30	2.27
2011	1.90	0.27	0.47	0.00	0.00	0.04	0.81	0.28	1.87
2012	1.78	0.27	0.41	0.00	0.00	0.04	0.65	0.21	1.59
2013	1.69	0.25	0.35	0.00	0.00	0.04	0.71	0.18	1.53
2014	1.62	0.23	0.35	0.00	0.00	0.03	0.65	0.13	1.40
2015	1.34	0.21	0.32	0.00	0.00	0.02	0.47	0.10	1.13
2016	1.26	0.20	0.29	0.00	0.00	0.02	0.43	0.10	1.04
2017	1.29	0.17	0.29	0.00	0.00	0.03	0.43	0.09	1.01
2018	1.25	0.18	0.29	0.00	0.00	0.02	0.38	0.08	0.95
2019	1.20	0.17	0.27	0.00	0.00	0.02	0.40	0.06	0.92
2020	1.18	0.17	0.29	0.00	0.00	0.02	0.46	0.05	0.99

第四步，计算各国 GDP 占世界 GDP 总量（除中国外）的比重，如附表 1-27 所示。

附表 1-27 主要国家 GDP 占除中国以外世界 GDP 的比重（2010—2020 年） （%）

年份	美国 GDP 所占比重	日本 GDP 所占比重	俄罗斯 GDP 所占比重	印度 GDP 所占比重	巴西 GDP 所占比重	欧盟 GDP 所占比重	东盟 GDP 所占比重
2010	24.96	9.59	2.54	2.79	3.68	24.20	3.33
2011	23.57	9.45	3.10	2.77	3.97	23.87	3.50
2012	24.31	9.41	3.31	2.74	3.70	21.96	3.66
2013	24.77	7.69	3.38	2.74	3.65	22.57	3.72
2014	25.40	7.10	2.98	2.96	3.56	22.66	3.68
2015	28.42	6.93	2.12	3.28	2.81	21.11	3.86
2016	28.76	7.68	1.96	3.52	2.75	21.30	3.99
2017	28.32	7.14	2.28	3.84	2.99	21.35	4.06
2018	28.45	6.95	2.29	3.73	2.65	22.04	4.14
2019	29.23	7.02	2.30	3.91	2.56	21.38	4.34
2020	29.92	7.11	2.12	3.75	2.06	21.83	4.29

第五步，根据该指标年度警限区间，并以各国 GDP 所占比重作为各国警限动态调整参数，计算每年各国对中国在该领域经济安全影响程度的安全得分，如附表 1-28 所示。

附表 1－28　各国外资银行在华资产占中国银行业总资产安全程度得分（2010—2020 年）

年份	美国得分	日本得分	俄罗斯得分	印度得分	巴西得分	欧盟得分	东盟得分
2010	78.30	91.03	60.32	60.47	78.92	95.39	78.61
2011	75.45	93.19	60.22	60.34	73.04	98.68	81.91
2012	74.72	95.14	60.19	60.45	74.93	99.60	90.12
2013	73.37	94.40	60.13	60.16	74.84	99.55	93.67
2014	72.10	93.36	60.25	60.17	72.03	98.50	97.78
2015	69.98	94.19	60.09	60.22	70.56	89.68	94.25
2016	69.29	97.37	60.50	60.18	71.56	86.96	92.18
2017	68.08	96.44	60.14	60.14	71.59	86.68	90.76
2018	68.57	95.97	60.31	60.10	72.52	83.02	84.96
2019	67.70	96.83	60.27	60.09	72.16	84.64	77.69
2020	67.53	96.35	60.29	60.10	74.86	88.22	74.04

附录 1.6　外资金融机构（国别）对中国银行类金融机构的综合控股比率

美资金融机构对中国银行类金融机构的综合控股比率＝美资金融机构在工商银行的控股比率×工商银行资产所占比重＋美资金融机构在农业银行的控股比率×农业银行资产所占比重＋美资金融机构在中国银行的控股比率×中国银行资产所占比重＋……

该指标为中性指标，即外资银行对中国银行类金融机构的综合控股比率并非越高越好，也并非越低越好，而是存在一个合理的警限区间。如果外资金融机构对中国银行类金融机构综合控股比率太高，则中资银行类机构容易失去控股权并容易变成国外直接或间接控股易主，这显然不利于中资银行类金融机构的金融安全；但如果外资金融机构对中国银行类金融机构的综合控股比率太低，则中资银行类机构不利于利用国外先进的管理经验与技术方法来提升本土银行类机构的不足，不利于提升本土商业银行的国际化经营水平与国际化竞争力。

外资金融机构对中国银行类金融机构的综合控股比率安全得分计算过程如下：

第一步，统计中国各主要商业银行中的股东国别来源及所占股份比例。以 2020 年工商银行为例，通过工商银行年报查看其前15大股东的国别性质来源及所占股份比例，并进行分年度与国家进行统计汇总。综合考虑商业银行体量规模、银行机构性质、对中国金融市场的影响力以及数据的可获取性，本书以中国银行、工商银行、建设银行、农业银行、交通银行、邮储银行、渤海银行、光大银行、广发银行、中信银行、招商银行、兴业银行、浦发银行、平安银行、民生银行、华夏银行、恒丰银行、浙商银行共计18家中国主要商业银行作为中国银行类金融机构的主体样本代表。最终分年度与分国别的外资金融机构对中国商业银行的综合控股比率如附表1-29所示。

附表1-29　各国金融机构对中国银行类金融机构的综合控股比率（2010—2020年）　（%）

年份	美国	日本	俄罗斯	印度	巴西	欧盟	东盟
2010	1.47	0.02	0.00	0.00	0.00	0.52	0.77
2011	0.35	0.02	0.00	0.00	0.00	0.59	1.14
2012	0.22	0.00	0.00	0.00	0.00	0.57	0.90
2013	0.24	0.02	0.00	0.00	0.00	0.47	0.85
2014	0.23	0.02	0.00	0.00	0.00	0.22	0.64
2015	0.22	0.02	0.00	0.00	0.00	0.21	0.62
2016	0.00	0.01	0.00	0.00	0.00	0.00	0.07
2017	0.00	0.01	0.00	0.00	0.00	0.00	0.00
2018	0.03	0.01	0.00	0.00	0.00	0.00	0.00
2019	0.00	0.01	0.00	0.00	0.00	0.00	0.01
2020	0.00	0.02	0.00	0.00	0.00	0.00	0.02

第二步，计算各国GDP占世界GDP总量（除中国外）的比重，如附表1-30所示。

附表1-30　主要国家GDP占除中国以外世界GDP的比重（2010—2020年）　（%）

年份	美国GDP所占比重	日本GDP所占比重	俄罗斯GDP所占比重	印度GDP所占比重	巴西GDP所占比重	欧盟GDP所占比重	东盟GDP所占比重
2010	24.96	9.59	2.54	2.79	3.68	24.20	3.33
2011	23.57	9.45	3.10	2.77	3.97	23.87	3.50
2012	24.31	9.41	3.31	2.74	3.70	21.96	3.66
2013	24.77	7.69	3.38	2.74	3.65	22.57	3.72
2014	25.40	7.10	2.98	2.96	3.56	22.66	3.68
2015	28.42	6.93	2.12	3.28	2.81	21.11	3.86
2016	28.76	7.68	1.96	3.52	2.75	21.30	3.99
2017	28.32	7.14	2.28	3.84	2.99	21.35	4.06

续表

年份	美国 GDP 所占比重	日本 GDP 所占比重	俄罗斯 GDP 所占比重	印度 GDP 所占比重	巴西 GDP 所占比重	欧盟 GDP 所占比重	东盟 GDP 所占比重
2018	28.45	6.95	2.29	3.73	2.65	22.04	4.14
2019	29.23	7.02	2.30	3.91	2.56	21.38	4.34
2020	29.92	7.11	2.12	3.75	2.06	21.83	4.29

第三步，根据该指标年度警限区间，并以各国 GDP 所占比重作为各国警限动态调整参数，计算每年各国对中国在该领域经济安全影响程度的安全得分，如附表 1－31 所示。

附表 1－31　各国金融机构对中国银行类金融机构的综合控股比率安全得分（2010—2020 年）

年份	美国得分	日本得分	俄罗斯得分	印度得分	巴西得分	欧盟得分	东盟得分
2010	81.78	70.52	70.00	70.00	70.00	74.30	67.92
2011	72.99	70.43	70.00	70.00	70.00	74.98	30.10
2012	71.84	70.00	70.00	70.00	70.00	75.15	62.12
2013	71.93	70.46	70.00	70.00	70.00	74.16	68.82
2014	71.83	70.46	70.00	70.00	70.00	71.94	90.50
2015	71.58	70.45	70.00	70.00	70.00	71.97	95.59
2016	70.00	70.38	70.00	70.00	70.00	70.00	73.53
2017	70.00	70.40	70.00	70.00	70.00	70.00	70.00
2018	70.20	70.42	70.00	70.00	70.00	70.00	70.00
2019	70.00	70.41	70.00	70.00	70.00	70.00	70.50
2020	70.00	70.63	70.00	70.00	70.00	70.00	70.80

附录 1.7　中国对主要国家（地区）外债偿还能力风险指标

中国对世界其他国家的外债偿还能力包括总体外债偿债压力、年度偿债压力以及短期外债偿债压力风险，本书重点选取了外债余额/外汇储备、当年还本付息额/外汇储备、短期外债/外汇储备，各指标的具体含义解释请见前文指标体系解释部分，在此不再重述。在此分别介绍各个指标中某国对中国经济安全的影响程度得分，计算过程如下：

第一步，计算中国全口径外债余额及结构占比，如附表 1－32 所示。

附表 1－32　中国全口径外债余额及本、外币外债余额占比（2010—2020 年）

<table>
<tr><th>年份</th><th>中国全口径外债余额（亿美元）</th><th colspan="2">中国外币外债余额（亿美元）</th><th colspan="2">中国本币外债</th></tr>
<tr><td>2009</td><td>4286.50</td><td>4286.5</td><td rowspan="5">所占比重（%）</td><td rowspan="5">余额（亿美元）</td><td rowspan="5">所占比重（%）</td></tr>
<tr><td>2010</td><td>5489.40</td><td>5489.4</td></tr>
<tr><td>2011</td><td>6950.00</td><td>6950</td></tr>
<tr><td>2012</td><td>7369.90</td><td>7369.9</td></tr>
<tr><td>2013</td><td>8631.70</td><td>8631.7</td></tr>
<tr><td>2014</td><td>17799.00</td><td>8954.6</td><td>50.3</td><td>8844.4</td><td>49.7</td></tr>
<tr><td>2015</td><td>13829.80</td><td>7595</td><td>54.9</td><td>6567</td><td>47.5</td></tr>
<tr><td>2016</td><td>14158.00</td><td>9330</td><td>65.9</td><td>4877</td><td>34.4</td></tr>
<tr><td>2017</td><td>17579.60</td><td>11414</td><td>64.9</td><td>5692</td><td>32.4</td></tr>
<tr><td>2018</td><td>19827.50</td><td>13258</td><td>66.9</td><td>6394</td><td>32.2</td></tr>
<tr><td>2019</td><td>20572.80</td><td>13294</td><td>64.6</td><td>7279</td><td>35.4</td></tr>
<tr><td>2020</td><td>24008.10</td><td>13998</td><td>58.3</td><td>10010</td><td>41.7</td></tr>
</table>

数据来源：国家外汇管理局网站统计数据。注意，2014 年及之前国家外汇管理局只公布外币外债余额，不公布本币外债余额，因此自 2015 年及之后中国才按照国际标准公布全口径外债余额数据，中国的全口径外债余额＝外币外债余额＋本币外债余额，而中国对各国的外债余额主要是指以外币衡量的外债余额，而中国对外债务偿债压力主要表现为对外币外债余额的偿债压力。

第二步，计算中国外币外债余额中各主要国家的外债余额。根据国家外汇管理局发布的《中国外债报告》，可以得知中国对美国的外债余额及其占比，其中 2006—2010 年中国对美国债务呈现先增长后下降，而又持续增长的状态，特别是在 2008—2010 年对美国债务呈现大幅增加，在中国外债余额中的占比于 2010 年达到了 36.2%。然而本书查阅了国家统计局、中国商务部、国家外汇管理局、国际货币基金组织网站、美国商务部、美国经济分析局等机构以及《中国外债报告》，都没有找到 2011—2020 年中国对美国债务的具体数额统计。虽然我们没有找到具体数据，但是我们可以从中国外债期限结构中推测出美国所占比例①。主要是根据中国外债余额中美元债务所占比重的来估算中国对美国的债务。方法为：我们通过中国外债余额中美元债务所占比重的数据，计算出 2010—2020 年其占比的增长率（见附表 1－33 第三列），同时利用中国外债报告中给出的 2010 年年末中国对美国的债务余额，从而推测出 2010—2020 年中国对美国的大概外债余额。具体如附表 1－33 所示。

① 中国外债余额中，短期外债一直占八到六成左右，而短期外债中跟贸易有关的债务又占到了七成以上。因此，长期外债由于期限较长，近些年国际储备货币的地位变化相对不大，中国外债中各国占比假定变化相对不大，因此根据这两点本书推测在中国的外债余额中美国的占比相对稳定，可通过美元债务的变化率来近似计算近些年的变化。

附表 1－33　　中国对世界主要国家外币外债余额（2010—2020 年）

年份	美元债务占比（%）	美元债务增长率（%）	对美国债务（亿美元）	欧元债务占比（%）	欧盟债务占比（%）	对欧盟债务（亿美元）	日元债务占比（%）	对日本债务（亿美元）	SDR 和其他外币外债占比（%）	港元债务占比（%）	对东盟债务（亿美元）
2009	67.70			6.40	9.92	425.2	11.90	510.1	14.00		
2010	70.40	3.99	1987.16	4.30	6.67	365.9	8.60	472.1	16.70		395.2
2011	75.00	6.53	2117.01	7.50	11.63	807.9	8.00	556.0	9.50		421.1
2012	77.80	3.73	2196.04	6.60	10.23	753.9	7.40	545.4	8.20		436.8
2013	79.60	2.31	2246.85	5.50	8.53	735.9	5.10	440.2	9.80		446.9
2014	80.20	0.75	2263.78	6.50	10.08	902.2	4.30	385.0	9.00		450.3
2015	80	-0.25	2258.14	7.00	10.85	824.1	4.00	303.8	9.00		449.1
2016	82	2.50	2314.59	7.00	10.85	1012.3	3.00	279.9	8.00		460.4
2017	82	0	2314.59	9.00	13.95	1592.3	2.00	228.3	7.00		460.4
2018	82	0	2314.59	8.00	12.40	1644.0	2.00	265.2	3.00	5.00	460.4
2019	83	1.22	2342.82	8.00	12.40	1648.5	2.00	265.9	2.00	5.00	466.0
2020	84	1.20	2371.05	8.00	12.40	1735.8	2.00	280.0	2.00	4.00	471.6

注：根据《中国外债报告》，2010 年中国外币外债余额中美国外债余额占比为 36.2%，则 2010 年中国对美国外债余额 = 0.362 ×5489.4 = 1987.16 亿美元，2011 年中国对美国债务 = 1987.16 ×（1 + 6.53%）= 2117.01 亿美元，其他年份依次类推。通过欧元债务占比可以计算得出欧盟债务所占比例，即中国对欧盟债务占中国外币外债的比例≈欧元债务占比 ×1.55，为什么乘以 1.55 系数，本文借鉴了顾海兵和段琪斐等（2015）的推算过程①；对于 2020 年，欧盟债务占比 12.4% = 8% ×1.55，中国对欧盟的债务 = 12.4% ×13998 = 1735.8 亿美元。中国对日本的外债余额≈日元债务占比 × 中国外币外债余额。根据中国内地登记外债债权人国别结构，中国对东盟的债务主要是对新加坡和菲律宾两个国家的外债，如 2010 年中国对新加坡外债所占比重为 4%，对菲律宾外债所占比重为 3.2%，东盟国家外债债务还是以美元货币为主的形式储备，假定以美元计价的东盟外债增长率与美元债务占比的增长率保持相对一致，因此可推测某年中国对东盟的外债余额，如 2020 年中国对东盟的外债 471.6 亿美元 = 466 ×（1 + 1.2%）。中国对俄罗斯、巴西与印度的外债相对较少，且主要以短期贸易性外债欠款为主，因此中国对俄罗斯、巴西、印度的外债占中国外币外债余额的比重以三国的贸易余额所占比重近似表示。

附表 1－34　　2009—2014 年中国外债的币种结构　　（%）

年份/币种	2009	2010	2011	2012	2013	2014
美元	67.7	70.4	75.0	77.8	79.6	80.2
欧元	6.4	4.3	7.5	6.6	5.5	6.5
日元	11.9	8.6	8.0	7.4	5.1	4.3
特别提款权和港币等其他外币	14.0	16.7	8.5	8.2	9.8	10.0

数据来源：国家外汇管理局。

① 顾海兵，段琪斐，霍仕胤等．中国经济安全年度报告：监测预警（2015）[M]．北京：中国人民大学出版社，2015.

第三步，计算各国外债余额占我国外汇储备的比重。根据上表对各国外债余额的估算，可得各国外债余额占外汇储备的比重，比如美国外债余额占外汇储备 =（美国外债余额/中国外债余额）×（中国外债余额/外汇储备），如附表 1－35 所示。

附表 1－35　　各国外债余额占我国外汇储备的比重（2010—2020 年）　　（%）

年份	中国外债余额/外汇储备	美国外债余额占外汇储备	日本外债余额占外汇储备	俄罗斯外债余额占外汇储备	印度外债余额占外汇储备	巴西外债余额占外汇储备	欧盟外债余额占外汇储备	东盟外债余额占外汇储备
2009	17.86							
2010	19.29	7.0	1.7	0.1	0.1	0.1	1.3	1.4
2011	21.78	6.6	1.7	0.2	0.2	0.2	2.5	1.3
2012	22.21	6.6	1.6	0.2	0.1	0.2	2.3	1.3
2013	22.58	5.9	1.2	0.2	0.1	0.2	1.9	1.2
2014	46.34	5.9	1.0	0.3	0.2	0.3	2.3	1.2
2015	41.45	6.8	0.9	0.2	0.2	0.2	2.5	1.3
2016	47.08	7.7	0.9	0.2	0.2	0.2	3.4	1.5
2017	56.03	7.4	0.7	0.2	0.3	0.3	5.1	1.5
2018	64.60	7.5	0.9	0.3	0.3	0.3	5.4	1.5
2019	66.60	7.6	0.9	0.3	0.3	0.3	5.3	1.5
2020	74.59	7.4	0.9	0.3	0.2	0.3	5.4	1.5

第四步，计算中国对各国外债偿债率，如附表 1－36 所示。

附表 1－36　　中国对各国的外债偿债率（2010—2020 年）　　（%）

年份	中国外债偿债率	对美国偿债率	对日本偿债率	对俄罗斯偿债率	对印度偿债率	对巴西偿债率	对欧盟偿债率	对东盟偿债率
2010	1.60	0.58	0.14	0.01	0.01	0.01	0.11	0.12
2011	1.70	0.52	0.14	0.01	0.01	0.01	0.20	0.10
2012	1.60	0.48	0.12	0.01	0.01	0.01	0.16	0.09
2013	1.60	0.42	0.08	0.01	0.01	0.01	0.14	0.08
2014	2.60	0.33	0.06	0.02	0.01	0.02	0.13	0.07
2015	5.00	0.82	0.11	0.02	0.02	0.02	0.30	0.16
2016	6.10	1.00	0.12	0.02	0.02	0.02	0.44	0.20
2017	5.50	0.72	0.07	0.02	0.02	0.03	0.50	0.14
2018	5.50	0.64	0.07	0.03	0.02	0.03	0.46	0.13
2019	6.70	0.76	0.09	0.03	0.03	0.03	0.54	0.15
2020	6.50	0.64	0.08	0.03	0.02	0.03	0.47	0.13

注：中国外债偿债率数据来自国家外汇管理局。中国对美国偿债率≈（美国外债余额/中国外债余额）×中国外债偿债率，这里假设中国当年总的还本付息额中对美国还本付息的比重与美国外债余额所占比重近似，以 2020 年为例，中国对美国的偿债率 0.64% =6.5% ×（2371.05/24008.1）。

第五步，计算中国对各国短期债/外汇储备。

（1）由于中国对各国的短期外债主要来源于短期贸易性外债借款，因此这里以各国进出口贸易余额占中国进出口贸易总额的比重近似作为各国短期外债占中国短期外债总额的比重，其中中国贸易总额中各主要国家所占比重如附表1－37所示。

附表1－37　各国贸易余额占中国对外贸易总额的比重（2010—2020年）　（%）

年份	对美国进出口贸易额所占比重	对日本贸易额所占比重	对俄罗斯贸易额所占比重	对印度贸易额所占比重	对巴西贸易额所占比重	对欧盟贸易额所占比重	对东盟贸易额所占比重
2010	6.33	4.89	0.91	1.01	1.03	7.88	4.81
2011	5.91	4.54	1.05	0.98	1.12	7.51	4.80
2012	5.68	3.86	1.03	0.78	1.00	6.40	4.69
2013	5.44	3.27	0.93	0.68	0.94	5.84	4.64
2014	5.30	2.98	0.91	0.67	0.83	5.87	4.59
2015	5.05	2.52	0.62	0.65	0.65	5.11	4.27
2016	4.62	2.44	0.62	0.62	0.60	4.87	4.02
2017	4.74	2.46	0.68	0.69	0.71	5.01	4.18
2018	4.56	2.36	0.77	0.69	0.80	4.91	4.23
2019	3.77	2.19	0.77	0.65	0.80	4.91	4.46
2020	3.98	2.16	0.73	0.59	0.81	4.41	4.65

（2）计算各国短期外债占中国外汇储备的比重。美国短期外债占外汇储备＝美国短期外债占中国短期外债总额比重×（中国短期外债/外汇储备），以2020年为例，美国短期外债占外汇储备＝3.98%×40.9%＝1.6%，其他国家计算过程同理。如附表1－38所示。

附表1－38　各国短期外债占中国外汇储备的比重（2010—2020年）　（%）

年份	中国短期外债/外汇储备	美国短期外债占外汇储备	日本短期外债占外汇储备	俄罗斯短期外债占外汇储备	印度短期外债占外汇储备	巴西短期外债占外汇储备	欧盟短期外债占外汇储备	东盟短期外债占外汇储备
2010	13.20	0.8	0.6	0.1	0.1	0.1	1.0	0.6
2011	15.70	0.9	0.7	0.2	0.2	0.2	1.2	0.8
2012	16.30	0.9	0.6	0.2	0.1	0.2	1.0	0.8
2013	17.70	1.0	0.6	0.2	0.1	0.2	1.0	0.8
2014	33.80	1.8	1.0	0.3	0.2	0.3	2.0	1.5
2015	26.60	1.3	0.7	0.2	0.2	0.2	1.4	1.1
2016	28.80	1.3	0.7	0.2	0.2	0.2	1.4	1.2

续表

年份	中国短期外债/外汇储备	美国短期外债占外汇储备	日本短期外债占外汇储备	俄罗斯短期外债占外汇储备	印度短期外债占外汇储备	巴西短期外债占外汇储备	欧盟短期外债占外汇储备	东盟短期外债占外汇储备
2017	36.50	1.7	0.9	0.2	0.3	0.3	1.8	1.5
2018	42.00	1.9	1.0	0.3	0.3	0.3	2.1	1.8
2019	39.20	1.5	0.9	0.3	0.3	0.3	1.9	1.8
2020	40.90	1.6	0.9	0.3	0.2	0.3	1.8	1.9

第六步，计算各国GDP占世界GDP总量（除中国外）的比重，如附表1－39所示。

附表1－39　主要国家GDP占除中国以外世界GDP的比重（2010—2020年）　（%）

年份	美国GDP所占比重	日本GDP所占比重	俄罗斯GDP所占比重	印度GDP所占比重	巴西GDP所占比重	欧盟GDP所占比重	东盟GDP所占比重
2010	24.96	9.59	2.54	2.79	3.68	24.20	3.33
2011	23.57	9.45	3.10	2.77	3.97	23.87	3.50
2012	24.31	9.41	3.31	2.74	3.70	21.96	3.66
2013	24.77	7.69	3.38	2.74	3.65	22.57	3.72
2014	25.40	7.10	2.98	2.96	3.56	22.66	3.68
2015	28.42	6.93	2.12	3.28	2.81	21.11	3.86
2016	28.76	7.68	1.96	3.52	2.75	21.30	3.99
2017	28.32	7.14	2.28	3.84	2.99	21.35	4.06
2018	28.45	6.95	2.29	3.73	2.65	22.04	4.14
2019	29.23	7.02	2.30	3.91	2.56	21.38	4.34
2020	29.92	7.11	2.12	3.75	2.06	21.83	4.29

第七步，根据该指标年度警限区间，并以各国GDP所占比重作为各国警限动态调整参数，计算每年各国对中国在该领域经济安全影响程度的安全得分。这里以中国对各国短期外债/中国外汇储备的安全程度得分结果为例，如附表1－40所示。

附表1－40　中国对各国短期外债/外汇储备的安全程度得分（2010—2020年）

年份	美国得分	日本得分	俄罗斯得分	印度得分	巴西得分	欧盟得分	东盟得分
2010	96.65	93.26	95.26	95.20	96.31	95.70	80.92
2011	96.06	92.46	94.69	94.44	95.59	95.06	78.42
2012	96.19	93.31	94.92	95.37	95.57	95.25	79.12
2013	96.11	92.49	95.12	95.58	95.42	95.42	77.96

续表

年份	美国得分	日本得分	俄罗斯得分	印度得分	巴西得分	欧盟得分	东盟得分
2014	92.95	85.80	89.70	92.29	92.15	91.24	57.92
2015	95.28	90.33	92.30	94.75	93.87	93.57	70.58
2016	95.37	90.83	90.90	94.89	93.70	93.42	70.93
2017	93.89	87.43	89.08	93.49	91.32	91.44	62.47
2018	93.27	85.76	85.86	92.26	87.31	90.65	57.12
2019	94.95	87.76	86.86	93.53	87.71	91.00	59.64
2020	94.55	87.60	85.88	93.51	83.99	91.74	55.69

附录 1.8　中国产业国际竞争力指数

目前国内对于中国产业国际化竞争力指数的衡量方法没有公认成熟的衡量标准，本书以英国财富杂志《Fortune》每年定期公布的世界 500 强企业要榜单中中国企业数量所占比重来进行衡量，如果世界 500 强企业中的中国企业所占比重越高，则代表中国整体产业的国际化竞争力越高。目前世界 500 强榜单主要是根据全球范围内的企业营业收入规模和利润规模进行排名，因此，本书分别按三类方法计算中国企业所占的比重，其一是世界 500 强企业内中国企业营业收入之和占世界 500 强营业收入总和的比重；其二是世界 500 强企业内中国企业利润之和占世界 500 强企业利润总和的比重；其三是世界 500 强企业内中国企业总数量占比。并将这三类方法计算的中国企业占比求平均值，即为本书所衡量的中国产业国际竞争力指数指标值。具体结果如附表 1－41 所示。

附表 1－41　世界 500 强内中国企业平均占比的安全得分（2010—2020 年）

年份	世界 500 强中国企业营业收入规模占比（%）	世界 500 强中国企业利润规模占比（%）	世界 500 强中国企业数量占比（%）	中国企业平均占比（%）	美国平均占比（%）	中国安全得分
2010	—	—	—	10.82	—	42.46
2011	12.2	12.0	13.8	12.7	29.1	47.96
2012	14.4	14.0	15.8	14.7	29.6	54.21
2013	17.3	17.2	19.0	17.8	30.5	63.54
2014	19.7	15.9	20.0	18.5	31.3	65.55

续表

年份	世界500强中国企业营业收入规模占比（%）	世界500强中国企业利润规模占比（%）	世界500强中国企业数量占比（%）	中国企业平均占比（%）	美国平均占比（%）	中国安全得分
2015	20.9	20.8	21.2	21.0	31.1	72.91
2016	21.2	22.7	22.0	22.0	34.5	75.90
2017	22.8	21.9	23.0	22.6	33.0	77.66
2018	23.9	19.6	24.0	22.5	29.9	77.48
2019	25.6	20.4	25.8	23.9	29.0	81.81
2020	26.2	22.5	26.6	25.1	31.6	85.32

数据来源：英国《Fortune》杂志网站中世界500强企业排行榜单。

附录1.9　我国城镇房价收入比

房价收入比是目前国际上常用的衡量城市居民住房消费能力和房价水平的指标。目前国内学者对该指标内涵的理解、基本数据范围的界定、计算方法与数据来源等都存在异议（沈久文，2008）。杨红旭（2012）认为房价是否合理，以房价与收入比为参照，确实比较科学和合理，但在统计和国际比较方面，存在很大难度。陈真诚（2012）认为事实上在中国当前对于房价收入比，几乎没人能真实计算出来，也未必能真实、有效地说明问题，哪怕是大概。

所谓房价收入比，一般是指住房价格与城市居民家庭年收入之比，国际上通用的房价收入比的计算方式，是以住宅套价的中值，除以家庭年收入的中值。

由于中国的住宅是按照平方米价格交易而不是按照套来交易，又由于纳入中国家庭收入统计的收入只是全部家庭收入中的一部分，因此即使是北京市这样相对发达的城市，其房价收入比的计算结果也存在很大差异，更为横向比较带来了困难。家庭年收入同样取中值，在发达国家，统计家庭年收入只要看纳税记录就很清楚，但在中国情况要复杂得多。

考虑到可操作性与数据的可获得性，本书根据国内学者的普遍算法：一个国家的平均房价收入比通常用一套房屋的平均价格与家庭年平均总收入之比来计算，即：

房价收入比 = 每户住房总价 ÷ 每户家庭年总收入，其中，每户住房总价和每户家庭年总收入的计算公式分别如下：

每户住房总价 = 人均住房面积 × 每户家庭平均人口数 × 单位面积住宅平均销售价格

每户家庭年总收入 = 每户家庭平均人口数 × 家庭人均年可支配收入

其中有些学者在每户家庭人口数直接用 3 人来近似表示；家庭人均年收入存在争议，有用税前年全部收入，有用税后可支配收入，本书选取税后可支配收入更反映实际情况。计算过程如附表 1 – 42 所示。

附表 1 – 42　　全国城镇地区平均房价收入比计算过程（2010—2020 年）

年份	人均住房面积（平方米/人）	每户家庭平均人口数（人/户）	每户家庭平均住房面积（平方米/户）	商品房住宅类单位售价（元/平方米）	家庭住房总售价（元/户）	家庭人均每年可支配收入（元/人）	每户家庭每年可支配收入（元/户）	房价收入比（倍）	安全得分
2010	31.6	2.88	91.01	4725	430012.8	19109.00	55033.92	7.8	27.80
2011	32.7	2.87	93.85	4993	468588.06	21810.00	62594.7	7.5	32.71
2012	32.9	2.86	94.09	5430	510930.42	24565.00	70255.9	7.3	35.91
2013	33.79	2.85	96.30	5850	563335.43	26467.00	75430.95	7.5	32.98
2014	34.70	2.84	98.55	5933	584695.13	28843.90	81916.676	7.1	37.93
2015	35.64	2.83	100.85	6473	652828.75	31194.80	88281.284	7.4	34.08
2016	36.6	2.82	103.21	7203	743436.04	33616.20	94797.684	7.8	27.36
2017	36.9	2.81	103.69	7614	789488.046	36396.20	102273.322	7.7	29.21
2018	39	2.8	109.20	8544	933004.8	39250.80	109902.24	8.5	17.66
2019	40.05	2.79	111.75	9189.3	1026884.7	42359.00	118181.61	8.7	14.66
2020	40	2.8	112.00	9979.9	1117748.8	43834.00	122735.2	9.1	8.40

数据来源：《中国统计年鉴》（2011—2021 年）。

房价收入比指标警限的确定：林筱文、宋保庆（2011）认为合理的房价收入比是3—6 倍。按照国际常规数据，世界银行和联合国人居中心分别得出的“合理的住房价格”支出，应该为每个家庭 3—6 年和 4—6 年的收入，中国很多城市远远超出这一数字，房价有大幅下降空间。根据国际常规标准，即认为合理的房价收入比的取值范围为 3—6 倍，本书根据中国近 20 年来全国城镇平均房价收入比实际观测值实际情况，并综合专家意见，得出中国城镇总体平均房价收入比在 3 倍以下为合理的安全变化区间，5 倍为安全与不安全临界线，7 部或以上进入重度不安全状态。

附录2：关于本书中读者相关疑问的补充说明

问题一：本书评价的结论与指标选取有着密切的关系。但安全的定义，尤其是其取值范围判定似乎并未有明确的依据。例如，书中当某指标出现不安全的情况时，是否发生过有国家违约或什么问题。中国与美国的双边不安全在中国或美国对外所有国家样本中是处于什么位置？指标安全的取值范围依据不足，不令人信服。

解释说明：单个风险指标观测值对应的经济内容是否安全，如2020年中国外对贸易综合依存度＝中国进出口总额/GDP≈31.62%，那么31.62%这个依存度对于我国当前是安全还是不安全，目前处于一个什么安全程度区间，显然需要给予一个警限区间判别标准，而本书正是按照这个警限区间标准，根据功效系数法将风险指标观测值映射成0—100分的指数安全得分，因此警限区间的确定直接关系到风险观测指标的安全指数得分。本书对于风险观测值警限区间的确定方法主要有以下3种（聂富强，2005a，2011b；顾海兵，2012）：

（1）对于国际公认标准和通用惯例的指标，基本上将国际通行标准作为该指标的上下警限，比如《巴塞尔协议》对商业银行资本充足率不得低于8%的要求。又如上面的对外贸易综合依存度一般认为超过了40%则国家经济发展对外依赖程度很高并处于重度不安全状态，而如果对外贸易依存度低于20%则认为一国对外贸易经济安全程度处于相对安全范围，而且该警限区间被国内外学者广泛认同接受，因此本书也借鉴对外贸易依存度的警限区间为40%—20%；当然国家对外贸易依存度也并非越低越好，否则完全没有经贸往来也并非一种经济开放条件下的健康安全状态，而是一种封闭状态下的被动较低安全状态，因此对外贸易依存度在书中是一种中性指标。

（2）结合专家学者在经济安全、经济风险、经济危机、经济稳定等领域内的论文与专著中，如IMF的经济学家莫里斯·戈尔茨等研究的经验数据和一些专门研究经济安全的科研成果等，并与该国经济与金融发展过程相似的国家在经济危机爆发时各项指标的临界值作为参考。

（3）对于一些难以确定上下警限的指标，根据最近10—15年该指标观测值的平均值上下浮动若干个百分点，作为该指标的上下警限。有些指标在安全或危机状态时没有上警限或下警限，对于这种情况采取如下处理方法：没有警限上限时，将警限下限值的两倍作为该指标的上限。没有警限下限时，又分为两种情况：①若警限的上限大于0，则将0作为该指标下限；②若警限上限小于0，则将上限值乘以2作为该指标下限。指标值小于该下限时，按该指标下限计算。

由于我国与美国等在政治制度、经济金融体制、经济发展阶段、对外开放程度以及文化特征等方面都存在较大差异，中国作为世界上最大的发展中国家，而美国作为世界上最大的发达国家，国家经济安全对于两国也存在不同的内涵与风险侧重，发达国家的经济安全观多属于进攻型的，而发展中国家则多属于防守型的，如美国的经济安全观是立足于自由市场基础上的谋求经济霸权的安全观，而国内先后有多位专家学者对中国的经济安全观提出了不同看法，本书所指的我国经济安全是指："在经济安全球化背景下，通过加强自身机制体系建设，使我国经济具备抵御各种直接或间接外部冲击威胁的能力，以使我国经济体系在面临外部冲击威胁下能保持经济主权独立，经济体系能继续平稳运行的一种状态与能力"（顾海兵等，2011；笔者，2015，中国社会科学出版社）。同时在发展中国家内部，由于上述所说差异等，经济安全观也有不同的内涵与侧重。因此，即使同样的风险指标在两国之间的安全程度难有直接可比性，如城乡居民收入差异、城镇贫富收入差距等，我国强调公平共同富裕，而美国市场化程度高而社会贫富差距非常严重等，当然本书的研究作为一项探索创新性工作，难以做到尽善，但本着科研严谨的态度，本书力争结合我国国情与经济安全观客观反映我国现阶段的经济风险程度。

问题二：本书中作者对现有学者的文献综述偏少，所列文献相对较旧、引用期刊质量偏低，而且国外相关文献较少？

解释说明：由于国外的研究并没有将经济安全作为一个独立的研究对象，而是将其纳入国家安全领域中，如2008年美国审计署向国会提交的关于外资审查机制的报告，在谈到中国、加拿大、日本等国的国家安全审查标准时使用了"经济安全"，并作为国家安全的一部分。而西方国家中通常所指的经济安全概念主要是对居民家庭或个人层面的经济安全问题，如是否有够的家庭资源或个人收入来应对生活当中的各种内外支出，以避免因支付不足而产生个人或家庭层面的经济危机；而在我国和俄罗斯等国的经济安全则主要是针对国家层面的国家经济安全，是指一个国家经济主权保持独立，根本经济利益不受威胁或少受威胁的状态与能力。西方国家对于国家经济安全方面的专门研究较少，更多内嵌到国家总体安全报告之中，而且更多关注具体的安全威胁问题，如石油安全、信息技术安全、网络安全威胁等，因此目前在探讨专门针对国家层面经济安全监测预警的国外相关文献很少，而文献综述中所列举的国外部分专门研究机构为了给跨国企业在海外投资过程中对国家风险程度的参考，编制过如富兰德指数、国家风险国际指南指数、国家风险等级表等，以对全球主要国家或地区经济体的国家单项经济领域及总体经济风险情况进行评判。

针对读者所提到的文献综述偏少问题，目前国家经济安全是一个较大的研究领域，本书主要集中于国家或国别经济安全的综合监测或测度评价领域，目前关于国家经济安全监测、测度、评估或评价及预警与预测等方面的实证研究文献相对较少且研究发展缓慢，同时国内外关于国别经济安全监测预警等相关研究文献存在严重不足，根据笔者十多年来对经济安全问题的关注，有些文献虽然相对较旧，但仍是研究该领域绕不开的重要文献，因此本书所列的参考文献中最新文献相对较少（集中在2000年以后的文献，而近十来年的文献较多），但笔者所列文献已反映了本书研究领域的最新文献成果。

针对读者所提到的引用期刊质量不高问题，同是作为普通研究工作者，都会关注到这个问题，本书确实存在部分期刊文献档次级别不高，如仅是普通的CSSCI刊级别，这首先与本书的研究主题“偏冷门”有关，相关的参考文献较少；其次是虽然有些期刊档次不够高，但其研究内容质量依笔者愚见并不算低，而且与本书的研究主题非常相关，经过综合考虑还是作为本书的重要参考文献。有时候并不是每个研究主题的参考文献都是高级别文献，多少也会有一些非权威但是与研究主题非常相关的参考文献，而且期刊评级是动态变化的，笔者力求在本书研究主题相关文献与权威期刊之间把握好一个平衡。

问题三：在指标体系选择方法，在中国国别经济安全条件测度指标体系的二级指标选取方面，应根据最新国际形势，增加一些新的指标，而不是简单地从现有指标中选取，如财政金融领域指标，就应该考虑金融风险的跨境交叉传染风险等。在构建中国国别经济安全能力测度指标体系时需要注意新的数字技术给金融安全带来的风险等。同时，建议专门设置金融安全领域风险。

解释说明：首先，本书并非简单地从已有的指标中进行选取，而是综合考虑了影响我国国家经济安全的主要重点领域，包括外源性经济安全的四大重要领域共计20项重点测度指标，内源性经济安全的六大重要领域共计24项重点测度指标，总共44项重点测度指标，其中部分指标是在以往专家学者的基础上调查研究筛选出来的，一些指标的提出及衡量方法则是笔者根据我国经济发展面临的国内外形势阶段进行创新性提出构建的，如七大关键产业外资企业市场占率、产业国际竞争力指数、电力和其他新型能源占我国能源消费量的比重、城镇贫富收入差距比等。本书基于国家经济安全面临的外源性风险冲击与内源性经济能力提供的双逻辑维度视角构建了共计44项国家经济安全测度指标体系，基本上涵盖了现阶段我国国家经济安全的所有重要领域的重点方面，而根据检索到的研究文献，目前尚未有学者和专业研究机构根据中国面临的新形势阶段下进行全面重点深入构建我国经济安全的综合测度指标体系，本书的研究在一定程度上突破了以往的研究局限。

针对读者所提出的“就应该考虑金融风险地跨境交叉传染风险等，需要注意新的数字技术给金融安全带来的风险等。同时，建议专门设置金融安全领域风险”，笔者赞同读者对金融风险的重视和感谢读者对金融风险测度指标的建议，但在本书的研究指标体系中可能笔者尚需斟酌。首先，本书研究的是国家经济安全，国家经济安全是一个大系统，本身包括贸易安全、产业安全、资源安全、金融安全等子系统，而金融安全仅是经济安全大系统中的一个子系统，因此金融安全显然并不等同于国家经济安全，而金融安全的重要性在我国国家经济安全中的地位比重如何尚需调查（如有学者认为金融安全是国家经济安全的核心，但也有学者认为实体产业安全是经济安全的关键），因此如果仅凸显金融安全的重要性而忽略其他领域的重要性显然难免有考虑不周之嫌。其次，本书的财政金融领域安全其实就是广义上的专门设置的金融安全领域风险，笔者一直以来研究金融安全问题，我国的金融安全问题不仅是金融系统自身的问题，更和宏观实体经济紧密联系在一起，如银行的不良资产贷款问题与实体企业债务违约风险紧密相关联等。最后，针对读者所反映的测度指标，包括金融风险跨境交叉传染风险、数字技术给金融安全带来的风险等，诚然当前经济全球化与金融一体化趋势下，各国金融市场之间的关联紧密，金融风险容易在不同地区之间交叉传染，尤其是我国开通沪股通和深港通以来，北上资金进出更加频繁，对我国资本市场的运行稳定造成了较大的风险冲击影响等。这些都是防范化解我国金融风险需要重点关注的领域，但是笔者需要强调的是，金融风险并不等于金融安全，只要存在经济与金融活动就存在金融风险，源于经济系统内在的不稳定性，而金融安全则主要涉及国家金融主权独立自主和根本经济金融利益不受或免受侵犯威胁的状态和能力；金融风险的恶化容易形成金融危机，而金融安全的恶化容易导致金融主权和根本经济金融利益受控于他人。国内部分研究容易将金融安全泛化，这不利于将金融安全与金融风险区别开来。我国金融市场的主体在银行业（银行业无论是营业收入、从业人员数、总资产还是净资产等都占据我国金融市场的绝对主体），而银行业的主体在于6家大型商业银行、近20家股份制商业银行和100多家城市商业银行等，而这些银行机构也是处置和化解我国金融市场风险的主体，因此我国银行机构主体的安全性就基本上决定上我国金融市场总体的安全性，包括外资金融机构对我国银行机构股权的控制程度，以及外资金融机构对我国银行机构市场业务的渗透控制程度等，而这在本书的财政金融安全领域已作为重点指标进行测度。数字技术等大智移云技术作为时代科技发展趋势产物，不仅会对金融安全造成影响，还对各行各业都会形成冲击影响，只不过金融行业的风险管理特征更加突出明显，数字技术的发展既会对金融行业的资产管理、风险控制带来技术支持便利，也会形成冲击挑战，比如AI人工智能技术和大数据技术等可能用来诊断金融风险、便捷支付、数据信息分类共享等，也可能造成数据信息泄漏、网络系统攻击、支付系统瘫痪等，但技术作为一种时代的工具，可为管理金融风险和维持金融安全及稳定带来能力的提升，数字技术会对金融安全造成影响，提升数字技术会有助于提升我国金融安全管理能力，最终还是要体现在金融安全状态本身上，如某一家银行或某一个区域的金融信息资料泄漏或遭受网络攻击，我国金融总体就不安全？在我国这种可能性较小，我国主要商业银行还是在国家直接或间接控股之下，我国商业银行的主要市场业务和客户还是掌握在中资银行手中，尤其是在我国强势政府的监管之下，这里还是回到基本问题的区分上，即金融风险不等同于金融安全，两者关注的侧重点存在差异。

问题四：在确定国别风险度量指标权重时，作者通过邀请本单位经济学院、金融学院和会计学院的共计15位在职相关领域专家教授进行问卷调查，并构建了各子领域的判断矩阵，这里也就和上一个问题一样存在，专家的权威性问题。

解释说明：

第一，笔者单位作为国内知名的财经高校，本身的学术科研水平并不算差，其中不乏长江学者、孙冶方经济学奖获得者、经济领域学科奠基人等，并在国内形成了一批具有影响力的研究成果，而近十多年来笔者所在单位更是积极引进国内外著名高校的优秀博士人才，研究水平与研究视野紧跟国内外著名高校研究前沿，而笔者本人也曾求学于国内顶级985高校，以笔者愚见本校的部分研究成果与部分学者研究水平并不低于国内外著名学校。

第二，专家的权威性一方面体现在专家所在单位的知名度，如清北复交等高校的教授，大家觉得权威性比较高，而一般高校的教授大家觉得权威性较差，这可以理解，毕竟好单位出好学者的概率较大。另一方面专家的权威性更体现在专家学者自身的学术水平上，知名高校中有水平很一般的学者，而普通高校中也有水平较突出的学者。而本书所调查的学者则是笔者所在单位研究与见解方面比较突出的学者。

第三，单个学者的见解难免存在主观认识偏差，因此本书选择了不同学院不同经济金融领域的共计15位专家学者，并综合大家的意见共识调查而得出的结果，并力争做到相对客观。

第四，从调查的经济性、可行性和便捷性也不难理解，笔者主要集中在本单位教授专家进行集中调查。当然，近几年受疫情影响取消了一些相关线下学术会议，如果疫情结束之下，笔者在参加学术会议等方便的情况下将拜访更多相关领域学者，以进一步跟踪推进完善本文的研究内容。

问题五：在结果的分析方面，有些地方值得斟酌。比如“第六，2010—2020 年我国对美国高新技术产品进口依赖度相对较轻，并处于高度到极高度安全状态，这是支撑中美实体产业领域安全程度的又一重要原因”，但事实是这几年美国对我们实施高精尖技术“卡脖子”工程，这些问题在构建的指标体系中没有得到体现。

修改说明：针对读者所提的美国对我国部分高精尖技术“卡脖子”问题，其实笔者当时在测算与研究撰写的过程中也曾认真思考过这个问题，毕竟自 2018 年初中美贸易战打响以来，美国就曾对中国进行全方位的打压限制，包括从关税贸易、高新技术封锁、能源控制、地缘政治威胁等，其中美国对中国高科技公司如华为、中兴通讯等进行芯片断供等高科技产品封锁尤为突出，因此本书在此处的研究结论与大家通常所认为的现象不一致。

第一，从我国对国外高新技术产品依赖度 = 我国对国外高新技术产品进口金额/我国商品进口总金额的观测数据计算过程进行核对发现没有明显问题。

第二，我国对国外高新技术产品进口依赖度的上下警限区间为［10%，25%］，即如果我国对国外高新技术产品进口依赖度在 10% 以内则认为是安全区间范围，而如果超过了 25% 则认为进入重度不安全区间范围，本书该指标的警限区间是参考了目前国内多数学者所使用的警限区间范围，没有发现明显问题。

第三，笔者核对了 2009—2021 年中国总体高新技术产品进口依赖度的核算指数得分结果（如附表 2－1 所示），基本上处于重度不安全到危机状态，表明近些年我国经济发展总体上对国外高新技术产品的进口依赖程度很高。

附表 2－1　中国高新技术产品进口依赖度及安全指数得分（2009—2021 年）

年份	高新技术产品进口金额（亿美元）	中国进口金额（亿美元）	中国高新技术产品进口依赖度（%）	安全指数得分	经济安全等级
2009	3098.43	10059.23	30.80	16.79	危机
2010	4126.73	13962.47	29.56	21.78	危机
2011	4629.92	17434.84	26.56	33.78	重度不安全
2012	5067.51	18184.05	27.87	28.53	危机
2013	5581.93	19499.89	28.63	25.50	危机
2014	5514.11	19592.35	28.14	27.42	危机

续表

年份	高新技术产品进口金额（亿美元）	中国进口金额（亿美元）	中国高新技术产品进口依赖度（%）	安全指数得分	经济安全等级
2015	5480.58	16795.64	32.63	9.48	危机
2016	5237.83	15879.26	32.99	8.06	危机
2017	5840.34	18437.93	31.68	13.30	危机
2018	6714.80	21357.48	31.44	14.24	危机
2019	6376.49	20784.09	30.68	17.28	危机
2020	6822.24	20659.62	33.02	7.91	危机
2021	8373.38	26864.43	31.17	15.32	危机

数据来源：Wind 数据库中国宏观经济进出口数据统计。

第四，本书应用国别测度评估模型，对中国对美国高新技术产品进口依赖度进行了计算（结果如附表 2－2 所示）：

附表 2－2　中国对美国高新技术产品进口依赖度及安全指数得分（2009—2020 年）

年份	中国对美国高新技术产品进口总额（千美元）	全国高新技术产品进口总额（千美元）	全国高新技术产品进口依赖度（%）	中国对美国高新技术产品进口依赖度（%）	美国 GDP 占全球 GDP（除中国以外）的比重（%）	美国中国国家安全指数得分
2009	37426963	37426963	30.80	2.38	26.11	96.51
2010	47236360	47236360	29.56	2.15	24.96	94.46
2011	51543352	51543352	26.56	1.84	23.57	91.26
2012	56529273	56529273	27.87	2.03	24.31	93.49
2013	75728598	75728598	28.63	2.60	24.77	97.97
2014	81510625	81510625	28.14	2.70	25.40	97.47
2015	80591793	80591793	32.63	3.25	28.42	94.19
2016	72218892	72218892	32.99	3.08	28.76	97.23
2017	79306372	79306372	31.68	2.93	28.32	98.66
2018	84730112	84730112	31.44	2.75	28.45	98.66
2019	72083867	72083867	30.68	2.41	29.23	93.02
2020	58707275	58707275	33.16	2.01	29.92	86.86

注：高新技术产品按海关 HS 分类整理汇总。

从数据计算过程与结果亦没有发现明显的问题，以 2020 年为例，中国对全球高新技术产品进口依赖度为 33.17%，其中对美国的高新技术产品进口依赖度为 2.01%，其中数据分析发现，近十多年来中国对欧盟高新技术产品进口占比最高，其次为东盟国家，第三为美国，第四为日本。以中美与中日为例，2020 年中国对美国高新技术产品进口依赖度（2.01%）与中国对日本高新技术产品进口依赖度（2.05%）较为接近，但在安全指数得分上，中国对美国基本上处于高度以上安全状态（86.86分），而中国对日本基本上处于危机状态（24.57分）。造成其中差异的原因在于：美国作为超级大国，经济体量在全球占比很高（2020年美国经济总量占全球（除中国外）的比重为29.92%，而日本经济体量（占全球除中国外的比重为7.11%）相比美国则要低很多。因此，相比美国在全球的经济体量及高科技总量影响力，中国从美国进口高新技术产品进口依赖度为2.01%并不算高，反而相对合理；而相比日本在全球的经济体量及影响力占比，中国从日本进口高新技术产品依赖度为2.05%则相对比较高，并计算得出处于危机状态。

中国对美国进口的高新技术产品涵盖各个产业细分领域，是全方面的，而近几年美国对华为、中兴等进行半导体芯片技术封锁等，确实对中国高新技术企业发展形成了严峻的挑战，但本身就这部分高新技术产品进口金额所占比重相对有限（中国作为世界第二大经济体，对高新技术产品的进口需求涉及各个领域方面，当前中美每年的对外贸易总额依然很大，中国对美国每年的高新技术产品进口需求量也依然很大）。因此这里需要辩证地看待问题，一是中国对美国高新技术进口量并不是越多越好（否则形成严重依赖风险），也不是越少越好（全球化时代产业链相互渗透依赖，合理进口部分高新技术产品以满足产业链分工需要很正常），而是存在一个合理的依赖度区间范围，依赖度过高或过低都存在依赖过度或利用不足的风险。而当前美国对中国部分高新技术产品封锁到底是好事还是坏事，中国的高端半导体芯片严重依赖美国供应，是长期国际分工中形成的依赖结果，也是中国早年上层科技战略决策方向问题造成的，短期来看会对包括华为、中兴等高科技公司在内形成严峻断供封锁挑战，但在中长期内会倒逼中国人自己发奋图强抓紧研制与制造高端芯片，并形成半导体产业供应链体系，届时可能会产生一批具有国际竞争力的中国高端半导体高科技企业等。二是本书这里是从经济安全视角来度量高新技术产品进口总体依赖度，而这几年美国对我们实施高精尖技术“卡脖子”工程主要是少数领域高尖端技术受制于人，经济安全与科技安全这两者还是存在研究视角的区别，从经济发展全球化与经济安全角度，少数技术依赖于人并不代表总体进口依赖程度就很高，而没有技术依赖于人并不代表进口依赖度就很低，如美国等发达国家本身已经掌握高新零部件的生产制造技术，但是出于降低成本或供应链不完善等考虑，还是会选择从国外进口大量高新技术产品，中国进口某些高新技术产品也并不代表中国就没有掌握生产制造该类产品技术的能力，但是从企业盈利最大化的最优选择出发选择直接进口是最经济实惠有利的方式等。从国家科技安全视角，当然是掌握全球技术制高点更好，以免关键高新技术受制于人，比如中国的航空发动机技术、高端芯片技术、操作系统技术、高端数控机床技术等。基于研究视角差异可能会导致理解的偏差，当然也是笔者表述没有到位导致的结果，笔者已对原文的表述进行了澄清修正。

同时，关于美国对中国高新技术的渗透控制，本书已经有相应其他度量指标进行了反映，一是美国发明专利占中国发明专利授权量的比重（通过测算发现处于危机状态）；二是中国专利在国际专利授权中的比重（通过测算发现近20年来处于从危机到高度安全状态），请参见本书实体产业领域度量指标体系部分。

问题六：指标性质的分类依据没有给出说明？

解释说明：本书的度量指标性质分为正向指标、负向指标和中性指标。即正向指标表示该指标观测值越高则对我国经济安全越有利，负向指标表示指标观测值越低则对我国经济安全越有利，中性指标表示该指标观测值并非越高越好或越低越好，而是存在一个合理的安全区间，观测值越高或越低对我国经济安全均不利。由于受篇幅所限，本书没有专门对指标性质的分类依据进行解释，书中指标性质的分类依据是根据指标所反映的经济内容内涵对我国经济安全的影响，在借鉴国内外学者研究的基础上所综合总结得出的，其中有些指标性质是笔者创新地提出来的。本书中正向指标与负向指标相对容易理解，主要是中性指标容易产生不同的见解。

比如，对外贸易综合依存度是中性指标，即一国经济发展对进出口贸易的依赖程度既非越高越好，也非越低越好，如果对外贸易依存度太高显然存在一国经济发展对海外贸易过度依赖风险；如果对外贸易依存度太低，一种极端情况是闭关锁国，没有海外贸易往来，显然也是不好的，不能发挥国际贸易中的相对比较优势和国际分工便利来发展自己，不能在动态开放环境中主动把握提升经济安全的能力，如我国1978年改革开放之前与改革开放之后所取得的经济发展成绩就是鲜明对比的事实。

又如高新技术产品进口依赖度，一般认为一国高新技术产品进口依赖度越低越好，越低则表明对海外技术产品的依赖程度较低，不容易受制于人，而笔者认为这样的理解是有偏颇的，高新技术产品进口依赖度太高当然存在技术产品过度依赖于他人的风险，但过低也并非对经济安全有利，经济安全是在动态开放中主动把握提升安全的能力，当今是经济全球化和技术研发创新国际分工合作化，没有哪个国家或地区能掌握所有产业领域的技术制高点，强如美国也需要进口大量的高新技术产品，如果一国高新技术产品进口依赖度过低，表明该国没有充分利用国际产业链分工便利以降低经营成本和发挥相对优势（进口某项高新技术产品并不一定意味着该国没有掌握该项研发生产技术，市场化条件下企业是以盈利为目的，直接采购比自己组织生产制造可能更加有利于降低成本，企业专注于自己最擅长的技术与产品一般更有利于聚焦主业并提高经营效率），没有充分利用人类的科技发明创新成果来提升本国综合经济与科技实力等，因此本书中高新技术产品进口依赖度是中性指标。

再如，一般认为外资金融机构对中资银行类机构的综合控股比率越低越好，则中资银行类机构的控股权牢牢掌握在中国人自己手里，但笔者认为这样的理解也是有偏颇的：首先，外资金融机构对中资银行类机构的综合控股比率越高并不好，如果单个外资金融机构或多个外资银行类机构对中资银行类机构的联合持股比例达到50%以上就形成了绝对控股，或虽然没有达到50%但也可能形成相对控股地位。银行业作为我国金融业的主体，如果控制权丢失显然不利于维持国家金融安全。因此中国银监会2008年出台规定：“单个境外金融机构及其关联方作为发起人或战略投资者向单个中资商业银行、农村商业银行以及作为战略投资者向单个金融资产管理公司的投资入股比例不得超过20%、多个境外金融机构及其关联方投资上述机构入股比例合计不得超过25%。”当时的规定与我国金融业的开放程度与综合国际竞争力不足相关，但随着我国金融业的持续开放以及中资银行国际竞争力的增强，该规定在2018年被取消。其次，外资金融机构对中资银行类机构的综合控股比率并非越低越好，如果外资金融机构控股比率太低，不利于中资银行和其他金融类机构吸引筹集外资，尤其是一些国际经营管理优秀的金融机构来帮助我们发展；也不利于我国金融业持续推进对外开放与国际金融机构进行合作与竞争，以帮助提升中资银行类机构的国际竞争力；银行业上市公司作为我国优质稳定的金融投资资产，稳步放开外资金融机构持股比例限制也有利于我国资本市场持续推进双向金融市场投资开放（如沪股通、深港通以及未来的沪伦通等）。至于担心取消外资金融机构对中资银行等金融机构的持股比例限制，可能会导致重要金融机构被外资控股，笔者认为部分中小金融机构有可能但不会影响到国家总体金融安全，但是对于我国大型金融机构如国有六大行（中、农、工、建、交、邮储银行），财政部或中央汇金公司等已经处于绝对控股地位，外资金融机构进行单独或联合控股我国大型重要商业银行的可能性很少，因此在国家金融安全有一定保证的情况下提升外资金融机构对中资金融机构的持股比例并非坏事，笔者认为反而是好事，对于真正的金融强国，国家金融安全不是封闭状态下的被动安全，而是在动态开放环境中主动把握提升国家金融安全的防范应对能力。因此，该指标在本书中是中性指标。书中其他的中性指标同理。

问题七：对于中性指标安全程度得分的计算规则不明确，进而使得书中对于一些中性指标的分析不清晰。例如，“我国经济发展对外商直接投资的总体依赖程度逐渐下降，…… 但对日本、欧盟与东盟国家外商直接投资的依赖度一直很高并处于危机状态”，这段话中对应的中性指标“年利用外商直接投资占GDP的综合比重”对经济安全的影响分析并非越高或者越低越好，同时这段解释也并未明确说明这一指标对应安全等级变化的原因？

解释说明：感谢读者在此提出关于中性指标的计算规则问题，以此处提到的“年利用外商直接投资占 GDP 的综合比重”为例，该指标属于中性指标，即安全警限与危机警限在书中已标明为［1.5%，10% 或 -0.75%］，即［1.5%，10%］对应于负向指标警限区间（观测值越低越安全），［1.5%，-0.75%］对应于正向指标警限区间（观测值越高越安全），笔者在此以全国年利用外商直接投资占 GDP 的综合比重计算过程为例，如附表 2-3 所示。

附表 2-3　中国年利用外商直接投资占 GDP 的综合比重安全指数得分计算（2008—2020 年）

年份	中国年利用外商直接投资占 GDP 的综合比重观测值（%）	观测值对应的正/负向警限区间	安全得分	安全等级
2008	2.011	按负向计算	96.39	极高度安全
2009	1.765	按负向计算	98.13	极高度安全
2010	1.737	按负向计算	98.33	极高度安全
2011	1.536	按负向计算	99.74	极高度安全
2012	1.309	按正向计算	94.91	极高度安全
2013	1.229	按正向计算	92.76	极高度安全
2014	1.141	按正向计算	90.43	极高度安全
2015	1.141	按正向计算	90.44	极高度安全
2016	1.121	按正向计算	89.89	高度安全
2017	1.064	按正向计算	88.37	高度安全
2018	0.971	按正向计算	85.89	高度安全
2019	0.961	按正向计算	85.64	高度安全
2020	0.980	按正向计算	86.14	高度安全

数据来源：Wind 中国宏观经济数据库对外贸易及投资部分。

以 2008 年为例，观测值为 2.01%，并处于［1.5%，10%］区间范围内，按负向指标计算公式，即安全指数得分 $=\frac{2.01\% - 10\%}{1.5\% - 10\%} \times 60 + 40 \approx 96.39$ 分。

以 2020 年为例，观测值为 0.98%，并处于［1.5%，-0.75%］区间范围内，按正向指标计算公式，即安全指数得分 $= 100 - \frac{1.5\% - 0.98\%}{1.5\% - (-0.75\%)} \times 60 \approx 86.14$ 分。

其他中性指标的计算方法与过程同理。

从附表 2-3 可得知，2008—2020 年我国年利用外商直接投资占 GDP 的综合比重，即中国经济发展对外商直接投资的总体依赖程度逐渐下降（从 2.011% 下降到

0.98%），但呈现出对不同国家吸引利用外资不均衡现象，如附表2-4所示。2010—2020年我国对欧盟、东盟以及日本的外商直接投资占比一直比较高，并根据该指标的国别观测值计算公式算得期间我国年利用欧盟、东盟和日本三国的国别安全指数得分均处于危机状态。因此才有书中的此句“统计比较发现，2010—2020年我国对美国外商直接投资的依赖度逐渐下降，但对日本、欧盟与东盟国家外商直接投资的依赖度一直很高并处于危机状态”，按照实际观测值和计算结果，此句表述没有发现明显的问题。当然个别措词笔者将进一步斟酌修改，以使读者更易于理解。

本书没有深入解释我国近十多年来年利用外商直接投资占GDP的综合比重及安全等级变化的原因（即如附表2-3中从2010—2020年安全等级从极高度安全降至高度安全状态），主要是由于篇幅所限，本书难以对单个指标观测值安全等级变化的原因进行深入解释，但在此笔者可以尝试作相关解释：第一，我国经济经过40多年的快速发展，无论是地区经济发展总量水平、经济结构、经济发展阶段均发生了明显变化。改革开放前30年我国主要以大力吸引外资、先进技术与管理经验来弥补我国经济发展中的不足，以充分发挥发展中国家的后发优势，包括各地区大力引进外商直接投资来促进本地区发展等，但经过30年的高速成长之后，以沿海发达省份为代表的一大批省域经济崛起，甚至广东、江苏等已达到“富可敌国”的程度，同时许多行业一大批企业也快速成长了起来并从国内走向了国际舞台参与竞争，比如三一重工等工程机械龙头企业已经发展成为国际工程机械龙头提供商等。加之在资源环境等约束下我国经济面临产业结构转型升级，由原来的单纯追求高增长到现在追求高质量发展，经济发展由原来的“引进来”到现在的“走出去”，如我国实施“一带一路”对沿线国家进行投资与合作，以消化国际过剩产能等。第二，我国继续深入扩大对外开放，也需要部分的具有国际竞争力的企业积极走出国门并参与到国际竞争中来，包括加大对国际市场的投资，以充分开拓国际市场与国际客户，并提升中资企业的国际竞争力与分散化投资抵抗风险的能力。第三，经过近30多年的贸易顺差，中国积累了大量的外汇储备（截至2021年底3.25万亿美元）并遥居世界第一，在保证我国对外债务偿还安全的条件下，如何用好这笔巨大的外汇储备也是一个重要议题，其中一个重要用途是鼓励中资企业进行海外投资以帮助中资企业，乃至我国实体产业提升国际竞争力。第四，由于我国地区之间经济发展很不平衡，大量中西部地区还是需要引进外资来帮助本地区发展，因此近十多年来我国引进外商直接投资的总额还是在上升，随着我国GDP总量的上升，经济发展对外商投资的总体依赖程度在逐渐下降，尤其是对美国的外资利用总额并没有明显上升趋势（2009—2020年总体每年引进25亿美元左右），但对欧盟、东盟与日本等国的外商直接投资引进总额总体上呈现上升态势。同时近十多年来我国对外直接投资额也呈现快速上升态势，从2006年的211.6亿美元上升到2020年的1537亿美元，主要以新增股本投资和利润再投资为主。即2020年我国引进外商直接投资额为1444亿美元，而当年我国对外直接投资额为1537亿美元（数据来源于《中国统计年鉴2021》对外直接投资部分），并超过了引进的外商直接投资额，也体现了我国目前经济发展水平与对外开放程度已经进入了一个新的阶段时期。

附表2-4　中国年利用世界主要国家（地区）外商直接投资占GDP的综合比重（2010—2020年）

（%）

年份	美国	日本	俄罗斯	印度	巴西	欧盟	东盟十国
2010	2.85	3.86	0.03	0.05	0.05	5.25	5.97
2011	2.04	5.46	0.03	0.04	0.04	4.53	6.03
2012	2.33	6.58	0.03	0.04	0.05	4.78	6.33
2013	2.40	6.00	0.02	0.02	0.02	5.52	7.10
2014	1.98	3.62	0.03	0.04	0.02	5.20	5.27
2015	1.65	2.53	0.01	0.06	0.04	5.16	6.06
2016	1.89	2.46	0.06	0.04	0.04	6.98	5.18
2017	2.02	2.49	0.02	0.12	0.03	6.32	3.88
2018	1.99	2.81	0.04	0.04	0.02	7.71	4.24
2019	1.94	2.69	0.04	0.02	0.02	5.28	5.70
2020	1.94	2.69	0.04	0.02	0.02	5.28	5.70

数据来源：Wind中国宏观经济数据库对外贸易及投资部分分国家统计栏。

问题八：书中的一些观点缺乏文献支撑。例如，“但中美之间在石油等传统能源方面的相互进口依赖度却相对很低，更多表现为中美争夺海外石油等战略资源以及由此产生的地缘政治等问题”。

解释说明：“中美之间的石油等传统能源方面的相互进口依赖度却相对很低”，这里有相关的数据支撑，如附表2-5所示。1995—2020年中国原油进口依存度总体呈现不断上升态势，到2020年原油进口依存度已经高达80.8%，也即我国每年石油净进口量占年石油消费总量的80.8%。表明我国每年石油消费中大量依赖外来进口来补给。从中国每年的石油进口量分析，我国每年石油进口的主要国家包括沙特、俄罗斯、伊拉克、安哥拉、巴西、阿曼、科威特、伊朗等，美国虽然也是世界石油储备大国，但却不是我国石油进口的主要来源国；与此同时，美国也是世界上主要石油进口与消费大国，从石油进口量分析，美国主要从加拿大、墨西哥、哥伦比亚、巴西、伊拉克、沙特阿拉伯等，中国也不是美国的石油主要来源国，因此中美彼此之间的石油进口依赖程度相对很低。附表2-6显示中国对世界主要经济国家（地区）的原油净进口量占中国原油进口总量的比重，2013 年及之前中国对美国是保持净出口状态，2013 年中国向美国石油净进口量占中国石油消费量的比重为 -0.04%，从 2016 年起中国从美国进口石油量有所增加并保持净出口状态，但所占比重依然很低，到 2020 年所占比重为 2.93%，相比俄罗斯等中国重要石油来源国所占比重（12.49%）相对较低。中美作为世界上经济总量排名前两位的经济大国，两国每年各自对能源消费量巨大，包括煤炭、石油、天然气及矿产资源等，基于满足国内消费需求及中长期战略考虑，两国也加大对世界主要能源的大量进口，中美两个大国之间争夺海外石油等战略资源及由此产生的地缘政治问题是近些年来新闻媒体以及专家学者们共同讨论的热点话题之一，由于话题不是本书讨论的重点，且受限于篇幅，本书仅是简要提及，请参见相关文献。

附表 2-5　　中国原油进口依存度（1995—2020 年）

年份	原油年消费总量（百万吨）	原油进口总量（万吨）	原油出口总量（万吨）	原油净进口量（万吨）	原油对外依存度=净进口量/消费总量（%）
1995	160.1998	1709	4885	-3176	-19.8
1996	175.67	2262	2040	222	1.3
1997	192.15	3547	1983	1564	8.1
1998	197.08	2732	1560	1172	5.9
1999	209.33	3661	717	2944	14.1
2000	224.22	7027	1031	5996	26.7
2001	229.08	6026	755	5271	23.0
2002	247.87	6941	766	6175	24.9
2003	276.29	9102	813	8289	30.0
2004	322.61	12281	549	11732	36.4
2005	327.93	12682	807	11875	36.2
2006	351.80	14518	634	13884	39.5
2007	369.24	16317	389	15928	43.1
2008	376.33	17888	416	17472	46.4
2009	391.05	20379	507	19872	50.8
2010	446.30	23931	303	23628	52.9
2011	462.39	25378	252	25126	54.3
2012	484.20	27103	243	26860	55.5
2013	504.97	28174	162	28012	55.5
2014	524.86	30837.5	60.0	30777	58.6
2015	567.97	33550.0	286.6	33263	58.6

续表

年份	原油年消费总量（百万吨）	原油进口总量（万吨）	原油出口总量（万吨）	原油净进口量（万吨）	原油对外依存度=净进口量/消费总量（%）
2016	586.70	38101	294	37807	64.4
2017	614.18	41957	486	41471	67.5
2018	633.70	46189	263	45926	72.5
2019	654.33	50567.6	81.0	50487	77.2
2020	669.21	54200.7	157.7	54043	80.8

数据来源：Wind 行业数据——能源进出口分国家部分。

附表2－6　中国从世界主要经济国家（地区）石油进口量所占比重（2008—2020年）　（%）

年份	从美国石油进口量所占比重	从日本石油进口量所占比重	从俄罗斯石油进口量所占比重	从印度石油进口量所占比重	从巴西石油进口量所占比重	从欧盟石油进口量所占比重	从东盟石油进口量所占比重
2008	-0.15	-0.31	3.09	0.00	0.80	0.00	0.67
2009	-0.18	-0.19	3.91	0.00	1.04	0.00	1.11
2010	-0.12	-0.14	3.42	0.00	1.80	0.00	0.65
2011	-0.05	-0.26	4.00	0.00	1.45	0.00	0.49
2012	-0.04	-0.28	5.02	0.00	1.25	0.00	0.45
2013	-0.04	-0.13	4.84	0.00	1.04	0.00	0.36
2014	0.00	-0.04	6.31	0.00	1.34	0.23	0.41
2015	0.00	-0.27	7.47	0.00	2.45	0.35	0.72
2016	0.05	-0.20	8.94	0.00	3.26	0.84	1.76
2017	1.21	-0.31	9.72	0.00	3.76	1.37	1.77
2018	1.94	-0.24	11.28	0.00	4.99	1.22	1.75
2019	0.97	0.00	11.87	0.00	6.14	1.92	2.12
2020	2.93	-0.01	12.49	0.00	6.30	0.88	2.43

数据来源：Wind 行业数据库——能源进出口（分国家）部分。

问题九：“我国既要保持对美国优质农产品的进口以满足国内粮食结构性供需缺口，同时亦向美国出口部分大豆、稻谷和大米、大麦等……”

解释说明：此段涉及中国对美国粮食进口依存度的分析，笔者仔细看了这段表述并没有发现明显问题。美国十多年来一直是我国重要的粮食进口国家，中国每年从美国进口大量的大豆、谷物、玉米等粮食作物以满足国内消费需求，同时中国是世界粮食生产与消费大国，中国的谷物自给率达到95%以上，接近全球谷物安全线，2020年中国人均占有粮食484千克，超过了世界人均水平，但是中国粮食品种的消费结构呈现出极大的不平衡性，小麦和水稻的自给率达到98%，但是大豆的对外依存度却高达80%以上并严重依赖进口，其中巴西、美国、阿根廷等是中国优质大豆的主要进口来源国；同时中国每年也向美国出口粮食作物，从出口数量排名分析，分别为大豆、稻谷和大米、大麦等，中国对美国粮食进口与出口分品种数据如附表2-7和附表2-8所示。

附表2-7　　中国从美国进口粮食产品数量（2011—2020年）　　（万吨）

年份	玉米	高粱	谷物	大麦	小麦及混合麦	燕麦	大豆	合计
2011	168.56	0.00	212.04	0.00	0.00	0.00	—	380.6014
2012	511.33	0.00	575.84	0.00	0.00	0.00	—	1087.172
2013	296.74	31.70	710.48	0.00	0.00	0.00	—	1038.922
2014	102.71	541.85	731.05	0.13	86.28	0.00	3002.57	4464.597
2015	46.18	896.71	1003.28	0.06	60.28	0.05	2841.45	4848.01
2016	22.30	586.90	695.65	0.00	86.24	0.21	3417.10	4808.4
2017	75.66	475.82	707.34	0.00	155.52	0.34	3285.54	4700.227
2018	31.23	321.42	388.83	0.00	36.13	0.04	1664.01	2441.659
2019	31.77	60.11	115.64	0.00	23.61	0.16	1694.72	1926.004
2020	434.19	425.71	1025.33	0.00	165.14	0.25	2361.25	4411.872

数据来源：中国海关总署分国别整理汇总。

附表2-8　　中国每年对美国出口粮食作物数量（2011—2020年）　　（吨）

指标名称	谷物	大麦	其他大麦	经其他加工的大麦	大豆	合计
2011	493.59	0.00	0.00	0.00	0.00	493.59
2012	1196.82	0.00	0.00	0.00	0.00	1196.82
2013	3355.56	32.29	32.29	0.00	0.00	3420.14
2014	3353.55	31.91	31.91	3.00	70656.00	74076.38
2015	6733.72	25.01	25.01	19.69	42430.00	49233.43
2016	1579.40	24.93	24.93	0.33	29543.00	31172.59
2017	1327.90	34.41	34.41	0.78	8136.00	9533.51
2018	1208.15	27.49	27.49	0.33	13002.00	14265.46
2019	1224.21	27.65	30.07	0.00	589.00	1870.92
2020	1209.13	28.52	26.84	0.78	1721.00	2986.26

数据来源：中国海关总署分国别整理汇总。

问题十：“统计发现近十多年来我国对世界主要国家的外债偿付能力方面均处于高度到极高度安全状态……”

解释说明：经过近30多年的贸易顺差，我国积累了大量外汇储备，截至2021年底我国的外汇储备总量达到了3.25万亿美元并高居世界各国第一位，对我国外债偿还能力提供了强有力的支撑与保证。本书在对外债务偿还风险方面有三个重要度量指标，包括衡量国家总体外债偿还能力的指标——外债总额占外汇储备比重，衡量当年还本付息能力的指标——当年还本付息额占外汇储备比重，即外债偿债率，衡量短期外债偿还能力的指标——短期外债占外汇储备比重，本书根据国家外汇管理局所提供的官方外汇储备与外债余额的相关数据，分别对世界主要经济国家（地区）的外债偿债能力安全得分进行了计算，结果如附表2-9至附表2-11所示。从计算结果可以得知，除了2011—2020年中国对东盟十国的短期外债占外汇储备比重安全得分从中度安全下降到中度不安全外，但数据显示对东盟各个国家的外债偿还方面均处于高度及以上安全状态（东盟十国中最大的经济体是印度尼西亚，2021年印度尼西亚经济总量为1.1858万亿美元，排名世界第17位，印度尼西亚从单个的国家经济体量而言还难以成为世界主要国家经济体），同时中国对其他主要国家（地区）亦均处于高度到极高度安全状态。笔者已在书中对东盟十国的短期外债偿还能力进行补充说明修改完善，并对部分措辞表达进行斟酌完善。

附表2-9　中国对世界主要国家（地区）外债总额占外汇储备比重安全指数得分（2010—2020年）

年份	美国外债总额占外汇储备的比重	日本外债总额占外汇储备的比重	俄罗斯外债总额占外汇储备的比重	印度外债总额占外汇储备的比重	巴西外债总额占外汇储备的比重	欧盟外债总额占外汇储备的比重	东盟外债总额占外汇储备的比重
2010	6.98%	1.66%	0.12%	0.13%	0.14%	1.29%	1.39%
2011	6.64%	1.74%	0.16%	0.15%	0.18%	2.53%	1.32%
2012	6.62%	1.64%	0.17%	0.13%	0.16%	2.27%	1.32%
2013	5.88%	1.15%	0.16%	0.12%	0.17%	1.92%	1.17%
2014	5.89%	1.00%	0.31%	0.23%	0.28%	2.35%	1.17%
2015	6.77%	0.91%	0.16%	0.17%	0.17%	2.47%	1.35%
2016	7.70%	0.93%	0.18%	0.18%	0.17%	3.37%	1.53%
2017	7.38%	0.73%	0.25%	0.25%	0.26%	5.07%	1.47%
2018	7.54%	0.86%	0.32%	0.29%	0.34%	5.36%	1.50%
2019	7.58%	0.86%	0.30%	0.25%	0.31%	5.34%	1.51%
2020	7.37%	0.87%	0.30%	0.24%	0.33%	5.39%	1.47%

续表

年份	美国得分	日本得分	俄罗斯得分	印度得分	巴西得分	欧盟得分	东盟得分
2010	100.00	100.00	100.00	100.00	100.00	100.00	100.00
2011	100.00	100.00	100.00	100.00	100.00	100.00	100.00
2012	100.00	100.00	100.00	100.00	100.00	100.00	100.00
2013	100.00	100.00	100.00	100.00	100.00	100.00	100.00
2014	100.00	100.00	100.00	100.00	100.00	100.00	100.00
2015	100.00	100.00	100.00	100.00	100.00	100.00	100.00
2016	100.00	100.00	100.00	100.00	100.00	100.00	100.00
2017	100.00	100.00	100.00	100.00	100.00	100.00	100.00
2018	100.00	100.00	100.00	100.00	100.00	100.00	100.00
2019	100.00	100.00	100.00	100.00	100.00	100.00	100.00
2020	100.00	100.00	100.00	100.00	100.00	100.00	100.00

注：数据来源于国家外汇管理局外债数据整理汇总，下同；计算安全指数得分大于100分并取上限100分。

附表2-10　中国对世界主要国家（地区）外债偿债率安全指数得分（2010—2020年）

年份	对美国偿债率	对日本偿债率	对俄罗斯偿债率	对印度偿债率	对巴西偿债率	对欧盟偿债率	对东盟偿债率
2010	0.58%	0.14%	0.01%	0.01%	0.01%	0.11%	0.12%
2011	0.52%	0.14%	0.01%	0.01%	0.01%	0.20%	0.10%
2012	0.48%	0.12%	0.01%	0.01%	0.01%	0.16%	0.09%
2013	0.42%	0.08%	0.01%	0.01%	0.01%	0.14%	0.08%
2014	0.33%	0.06%	0.02%	0.01%	0.02%	0.13%	0.07%
2015	0.82%	0.11%	0.02%	0.02%	0.02%	0.30%	0.16%
2016	1.00%	0.12%	0.02%	0.02%	0.02%	0.44%	0.20%
2017	0.72%	0.07%	0.02%	0.02%	0.03%	0.50%	0.14%
2018	0.64%	0.07%	0.03%	0.02%	0.03%	0.46%	0.13%
2019	0.76%	0.09%	0.03%	0.03%	0.03%	0.54%	0.15%
2020	0.64%	0.08%	0.03%	0.02%	0.03%	0.47%	0.13%
年份	美国得分	日本得分	俄罗斯得分	印度得分	巴西得分	欧盟得分	东盟得分
2010	97.68	98.56	99.61	99.60	99.69	99.56	96.54
2011	97.80	98.56	99.59	99.57	99.66	99.17	97.05
2012	98.04	98.74	99.63	99.67	99.68	99.25	97.41
2013	98.32	98.94	99.65	99.69	99.68	99.40	97.77
2014	98.70	99.21	99.42	99.57	99.56	99.42	98.21
2015	97.13	98.41	99.07	99.37	99.26	98.59	95.79

续表

年份	美国得分	日本得分	俄罗斯得分	印度得分	巴西得分	欧盟得分	东盟得分
2016	96.53	98.43	98.82	99.34	99.18	97.95	95.02
2017	97.44	99.00	98.93	99.36	99.15	97.67	96.46
2018	97.74	98.94	98.80	99.34	98.92	97.93	96.92
2019	97.39	98.77	98.68	99.35	98.77	97.49	96.50
2020	97.85	98.93	98.77	99.43	98.61	97.85	97.02

附表 2-11 中国对世界主要国家（地区）外短期外债占外汇储备的比重安全指数得分（2010—2020 年）

年份	美国短期外债占外汇储备的比重	日本短期外债占外汇储备的比重	俄罗斯短期外债占外汇储备的比重	印度短期外债占外汇储备的比重	巴西短期外债占外汇储备的比重	欧盟短期外债占外汇储备的比重	东盟短期外债占外汇储备的比重
2010	0.84%	0.65%	0.12%	0.13%	0.14%	1.04%	0.63%
2011	0.93%	0.71%	0.16%	0.15%	0.18%	1.18%	0.75%
2012	0.93%	0.63%	0.17%	0.13%	0.16%	1.04%	0.76%
2013	0.96%	0.58%	0.16%	0.12%	0.17%	1.03%	0.82%
2014	1.79%	1.01%	0.31%	0.23%	0.28%	1.98%	1.55%
2015	1.34%	0.67%	0.16%	0.17%	0.17%	1.36%	1.14%
2016	1.33%	0.70%	0.18%	0.18%	0.17%	1.40%	1.16%
2017	1.73%	0.90%	0.25%	0.25%	0.26%	1.83%	1.53%
2018	1.91%	0.99%	0.32%	0.29%	0.34%	2.06%	1.78%
2019	1.48%	0.86%	0.30%	0.25%	0.31%	1.92%	1.75%
2020	1.63%	0.88%	0.30%	0.24%	0.33%	1.80%	1.90%
年份	美国得分	日本得分	俄罗斯得分	印度得分	巴西得分	欧盟得分	东盟得分
2010	96.65	93.26	95.26	95.20	96.31	95.70	80.92
2011	96.06	92.46	94.69	94.44	95.59	95.06	78.42
2012	96.19	93.31	94.92	95.37	95.57	95.25	79.12
2013	96.11	92.49	95.12	95.58	95.42	95.42	77.96
2014	92.95	85.80	89.70	92.29	92.15	91.24	57.92
2015	95.28	90.33	92.30	94.75	93.87	93.57	70.58
2016	95.37	90.83	90.90	94.89	93.70	93.42	70.93
2017	93.89	87.43	89.08	93.49	91.32	91.44	62.47
2018	93.27	85.76	85.86	92.26	87.31	90.65	57.12
2019	94.95	87.76	86.86	93.53	87.71	91.00	59.64
2020	94.55	87.60	85.88	93.51	83.99	91.74	55.69

参考文献

GAO, 2008. Foreign Investment: Laws and Policies Regulating Foreign Investment in 10 Countries [R]. Government Accountability Office Reports, 4: 526 – 543.

Hamilton A, 2007. Report on the subject of manufactures [R]. USA: Cosimo, Inc.,

ISIS, 2018. Economic Security [EB/OL]. http://www.isis-security.org/economic-security/.

Medvedev V, 1998. Problems of Russia's Economic Security [J]. Russian Social Science Review, 6: 4 – 24.

Wadhwani R D, 2006. Protecting Small Savers: the Political Economy of Economic Security [J]. Journal of Policy History, 1: 126 – 145.

Robert Gilpin, 1981. War and Change in World Politics [M]. New York: Cambridge University Press.

[俄] B. K. 先恰戈夫，2003. 经济安全——生产·财政·银行 [M]. 北京：中国税务出版社.

部慧，王静远，2020. 资源能源安全风险监测与预测方法 [M]. 北京：科学出版社.

蔡宏波，2022. 开放条件下我国经济安全的基本范畴及其评价 [J]. 北京工商大学学报（社会科学版），37（04）：1 – 10.

曹荣湘，2006. 经济安全：发展中国家的开放与风险 [M]. 北京：社会科学文献出版社.

陈斌，程永林，2020. 中国国家经济安全研究的现状与展望 [J]. 中国人民大学学报，34（01）：50 – 59.

迟春洁，2011. 中国能源安全监测与预警研究 [M]. 上海：上海交通大学出版社.

樊增强，2015. 跨国公司投资、资产并购与中国经济安全 [M]. 北京：中国社会科学出版社.

方亚南，刘佳音，2021. 数字金融安全与监管［M］. 北京：经济管理出版社.

弗里德里希－李斯特，1961. 政治经济学的国民体系［M］. 北京：商务印书馆.

付东普，2018. 中国互联网金融产业安全评价体系研究［M］. 北京：人民出版社.

高志刚，2016. 中国与西北周边主要国家经济安全评价［J］. 甘肃社会科学（05）：201－207.

葛建华，2022. 美欧日经济安全政策联动分析［J］. 亚太安全与海洋研究（05）：83－103，4.

顾海兵，丁孙亚，2014. 国家经济安全能力的财政金融：2013 年监测与 2014—2015 年预警［J］. 学术研究（09）：69－78.

顾海兵，段琪斐，霍仕胤，等，2015. 中国经济安全年度报告：监测预警 2015［M］. 北京：中国人民大学出版社.

顾海兵，李长治，2019. 中国经济安全年度报告：监测预警 2018［M］. 北京：中国人民大学出版社.

顾海兵，刘玮，周智高，2007. 中国经济安全状况监测评估：2002—2005［J］. 经济理论与经济管理（02）：5－11.

顾海兵，孙挺，2012. "十二五"时期我国经济安全能力的预测［J］. 学术界（01）：35－44.

顾海兵，孙挺，2012. "十二五"时期我国经济安全条件的预测［J］. 南京社会科学（02）：14－19.

顾海兵，王甲，2018. 国家经济安全指标体系的确定与修正—专家文献法探讨［J］. 山东社会科学（02）：110－116.

顾海兵，张安军，薛珊珊，2012. 美国对中国经济安全影响的动态监测分析［J］. 经济学家（05）：98－104.

顾海兵，张安军，2012. 我国区域经济安全动态监测分析［J］. 经济理论与经济管理（07）：95－103.

顾海兵，张安军，2012. 我国区域经济安全的内涵与评价方法研究［J］. 社会科学辑刊（04）：1－10.

顾海兵，张帅，2016. "十三五"时期我国经济安全水平预测分析［J］. 中共中央党校学报 20（02）：40－45.

顾海兵、段琪斐，2016. 中国经济安全冲击的国别来源研究［J］. 经济学动态

（02）：10－16.

顾海兵，2016. 中国经济安全年度报告：监测预警2016［M］. 北京：中国人民大学出版社.

郭锐，许菲，2021. 日本东亚区域合作动向及其经济安全策略调整［J］. 现代日本经济（05）：1－14.

郝春和，1999. 建立我国经济安全监测、预警系统研讨会简介［J］. 经济学动态（02）：46.

何维达，何昌，2002. 当前中国三大产业安全的初步估算［J］. 中国工业经济（02）：25－31.

何维达，吴玉萍，2010. 国家能源产业安全的评价与对策研究［M］. 北京：经济管理出版社.

黄仁伟，2004. 美国全球战略的经济因素及对我国经济安全的影响［J］. 世界经济研究（02）：4－9.

江勇，章奇，郭守润，1999. 经济安全及其评估［J］. 统计研究（09）：52－56.

江涌，2018. 当前中国经济安全态势［J］. 政治经济学评论 9（04）：20－46.

姜红，曾锵，2009. 零售业开放的经济安全评价预警指标体系构建［J］. 国际贸易问题 318（06）：105－112.

金成晓，俞婷婷，2009. 我国产业安全监测预警指数的构建及其应用［J］. 吉林大学社会科学学报 49（04）：125－132，160.

金融安全协同创新中心，2021. 中国金融安全问题研究［M］. 北京：中国金融出版社.

景玉琴，2006. 产业安全评价指标体系研究［J］. 经济学家（02）：70－76.

雷家骕，陈亮辉，2012. 基于国民利益的国家经济安全及其评价［J］. 中国软科学（12）：17－32.

雷家骕，钟惠波，胥和平，2022. 国家经济安全管理学［M］. 北京：清华大学出版社.

李金华，2001. 国家经济安全监测警示系统的构建［J］. 中南财经大学学报（05）：27－30.

李蕾，张帅，2018. 国家经济安全视角下的粮食安全："十三五"前期监测和后期预警［J］. 兰州大学学报（社会科学版）46（05）：132－141.

李孟刚，2010. 产业安全理论［M］. 北京：高等教育出版社.

刘伟，高志刚，2020. 俄罗斯国家经济安全对中俄经贸合作的影响［J］. 商业研究（01）：66－73.

刘彦君，张鑫，陆佳军，吴晨生，2020. 美国对中国科技创新研判的历史变迁与未来走向——基于《美国中国经济安全审查委员会（USCC）年报》的分析［J］. 情报杂志 39（07）：29－35，22.

刘志鹏，程燕林，代涛，李怡洁，2022. 技术依赖形成和影响经济安全的机制研究——基于技术经济安全视角［J］. 科学学研究（07）：1－15.

罗伯特·A. 科德，1999. 评估转轨经济风险的新方法［J］. 经济社会体制比较（02）：76－77.

马蔚云，2012. 俄罗斯国家经济安全及其评估［J］. 俄罗斯中亚东欧研究（05）：56－62，96.

马相东，杨丽花，2021. 统筹对外资开放和国家经济安全：国际经验与中国路径［J］. 中国流通经济 35（09）：62－73.

年志远，李丹，2008. 国家经济安全预警指标体系的构建［J］. 东北亚论坛 17（06）：75－76.

年志远，2019. 经济安全与经济发展研究［M］. 北京：中国社会科学出版社.

聂富强，2005. 中国国家经济安全预警系统研究［M］. 北京：中国统计出版社.

庞中英，2011. 论中美经济关系中的核心问题——兼论我国面对的深层次经济安全挑战［J］. 马克思主义研究（02）：135－140，160.

任琳，孙振民，2021. 经济安全化与霸权的网络性权力［J］. 世界经济与政治（06）：83－109，158－159.

史丹，2020. 中国能源经济安全风险评估［M］. 北京：中国社会科学出版社.

孙伊然，何曜，黎兵，2021. "入世" 20 年中国经济安全观的演进逻辑［J］. 世界经济研究（12）：42－53，132－133.

谭飞燕，2016. 低碳经济视角下我国产业安全评价指标体系研究［M］. 北京：经济科学出版社.

王元龙，2019. 中国金融安全论［M］. 北京：知识产权出版社.

吴根，2021. 平台经济反垄断与保障国家经济安全［J］. 马克思主义研究（12）：114－121.

夏南新，2021. 地下经济对国家经济安全影响的实证研究［M］. 北京：中国财政经济出版社.

谢洪礼，2000. 国民经济运行安全评价指标体系研究［J］. 统计研究（07）：11－19.

徐梅，2022. 新形势下日本强化经济安全保障及其影响［J］. 日本学刊（01）：52－70.

徐婷，汪涛，2000. 国家经济安全 ECR 系统构成及评价表征［J］. 管理世界（05）：189－190.

闫琰，王永春，韩昕儒，宋莉莉，2021. 新时期我国粮食产业经济安全战略研究［M］. 北京：经济科学出版社.

颜剑英，2005. 美国经济制裁与发展中国家的经济安全［J］. 国际论坛 7（03）：43－48.

杨国亮，2010. 新时期产业安全评价指标体系构建研究［J］. 马克思主义研究（06）：63－71.

杨云霞，2021. 当代霸权国家经济安全泛化及中国的应对［J］. 马克思主义研究（03）：138－147.

姚金伟，2020. 任期周期：中国经济安全波动的重要研究视角［J］. 财经问题研究（12）：3－10.

叶卫平，2010. 国家经济安全定义与评价指标体系再研究［J］. 中国人民大学学报 24（04）：93－98.

余根钱，2004. 国家经济安全指标体系研究［J］. 中国统计（09）：14－15.

张安军，2015. 中国金融安全监测预警研究［M］. 北京：中国社会科学出版社.

张汉林，魏磊，2011. 全球化背景下中国经济安全量度体系构建［J］. 世界经济研究（01）：8－13.

张金杰，2012. 外资在华并购与中国经济安全［M］. 北京：经济管理出版社.

张金水，连秀花，2005. 国家经济风险评价模型的一种改进［J］. 清华大学学报（哲学社会科学版）（06）：70－74，109.

张静中，孙夏，2007. 中美贸易对中国经济安全的影响［J］. 学术界（1）：262－268.

张少军，2021. 中国经济安全的风险识别与保障之策［J］. 江苏行政学院学报（03）：41－46.

张帅，2020. 经济安全视角下未来 10 年我国能源的预测及对策研究［M］. 北京：中国财政经济出版社.

张维平，2016. 建立和完善公共财政安全监测预警机制研究［M］. 浙江：浙江工商大学出版社.

张伟，2019. 明火与隐患——中国经济安全的 49 个威胁［M］. 北京：经济管理出版社.

赵蓓文，2012. 外资风险视角下的中国国家经济安全预警指标体系［J］. 世界经济研究（01）：68-74.

赵连章、钟宁，2014. 我国经济运行中的收入分配问题——基于社会经济稳定评估模型的分析［J］. 理论探讨（03）：77-81.

赵英，1999. 超越危机——国家经济安全的监测预警［M］. 福州：福建人民出版社.

郑先勇，2019. 中国装备制造业利用外资的产业安全评价研究［M］. 北京：光明日报出版社.

郑休休，刘青，赵忠秀，2022. 对华技术性贸易壁垒与国家经济安全［J］. 国际经济评论：1-22.

中国农业科学院农业信息研究所，2022. 中国粮食安全评估报告（2022）［M］. 北京：科学技术文献出版社.

郑明贵，罗婷，王萍，2022. 中国战略性矿产资源国家安全评估与预警系统研究（2020—2050）［M］. 北京：经济科学出版社.

周超，2022. 论中美大国战略竞争关系何以生成与应对——基于大国关系中经济—安全联动错位机制的解释［J］. 当代亚太（01）：59-100，158-159.

周道许，马天平，2022. 金融安全指数报告［M］. 北京：中国经济出版社.

朱海燕，2022. 日本经济安全保障战略及其对中国的影响［J］. 国际问题研究（03）：47-63，124.

朱建民，魏大鹏，2013. 我国产业安全评价指标体系的再构建与实证研究［J］. 科研管理（07）：146-153.

朱丽，2014. 外资流入与发展中国家经济安全影响与实证［M］. 北京：中国财富出版社.

后　记

经过近三年的研究，本书终于要付梓了，三年的时光对于人生旅途而言并不算太长，但百年难遇的疫情却给这三年赋予了很不平凡的人生意义，无数次全国各地封城检测、少辄半月多辄三四月以上，深刻影响着无数普通家庭的生活乃至命运，期间的坎坷不易只有经历过的人才能深切体会，在疫情三年期间对于普通人有时候活着尚且不容易，想要做点积极的事情显得更加艰难，本书正是在这种环境下虽然数次被迫中断，但正是全国各地医护人员冒死积极抗疫的决心斗志不断激励着我，在日常工作之余努力完成本书的研究工作。

本书的研究初衷源于我在人民大学读书期间与导师们一起对我国区域或省域经济与金融安全问题的思考，以及近十多年来对前期研究课题资料素材的积累整理，也得益于师门平常的学术交流中所迸发出的创作灵感，特别是党的十八届三中全会设立国家安全委员会及对总体国家安全观的一系列重要阐述，党的十九大报告、二十大报告以及中央多次重要经济会议上均强调维护总体国家安全的重要性。近些年来一些西方国家对我国发起贸易关税制裁、高新技术封锁、地缘政治威胁，以及俄乌冲突的爆发演化所引发的国际战略能源供应紧张及价格飙升等，同时疫情三年导致国内经济下行压力增加，大批企业经营困难倒闭、大量人员失业等，内忧外患的新形势均使得维持国家经济安全乃至总体安全的重要性不断凸显，并激励着我对新形势下世界各主要国家或地区对我国经济安全的总体影响威胁程度以及各主要经济领域及环节方面的影响威胁程度等进行一次全面客观的定量测度分析与相应防范对策，并最终促成了对本书的研究工作。

在本书的研究和出版过程中，我得到了许多的支持和帮助！本书由浙江省新型重点专业智库“浙江财经大学中国政府监管与公共政策研究院”资助。首先要感谢浙江财经大学中国政府管制研究院王俊豪教授、仇保兴教授、王岭教授、金通教授、李云雁教授等对本书研究内容的悉心审阅与认可，特别要感谢杨红伟老师对本书的评阅与出版工作等多次不辞辛劳的帮助与支持！感谢浙江财经大学会计学院方军雄院长、张虹书记、李文贵教授，以及路军老师、史开瑕老师、杨庆老师、季伟伟老师等对本书研究过程中所给予的鼓励和支持！感谢我的研究生弟子叶彤、方莉杭、曹光辉、郑佩婷、李思颖等对本书部分内容数据资料的收集及相应分析撰写工作！

我要感谢我的爱人方敏女士在疫情三年的整个研究写作工作中所给予的极大支持与帮助，正是爱人分担了大量的照顾教育陶陶以及日常家庭事务活动，才使得我安心于研究工作；正是爱人在我研究遇到困难情绪波动时积极安慰鼓励我，才使得我直面困难毅勇前行！感谢我的岳父方保松先生、岳母张智慧女士多次不辞辛劳地来杭帮助我们分担家庭事务！感谢我的父母和兄弟姊妹在这三年期间所给予的许多帮助与付出支持！有了家庭的坚强后盾，才使得本书得以顺利完成！

特别感谢中国财政经济出版社樊清玉老师、马真老师、贾陆宇老师对本书内容所提的宝贵修改意见，以及编辑校正和样式设计的辛勤付出及耐心沟通工作，正是你们的专业、耐心与热情、才使得本书以更高的质量与读者见面！

最后以一首我非常喜欢的苏轼《定风波·莫听穿林打叶声》来表达期间心路历程：

莫听穿林打叶声，何妨吟啸且徐行。竹杖芒鞋轻胜马，谁怕？一蓑烟雨任平生。料峭春风吹酒醒，微冷，山头斜照却相迎。回首向来萧瑟处，归去，也无风雨也无晴！

张安军

2023 年 4 月 18 日于杭州下沙钱塘江畔